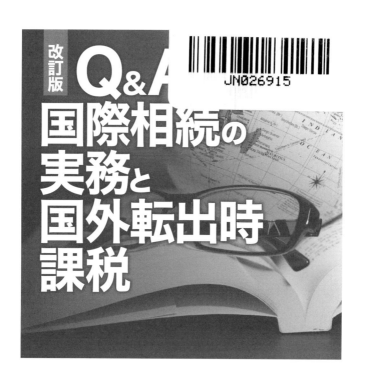

改訂版
Q&A
国際相続の
実務と
国外転出時
課税

編 税理士法人ゆいアドバイザーズ

共著

税理士	税理士	司法書士	税理士	米国税理士	弁護士
中山史子	宮田房枝	熊谷絵里	柴田 篤	千田昌明	大蔵龍聖

JN026915

日本法令

はしがき

　家族が海外に居住していることや、財産を海外に所有することは、近年、珍しくありません。特に資産家の家庭は、子供を留学させたり海外に不動産を購入したりする機会が多いと思われます。こういった国際化をしている家庭の顧問先から、税理士に国際相続の相談が持ち込まれたとき、多くの税理士は、どのような手続なのか、何が論点になるのかが判然としないのが現実かと思われます。

　国際相続は、被相続人・相続人の居住地、国籍により、複数の国の民法と税法が関係するので、さまざまなケースが発生し、難易度もさまざまです。筆者の感想では、国際相続の難易度は3つのレベルに分かれます。

　難易度レベル1（一番やさしい）は、たまたま相続人（日本国籍）の1人が海外に居住しているというケースで、国際相続で最も多いパターンです。これは、国外転出（相続）時課税（本書第6章）の検討や、日本の不動産登記（本書第8章）、外国において相続の報告義務（本書第9章）など、いくつか注意点はありますが、本書を参考にしつつ、国内の税理士が主導権をにぎりながら、なんとか相続全体の手続を完了することができると思われます。難易度レベル2（中級）は、国外に財産があるケースです。その国の相続税申告の有無の確認や、相続の名義書換の手続（プロベート等）も必要になります。外国語の書類もレベル1より増えてきます。難易度レベル3（難しい）は、被相続人・相続人等が外国籍の場合です。このケースは、そもそも、どの国の法律が適用されて相続人が確定するのかといった点から論点になります（準拠法：本書第1章）。日本と現地の両方の法律に精通した弁護士が主導権を握り、相続手続を行うことも多いでしょう。

どのようなケースにしても、各分野に精通した専門家と協力することが重要になります。日本の税理士は、まず自分の領域である日本の税金にミスがないよう務め（ミスをすると訂正が難しくなりがち）、他の専門分野については、連携のために幅広い知識を持つことが、チームプレーを円滑に進める上で必要です。

　国際相続の論点はさまざまですが、やはり日本の相続税が大きな障壁になると実感しています。日本の相続税は、税率は高く課税財産の範囲も広いため（被相続人又は相続人が日本に居住している場合は原則として全世界課税）、高額になります。その上相続から10カ月以内に現金一括納付が原則ですから、各相続人は納税できるのか、間に合うのかといったことも国際相続を進める上で重要な要素です。

　本書は、日本の税理士と会計事務所職員に向けて、国際相続の際に必要な知識をまとめたものです。令和元年の初版の発行から、本書を手に取っていただいた方々から、必要な情報が網羅的にまとめられているので重宝しているとの声をいただいています。本改訂版は、令和3年度税制改正による外国人の相続税の課税財産の範囲の見直しや、外国の税制改正等を踏まえて、全体をアップデートしました。本書が、国際相続を担当する税理士、会計事務所職員の一助になれば幸いです。

　最後になりましたが、株式会社日本法令の竹渕学氏には初版からお世話になり、今回の改訂に当たり多大なご尽力をいただきましたことに心より感謝します。この場を借りて厚く御礼申し上げます。

　令和6年5月

税理士法人ゆいアドバイザーズ

社員税理士　中山　史子

目　次

第1章　相続の基本

第2章　相続税の実務—納税義務者及び課税財産の範囲—

第3章　国際相続と相続税の計算

Ⅰ 国外財産の評価

Ⅱ 相続税の計算

第4章 贈 与 税

第5章　相続後・海外移住後の所得税

Ⅰ 手続関係

Ⅱ 所得税の計算

第6章 国外転出時課税

I 国外転出時課税

Ⅱ 国外転出（贈与）時課税

Ⅲ 国外転出（相続）時課税

第7章　国税当局による税務調査と国外税務情報の収集体制

第8章 国内の不動産登記手続と各国の相続法

Ⅰ 外国人当事者の相続登記手続

Ⅱ 各国の相続法

第9章 各国の相続税制

凡　例

　本書では、法令・通達・条約等につき、かっこ内等で以下のとおり省略している。

正式名称	略称
所得税法	所法
所得税法施行令	所令
所得税法施行規則	所規
相続税法	相法
相続税法施行令	相令
相続税法施行規則	相規
法人税法	法法
国税通則法	通則法
国税通則法施行令	通則令
地方税法	地法
租税特別措置法	措法
租税特別措置法施行令	措令
租税特別措置法施行規則	措規
法の適用に関する通則法	適用通則法
所得に対する租税に関する二重課税の回避及び脱税の防止のための日本国政府とアメリカ合衆国政府との間の条約	日米租税条約
遺産、相続及び贈与に対する租税に関する二重課税の回避及び脱税の防止のための日本国とアメリカ合衆国との間の条約	日米相続税条約
遺産、相続及び贈与に対する租税に関する二重課税の回避及び脱税の防止のための日本国とアメリカ合衆国	日米相続税条約実施法

との間の条約の実施に伴う相続税法の特例等に関する法律	
遺産、相続及び贈与に対する租税に関する二重課税の回避及び脱税の防止のための日本国とアメリカ合衆国との間の条約の実施に伴う相続税法の特例等に関する法律の施行に関する省令	日米相続税条約実施省令
中小企業における経営の承継の円滑化に関する法律	円滑化法
東日本大震災からの復興のための施策を実施するために必要な財源の確保に関する特別措置法	復興財確法
租税条約等の実施に伴う所得税法、法人税法及び地方税法の特例等に関する法律の施行に関する省令	実施特例省令
内国税の適正な課税の確保を図るための国外送金等に係る調書の提出等に関する法律	送法
内国税の適正な課税の確保を図るための国外送金等に係る調書の提出等に関する法律施行令	送令
日本国憲法	憲法
所得税基本通達	所基通
相続税法基本通達	相基通
財産評価基本通達	財基通
国税通則法基本通達	通基通
内国税の適正な課税の確保を図るための国外送金等に係る調書の提出等に関する法律（国外財産調書及び財産債務調書関係）の取扱い	送通

■表記例

所得税法第 137 条の 2 第 12 項第 3 号　➡　所法 137 の 2 ⑫三

　本書は、令和 6 年 4 月 1 日現在の法令等に基づいて解説している。

第 **1** 章

相続の基本

Q1 日本国内における相続手続

日本国内における主な相続の手続について教えてください。

Point

- 相続発生後、死亡届出書の提出、相続人の確定、遺言の有無の確認、相続財産と債務の調査、相続財産の評価、遺産分割、相続税の申告・納付等の手続が必要となる。
- 相続人は、原則として、相続開始後３カ月以内に、相続について、単純承認、限定承認又は放棄のいずれかをしなければならない。

Answer & 解説

❶ 相続発生後の主な手続

相続が発生した場合、一般的に、次のような手続が必要となります（主なスケジュールは図表１−１参照）。

(1) 死亡届出書の提出

死亡した者（以下「被相続人」という）の親族等は、死亡の事実を知った日から７日以内（国外で死亡したときは、その事実を知った日から３カ月以内）に、被相続人の死亡地・本籍地又は届出人の所在地の市区町村役場に、死亡届を提出しなければなりません（戸籍法25、86、87、88①）。

(2)　相続人の確定

被相続人と相続人の戸籍謄本から、相続人を確定します。

(3)　遺言の有無の確認

被相続人の遺言がある場合には、基本的には、その遺言に従って財産承継者が決まります（民法964）。

(4)　相続財産と債務の調査

被相続人の相続財産と債務を調べます。

(5)　相続財産の評価

遺産分割や相続税申告のために、相続財産の評価をします。

(6)　遺産分割

被相続人の遺言がない場合や、遺言で承継者が指定されていない財産がある場合等には、相続人全員で遺産分割協議をし、遺産分割協議書を作成します（民法907）。

(7)　相続税の申告・納付

原則として、被相続人が死亡したことを知った日の翌日から10カ月以内に、相続税の申告・納付をします（相法27①、33）。

❷　相続の承認又は放棄をすべき期間

相続人は、相続について、単純承認、限定承認又は放棄のいずれかをしなければなりません（民法915①）。

単純承認をした場合には、相続人は、借入等のマイナスの財産も含めたすべての財産を承継します（民法920）。限定承認をした場合には、相続人は、プラスの財産の範囲内でマイナスの財産を承継します（民法922）。放棄をした場合には、その放棄をした者は、被相続人の一切の権利義務を承継せず、初めから相続人とならなかったものとみなされます（民法939）。

■図表1-1 相続手続のスケジュール

> ▨▨の部分は相続人が海外に住んでいる場合には、時間を要することが想定される手続である。
> 海外に住所を有する相続人がいる場合でも、相続手続は相続人全員が日本に住所を有する場合と基本的に変わらない。

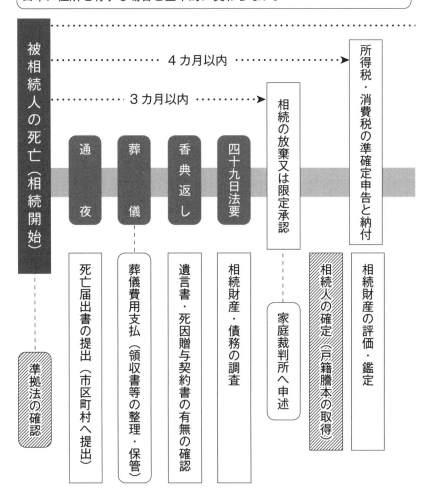

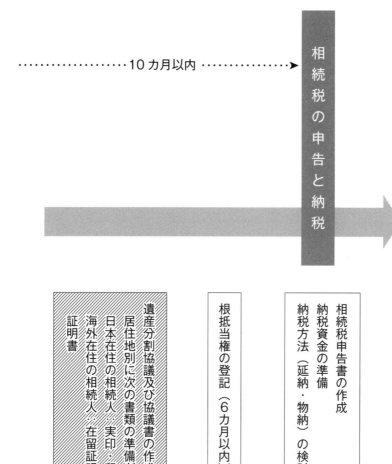

相続税の申告と納税

‥‥‥‥‥‥‥10カ月以内‥‥‥‥‥‥‥▶

遺産分割協議及び協議書の作成
居住地別に次の書類の準備が必要。
日本在住の相続人　実印：印鑑証明書
海外在住の相続人　在留証明書：署名
証明書

根抵当権の登記（6カ月以内）

相続税申告書の作成
納税資金の準備
納税方法（延納・物納）の検討

相続財産の名義変更手続

＊遺言書がない場合等には、遺産分割協議及び協議書の作成を行う必要がある。

なお、相続人が、自己のために相続の開始があったことを知った時から3カ月以内に、限定承認又は相続の放棄をしなかったときは、単純承認をしたものとみなされます（民法921）。

　また、相続人の中に未成年者がいる場合には、特別代理人の選任が必要になる場合がほとんどです。選任手続には日数を要しますので、選任手続は早めに行う必要があります。

Q2 国際相続があった場合の準拠法

被相続人や相続人の国籍もしくは住所又は相続財産の所在が国外にある場合の相続手続の準拠法について教えてください。

Point

- 日本の「法の適用に関する通則法」では、国際相続があった場合の準拠法に関し、「相続は、被相続人の本国法による」と定めている。
- 被相続人の国籍が1つの場合には、その国籍のある国の法が、国籍が日本を含めて2以上ある場合には日本の法が本国法となる。
- 被相続人や相続人の国籍もしくは住所又は相続財産の所在地等の法令で、準拠法に関し、日本とは異なる定めがされている場合がある。

Answer & 解説

❶ 国際相続があった場合の準拠法

　被相続人も相続人もすべて日本に居住している日本人（日本国籍を有する者）であり、相続財産もすべて日本国内にある場合には、日本の法律に基づき相続手続が行われます（ Q1 参照）。

　しかし、被相続人や相続人の国籍もしくは住所又は相続財産の

所在が日本国外にあるような場合（このように国をまたぐ相続のことを、本書では「国際相続」と表現する）には、当然に日本の法律が適用されるのではなく、まず、どちらの国の法律に基づいて相続手続を行うかといった、準拠法を決める必要があります。

　準拠法に関し、日本では、「法の適用に関する通則法」（以下「適用通則法」という）において、下記❷のようにそのルールを定めています。しかし、準拠法を決めるための国際的な統一ルールは存在しないことから、日本の適用通則法と他の国や地域の法令との間に、対立や矛盾が生じることもあります。

❷　国際相続があった場合の準拠法に関する日本のルール

　日本人が国外で死亡したり、外国人（日本国籍を有しない個人。以下本書において同じ）が日本で死亡したりした場合等に、その相続をどの国の法律を準拠法として処理するかについて、日本では、適用通則法においてその原則を定めています。

　適用通則法では、相続があった場合の準拠法は、「被相続人の本国法（その人が国籍をもつ国の法律）」としています（適用通則法36）。「本国法」は、図表1－2のとおり判定します（適用通則法38、39）。国籍が1つの場合にはその国籍のある国の法が、国籍が日本を含めて2以上ある場合には日本の法が本国法となります。

　なお、外国の法が本国法となった場合において、その国の法に従えば日本の法によるとされているときは、日本の法が準拠法となり、これを「反致」といいます（適用通則法41）。

■図表1−2　国際相続があった場合の"本国法"とは

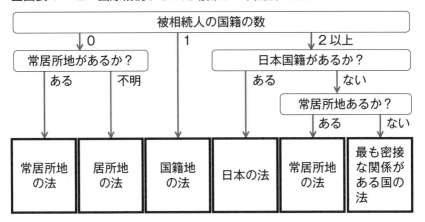

❸　実務上の対応

　被相続人や相続人の国籍もしくは住所又は相続財産が所在する国や地域において、準拠法に関し、日本の適用通則法とは異なる定めがされている場合には、現地の関係法令や相続手続に精通した専門家と連携して相続手続を進めていく必要があります。

Q3 国外に居住する日本人の相続があった場合の準拠法

国外に居住する日本人（日本国籍を有する人）が死亡した場合の相続の準拠法について教えてください。

Point

- 日本の適用通則法では、国際相続があった場合の準拠法に関し、「相続は、被相続人の本国法による」と定めている。
- 日本国籍者の相続については、日本の法が準拠法となる。
- 被相続人や相続人の国籍もしくは住所又は相続財産の所在する国や地域の法令で、準拠法に関し、日本とは異なる定めがされている場合がある。

Answer ＆解説

◆ 国際相続に関する準拠法

　適用通則法では、相続があった場合の準拠法は、「被相続人の本国法」としています（適用通則法36）。国籍が1つの場合にはその国籍のある国の法が、国籍が日本を含めて2以上ある場合には日本の法が本国法となります（適用通則法38）。したがって、二重国籍の人を含め、日本国籍を有する人の相続があった場合には、日本の法に基づき相続手続を行うこととなります（手続については **Q1** 、実務上の対応については **Q2** の❸参照）。

Q4 日本に居住する外国人の相続があった場合の準拠法

日本に居住する外国人が死亡した場合の相続の準拠法について教えてください。

Point

- 日本の適用通則法では、国際相続があった場合の準拠法に関し、「相続は、被相続人の本国法による」と定めている。
- 本国法については、図表１－２に従い判定される。
- 本国法が外国の法となった場合でも、その外国の法で日本の法によると定められているときは、日本の法が準拠法となる。

Answer & 解説

◆ 国際相続に関する準拠法

適用通則法では、相続があった場合の準拠法は、「被相続人の本国法」としています（適用通則法 36）。そして、基本的には、国籍のある国の法が本国法となります（適用通則法 38。本国法の判定については、前掲図表１－２参照）。ただし、外国の法が本国法となった場合において、その外国の法で日本の法によると定められているときは、日本の法が準拠法となります（適用通則法 41）。

Q5 国外に所在する不動産の準拠法

国外に不動産がある場合の相続の準拠法について教えてください。

Point

- 日本の適用通則法では、国際相続があった場合の準拠法に関し、「相続は、被相続人の本国法による」と定めており、日本国籍者に相続があったときは、日本の法が準拠法となる。
- ただし、相続財産が所在する国や地域によっては、日本とは異なる定めがされていることがあるため、日本の法だけではなく、相続財産が所在する国や地域の法令も確認する必要がある。

Answer & 解説

❶ 国際相続があった場合の準拠法

Q2 を参照。

❷ 相続財産にハワイ州の不動産がある場合の例

例えば、被相続人（日本国籍、日本在住）の相続財産に米国ハワイ州の不動産があったとします。この不動産の相続手続について

は、適用通則法によれば、被相続人の本国法である日本の法をもと
に行うことになります。

　一方、ハワイ州法では、不動産の相続はその不動産の所在地法に
よる（ハワイ州法をもとに行う）とされており、対立が生じます
（この対立を調整するための法律や取決めはない）。

　こういった場合、ハワイ州にある不動産については、実務上はハ
ワイ州法に基づかないと相続手続が進められないため、ハワイ州法
に基づき相続手続が行われるのが一般的です。

Q6 国籍とは何か

どのような場合に日本国籍を取得・喪失しますか？

Point

- 日本国籍を取得する原因には、出生・届出・帰化の３つがある。
- 米国の市民権を取得するなど、自己の志望で外国国籍を取得した場合等には、日本国籍を喪失する。

Answer & 解説

❶ 国籍とは

　国籍とは、人が特定の国の構成員（国民）であるための資格をいいます。

❷ 日本国籍の取得原因

　日本国籍を取得する原因には、出生・届出・帰化の３つがあります。

(1) 出生（国籍法2）

① 出生の時に父又は母が日本国民であるとき

② 出生前に死亡した父が死亡の時に日本国民であったとき

③ 日本で生まれ、父母がともに不明のとき、又は無国籍のとき

(2) 届出（国籍法 3、17）

　子が日本国民である父や母から認知された場合等、一定要件を満たす場合には、法務大臣への届出によって日本国籍を取得することができます。

(3) 帰化（国籍法 4〜9）

　帰化とは、日本国籍の取得を希望する外国人からの意思表示に対して、法務大臣の許可によって、日本の国籍を与える制度です。

❸　外国で生まれた日本人の子の場合

　日本人夫婦の子が外国で生まれた場合であっても、出生によって日本国籍を取得します。

　しかし、外国で生まれた子が、出生によって日本国籍と同時に外国の国籍も取得したときは、出生の日から 3 カ月以内に、出生の届出とともに日本国籍を留保する意思表示をしなければ、その子は、出生の時にさかのぼって日本国籍を失います（一定要件の下、再取得することは可能。国籍法 12、17 ①、戸籍法 104）。

❹　重国籍の場合

　重国籍となる例としては、一般に、次のような場合があります。

　重国籍者は、重国籍となった時が 18 歳未満であるときは 20 歳に達するまでに、重国籍となった時が 18 歳以上であるときはその時から 2 年以内に、いずれかの国籍を選択しなければなりません（国籍法 14 ①）。

①　日本国民である母と父系血統主義を採る国の国籍を有する父との間に生まれた子

　（例）　生まれたときに、母が日本国籍、父がクウェート国籍の子

② 日本国民である父又は母と父母両系血統主義を採る国の国籍を有する母又は父との間に生まれた子

   （例）　生まれたときに、父（又は母）が日本国籍、母（又は父）が韓国国籍の子

③ 日本国民である父又は母（あるいは父母）の子として、生地主義を採る国で生まれた子

   （例）　生まれたときに、父母が日本国籍であり、かつ、米国・カナダ・ブラジル・ペルーの領土内で生まれた子

④ 外国人父からの認知、外国人との養子縁組、外国人との婚姻等によって外国の国籍を取得した日本国民

   （例）　生まれたときに母が日本国籍で、カナダ国籍の父から認知された子

⑤ 国籍取得の届出によって日本の国籍を取得した後も引き続き従前の外国の国籍を保有している人

❺　日本国籍の喪失

次のような場合には、日本国籍を喪失します。

⑴　自己の志望による外国国籍の取得（国籍法 11 ①）

自分の意思で外国国籍を取得した場合、例えば、外国に帰化をした場合等には、自動的に日本国籍を失います。

⑵　外国の法令による外国国籍の選択（国籍法 11 ②）

日本と外国の国籍を有する者が、外国の法令に従って、その外国の国籍を選択した場合には、自動的に日本国籍を失います。

⑶　日本国籍の離脱（国籍法 13）

日本と外国の国籍を有する者が、法務大臣に対し、日本国籍を離脱する旨の届出をした場合には、日本国籍を失います。

(4) 日本国籍の不留保（国籍法 12）

　外国で生まれた子で、出生によって日本国籍と同時に外国国籍も取得した子は、出生届とともに日本国籍を留保する旨を届け出なければ、その出生の時にさかのぼって日本国籍を失います。

　なお、日本国籍の留保をしなかったことにより日本国籍を失った者が、18 歳未満であって日本に住所を有するときは、法務大臣へ届け出ることによって、日本国籍を再取得することができます。

(5) そ の 他（国籍法 15、16）

　法務大臣は、重国籍者で上記❹の期限内に日本国籍の選択をしないものに対して、書面により国籍の選択をすべきことを催告（一定の場合には官報掲載）することができ、その者がその催告の日（官報掲載の場合にはその掲載の日の翌日）から 1 カ月以内に日本国籍を選択しなければ、その者は原則としてその期間経過時に日本国籍を失います。

　また、日本国籍を選択する宣言をした重国籍者で外国国籍を失っていないものが自己の志望によりその外国の公務員の職（その国の国籍を有しない者であっても就任することができる職を除く）に就任した場合において、その就任が日本の国籍を選択した趣旨に著しく反すると認めるときは、法務大臣は、その者に対し日本の国籍の喪失の宣告をすることができます。

❻　国際結婚をした場合の国籍

(1) 外国の国籍を取得した場合

　例えば、米国人と結婚して米国に居住し、米国の市民権を取得したものの、日本の役所では特に手続を行っていないため、日本の戸籍はそのままとなっている場合があります。このような場合は二重

国籍となるのでしょうか。

米国の市民権は、日本でいう国籍と同じ概念です。米国の市民権を取得したということは、米国の国籍を取得したということになります。上記❺(1)のとおり、自己の志望により外国国籍を取得した場合には自動的に日本の国籍を失うことになりますので、米国の市民権を取得した時に（国籍法により自動的に）日本国籍を失います。このように国籍を失った場合には、国籍喪失の届出が必要となりますが、それがなかったからといって、日本の国籍を有することにはなりません（戸籍法103①）。

なお、離婚して日本に帰国することとなった場合等に、一度放棄した日本国籍を戻すためには、元日本人であったとしても外国人と同じように帰化申請手続が必要となります。

(2) 外国の国籍を取得しない場合

例えば、米国人と結婚して米国に居住しているものの、米国の市民権は取得せず永住権を取得するという場合があります。このように米国の市民権を取得していない場合には、外国の国籍は取得していないわけですので、日本国籍のままとなります。

(3) 納税義務の判定に当たっての注意点

上記(1)のとおり、結婚により外国の国籍を取得した場合には、日本の役所で手続をしておらず日本の戸籍が残っていたとしても、自動的に日本の国籍を失うことになります。

相続税や贈与税の納税義務の判定や課税財産の範囲にも影響がありますので、戸籍の有無のみで判断しないように留意が必要です（納税義務の判定や課税財産の範囲については、Q9 及びQ54 を参照）。

Q7 遺産分割協議

遺産分割協議について教えてください。

Point

- 民法上、遺産分割の期限はないが、相続税の申告・納付が必要な場合には、一般的に相続開始後 10 カ月以内の分割を目指す。
- 遺産分割協議の成立の結果を証明するために、「遺産分割協議書」を作成する。

Answer & 解説

❶ 遺産分割協議

共同相続人は、いつでも協議により遺産の分割をすることができ、この協議のことを「遺産分割協議」といいます（民法 907 ①）。ただし、被相続人は、遺言により相続開始の時から 5 年以内に限り遺産の分割を禁じることができます（民法 908）。遺産の分割は、相続開始の時にさかのぼってその効力を生じます（民法 909）。

❷ 遺産分割の方法

遺産分割には、現物分割、換価分割、代償分割の 3 つの方法があります。実際には、これらを併用して分割することもあります。

① 現物分割……例えば、配偶者が自宅、長男が株式、長女が預貯

金を相続するといったように、個々の財産を各共同相続人が分割
する方法です。

② 　換価分割……遺産の全部もしくは一部を売却して、その代金を
各共同相続人が分割する方法です。

③ 　代償分割……ある財産を特定の相続人が取得すると他の相続人
の相続分が少なくなってしまう場合に、その財産を取得した相続
人がもらいすぎた分を他の相続人に金銭で支払いをして分割する
方法です。

❸　遺産分割の期限

　民法上、遺産分割の期限はありませんが、一次相続に係る遺産分
割協議の成立前に二次相続が発生すると、一次相続の遺産分割に関
わる権利者が増えて協議が成立しづらくなることがあるため、実際
はできるだけ早く成立させる必要があります。

　なお、相続税の特例である配偶者の税額軽減や小規模宅地等の特
例等は、申告期限まで（相続の開始があったことを知った日の翌日
から 10 カ月以内）に分割されている財産のみに適用されます。

　もっとも、申告期限までに成立していなかったとしても、申告期
限から 3 年以内に遺産分割協議が成立すれば、更正の請求により、
納めすぎた税額を還付してもらうこともできますが、当初申告にお
いてはこれらの特例を適用することができないため、相続税の申
告・納付が必要な場合には、一般的に、相続開始後 10 カ月以内に
遺産分割協議を成立させることを目指します（相法 19 の 2 ②、措
法 69 の 4 ④）。

❹ 遺産分割協議書

遺産分割協議の成立の結果を証明するために作成する書面のことを「遺産分割協議書」といいます。遺産分割協議書は、共同相続人の間で合意した内容を対外的にも証明する重要な書類であり、自署及び実印の押印と印鑑証明書の添付が求められます。

相続税の申告において、配偶者の税額軽減や小規模宅地等の特例等の適用を受けるためには、遺産分割協議書の写しを添付する必要があります（相規1の6③一、措規23の2⑧一ハ等）。また、不動産の相続登記の手続をする場合にも、遺産分割協議書を登記申請書に添付する必要があります。

第2章

相続税の実務

―納税義務者及び
　課税財産の範囲―

Q8 日本国内における相続税の実務

日本における相続税の申告について教えてください。

Point

- 相続税の納税義務者及び被相続人からの生前贈与につき相続時精算課税の適用を受けた者は、相続税の課税価格の合計額が遺産に係る基礎控除額を超える場合には、相続税を申告し納付しなければならない。
- 一定の特例措置の適用により相続税の課税価格の合計額が遺産に係る基礎控除額を下回る場合にも、相続税の申告書を提出しなければならない。
- 相続税の申告書の提出先は、被相続人の住所地の所轄税務署長、相続税の納付先は国である。
- 相続税の申告・納付の期限は、相続の開始があったことを知った日の翌日から10カ月以内である。

Answer & 解説

❶ 申　告

　相続税の納税義務者（Q9 参照）及び被相続人からの贈与につき相続時精算課税（Q61 参照）の適用を受けた者は、その被相続人からこれらの事由により財産を取得したすべての者に係る相続税の

課税価格の合計額が、遺産に係る基礎控除額を超える場合において、その者に係る相続税の課税価格に係る相続税額があるとき（**Q27** 参照）は、相続税の申告書を被相続人の納税地の所轄税務署長に提出しなければなりません（相法 27 ①）。

なお、配偶者の税額軽減や小規模宅地等の特例等については、相続税の申告書にこれらの規定の適用を受ける旨の記載がある場合に限り適用があるものですので、これらの規定の適用を受けることで相続税がかからないこととなる場合にも、相続税の申告書を提出する必要があります（相法 19 の 2 ③、措法 69 の 4 ⑦）。

❷ 納 付

相続税は、国に納付しなければなりません（相法 33）。

❸ 申告・納付の期限

相続税の申告・納付の期限は、相続の開始があったことを知った日の翌日から 10 カ月以内（相続税の申告・納付をしなければならない者が納税管理人の届出をしないでその期間内に日本に住所及び居所を有しないこととなるときは、その有しないこととなる日まで）です（相法 27 ①、33）。

❹ 納税管理人

相続税の申告・納付をしなければならない者が、日本に住所及び居所を有しない、又は有しないこととなる場合には、自己に代わってこれらの処理をするために納税管理人を定め、納税地の所轄税務署長にその旨を届け出なければなりません（通則法 117）。

Q9 相続税の納税義務者と課税財産の範囲

相続税の納税義務者と課税財産の範囲について教えてください。

Point

- 相続税の納税義務者は、原則として、相続又は遺贈により財産を取得した個人である。
- 相続税の課税財産の範囲は、被相続人と相続人等それぞれの国籍や住所地等による区分の組合せにより相続人ごとに決定される。

Answer &解説

❶ 相続税の納税義務者の区分

相続又は遺贈（死因贈与を含む。以下同じ）により財産を取得した個人（以下「相続人等」という）は、図表2−1の区分に従い、取得した財産のすべて、又は取得した国内財産につき、相続税が課税されます（相法1の3①・③、2）。

図表2−1中、被相続人及び相続人等の国籍・住所は「相続時」で判定します。判定の結果、国内財産・国外財産（**Q15**参照）のすべてに課税される人を「無制限納税義務者」といい、国内財産にのみ課税される人を「制限納税義務者」といいます。

■図表2-1　相続税の納税義務者と課税財産の範囲

相続人等／被相続人		国内に住所あり		国内に住所なし		
				日本国籍あり		日本国籍なし
		右記以外の者	一時居住者 ❷(1)	10年以内に国内に住所あり	10年以内に国内に住所なし	日本国籍なし
国内に住所あり						
	外国人被相続人 ❷(2)		国内財産のみ		国内財産のみ	国内財産のみ
国内に住所なし	10年以内に国内に住所あり	国内財産・国外財産すべて				
	外国人（非居住被相続人 ❷(3)①）		国内財産のみ		国内財産のみ	国内財産のみ
	10年以内に国内に住所なし（非居住被相続人 ❷(3)②）		国内財産のみ		国内財産のみ	国内財産のみ

❷　図表2-1の用語解説

(1)　一時居住者

　相続開始時に在留資格（下記❹参照）を持ち、日本に住所があった外国人（日本国籍を有しない人をいう。以下、本書において同じ）である相続人等で、相続開始前15年以内において日本に住所があった期間の合計が10年以下である人をいいます（相法1の3

③一）。

⑵ 外国人被相続人

　相続開始時に在留資格を持ち、日本に住所があった外国人である被相続人をいいます（相法1の3③二）。

⑶ 非居住被相続人

　相続開始時に日本に住所がなかった被相続人で、次の①又は②に掲げる人をいいます（相法1の3③三）。

① 　相続開始前10年以内のいずれかの時点で日本に住所を有していたことがある人で、日本に滞在しているときに外国人（日本国籍を有していない）であった人

② 　相続開始前10年以内のいずれの時も日本に住所がなかった人（日本人であるか外国人であるかを問わない）

❸　国外転出時課税の納税猶予の特例を受けている場合

　被相続人が次に掲げる者である場合においては、被相続人は相続開始前10年以内のいずれかの時において国内に住所を有していたものとみなして、上記の判定をします（相法1の3②）。

① 　国外転出時課税の納税猶予の特例（ Q83 参照）の適用を受けている個人

② 　国外転出（贈与）時課税の納税猶予の特例（ Q94 参照）の適用を受けている者から、その国外転出（贈与）時課税に係る贈与により財産を取得した者（その国外転出（贈与）時課税に係る贈与前10年以内のいずれの時においても国内に住所を有していたことがない者は含まれない）

③ 　国外転出（相続）時課税の納税猶予の特例の適用（ Q100 参

照）を受けている相続人等（その国外転出（相続）時課税に係る相続開始前 10 年以内のいずれの時においても国内に住所を有していたことがない者は含まれない）

❹ 在留資格

在留資格とは、外国人が日本に入国・在留して従事することができる活動、又は入国・在留できる身分もしくは地位について類型化し、法律上明らかにしたもので、次の種類の在留資格があります（出入国管理及び難民認定法　別表第一・第二：図表 2 - 2、2 - 3）。

このうち、相続税の納税義務者の判定では、別表第一に掲げるもののみを「在留資格」としています（相法 1 の 3 ③)。

■図表２－２　出入国管理及び難民認定法　別表第一

区分	在留資格
一	外交、公用、教授、芸術、宗教、報道
二	高度専門職、経営・管理、法律・会計業務、医療、研究、教育、技術・人文知識・国際業務、企業内転勤、介護、興行、技能、特定技能、技能実習
三	文化活動、短期滞在
四	留学、研修、家族滞在
五	特定活動

■図表２－３　出入国管理及び難民認定法　別表第二

在留資格
永住者
日本人の配偶者等
永住者の配偶者等
定住者

Q10 相続税の納税義務者（事例1）〜親が日本、子が国外に居住している場合

　私の両親は日本人（日本国籍あり）で、日本に住んでいます。一方、子である私（日本国籍あり）は20年前からずっと国外に住んでいます。父の相続が発生した場合に、日本の相続税の納税義務と課税財産の範囲はどのようになるでしょうか？

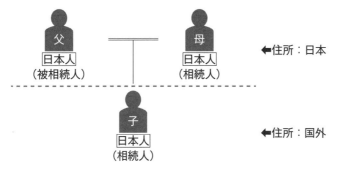

Point

- 被相続人が日本人で、相続時に日本に住所を有していた場合は、相続人はすべて無制限納税義務者になる。
- 無制限納税義務者の課税財産の範囲は、国内財産及び国外財産のすべてである。

■図表２－４　相続税の納税義務者と課税財産の範囲（本問の場合）

□…無制限納税義務者
□…制限納税義務者

相続人等／被相続人		国内に住所あり		国内に住所なし		
		右記以外の者	一時居住者	日本国籍あり		日本国籍なし
				10年以内に国内に住所あり	10年以内に国内に住所なし	
国内に住所あり		母	国内財産・国外財産すべて		子	
国内に住所なし	外国人被相続人		国内財産のみ		国内財産のみ	国内財産のみ
	10年以内に国内に住所あり		国内財産・国外財産すべて			
	外国人（非居住被相続人）		国内財産のみ		国内財産のみ	国内財産のみ
	10年以内に国内に住所なし（非居住被相続人）		国内財産のみ		国内財産のみ	国内財産のみ

❶　母の相続税の課税財産の範囲

　図表２－４のとおり、被相続人である父は、相続時に「国内に住所あり」かつ「外国人被相続人（**Q9** の❷(2)参照）ではない人」に該当します。

また、相続人である母は、相続時に「国内に住所あり」かつ「一時居住者（**Q9**の❷(1)参照）ではない人」に該当します。

　したがって、母が父から相続により取得した財産は、国内・国外すべての財産に対して相続税が課されます（相法1の3①一イ、2①）。

❷　子の相続税の課税財産の範囲

　図表2－4のとおり、被相続人である父は、相続時に「国内に住所あり」かつ「外国人被相続人ではない人」に該当します。

　また、相続人である子は、相続時に「国内に住所なし」、「日本国籍あり」、「10年以内に国内に住所なし」に該当します。したがって、子が父から相続により取得した財産は、母と同様に国内・国外すべての財産に対して相続税が課されます。

　本問のように、国外での生活が長い相続人がいる場合であっても、被相続人が日本国籍を有し、住所が日本国内にあるときは、すべての相続人が無制限納税義務者となります（相法1の3①二イ(2)、2①）。

Q11 相続税の納税義務者（事例2）〜親も子も 10年超の期間国外に居住している場合

私の両親は日本人（日本国籍あり）ですが、30年前からずっ
と国外に住んでいます。私も日本国籍を有し、生まれてから20
年以上ずっと両親と同居しています。父の相続が発生した場合
に、日本の相続税の納税義務と課税財産の範囲はどのようになる
でしょうか？

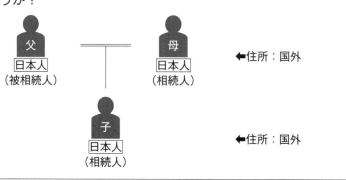

Point

• 被相続人と相続人ともに相続時において国外に住所を有してい
る期間が10年超である場合は、相続人は制限納税義務者にな
る。
• 制限納税義務者の課税財産の範囲は、国内財産のみである。

■図表２－５　相続税の納税義務者と課税財産の範囲（本問の場合）

☐…無制限納税義務者
☐…制限納税義務者

相続人等 / 被相続人		国内に住所あり		国内に住所なし			
				日本国籍あり			日本国籍なし
		右記以外の者	一時居住者	10年以内に国内に住所あり	10年以内に国内に住所なし		
国内に住所あり							
	外国人被相続人		国内財産のみ		国内財産のみ		国内財産のみ
国内に住所なし	10年以内に国内に住所あり		国内財産・国外財産すべて				
	外国人（非居住被相続人）		国内財産のみ		国内財産のみ		国内財産のみ
	10年以内に国内に住所なし（非居住被相続人）		国内財産のみ	母・子	国内財産のみ		国内財産のみ

◆母と子の相続税の課税財産の範囲

　図表２－５のとおり、被相続人である父は、相続時に「国内に住所なし」かつ「10年以内に国内に住所なし（非居住被相続人（ **Q9** の❷(3)②参照）」に該当します。

また、相続人である母と子は、いずれも相続時に「国内に住所なし」、「日本国籍あり」、「10年以内に国内に住所なし」に該当します。

　したがって、母と子が父から相続により取得した財産については、国内財産のみに対して相続税が課されます（相法1の3①四、2②）。

Q12 相続税の納税義務者（事例3）～被相続人が別表第一の在留資格により日本に居住していた外国人である場合

　私の父と母はA国籍で、仕事で5年前から別表第一の在留資格により日本に滞在しています。私はA国籍でA国に居住しています。父の相続が発生した場合、日本の相続税の納税義務と課税財産の範囲はどのようになるでしょうか？

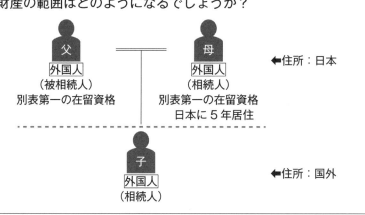

父
外国人
（被相続人）
別表第一の在留資格

母
外国人
（相続人）
別表第一の在留資格
日本に5年居住

←住所：日本

子
外国人
（相続人）

←住所：国外

Point

- 被相続人が相続時に別表第一の在留資格をもって日本に滞在していた場合には、別表第一の在留資格をもって日本に一時的に滞在していた相続人や、国外に住所を有する外国人である相続人は、制限納税義務者になる。
- 制限納税義務者の課税財産の範囲は、国内財産のみである。

■図表２－６　相続税の納税義務者と課税財産の範囲（本問の場合）

☐…無制限納税義務者
□…制限納税義務者

相続人等 被相続人	国内に住所あり		国内に住所なし		
			日本国籍あり		
	右記以外の者	一時居住者	10年以内に国内に住所あり	10年以内に国内に住所なし	日本国籍なし
国内に住所あり					子
外国人被相続人	母	国内財産のみ		国内財産のみ	国内財産のみ
国内に住所なし　10年以内に国内に住所あり	国内財産・国外財産すべて				
外国人（非居住被相続人）		国内財産のみ		国内財産のみ	国内財産のみ
10年以内に国内に住所なし（非居住被相続人）		国内財産のみ		国内財産のみ	国内財産のみ

❶　母の相続税の課税財産の範囲

　図表２－６のとおり、被相続人である父は、相続時に「国内に住所あり」、「外国人被相続人（**Q9**の❷(2)参照）」に該当します。

　また、相続人である母は、相続時に「国内に住所あり」「一時居住者（**Q9**の❷(1)参照）」に該当します。

したがって、母が父から相続により取得した財産については、国内財産のみに対して相続税が課されます（相法1の3①三、2②）。

❷ 子の相続税の課税財産の範囲

図表2－6のとおり、被相続人である父は、相続時に「国内に住所あり」「外国人被相続人」に該当します。

また、相続人である子は、相続時に「国内に住所なし」「日本国籍なし」に該当します。

したがって、子が父から相続により取得した財産については、国内財産のみに対して相続税が課されます（相法1の3①四、2②）。

＜参　考＞　一時的に日本に居住する外国人に対する相続税の納税義務の緩和

① 平成29年度税制改正前

平成25（2013）年4月1日から平成29（2017）年3月31日までに開始した相続については、被相続人が相続時に日本に居住していた場合（被相続人の国籍は問わない）には、相続人の国籍や住所地にかかわらず、国内財産・国外財産すべてに対し、日本の相続税が課されていました。

このため、日本で就労しようとする外国人にとって、予期せぬ日本の相続税の負担が来日の障害となっているとの指摘がなされていました。

② 平成29年度税制改正

上記を踏まえて、平成29年度税制改正で相続税の納税義務について見直しが行われました。

被相続人が相続時に別表第一の在留資格（**Q9**の❹参照）

をもって日本に一時的に居住していた外国人であるときは、相続開始時に相続人等が(イ)「在留資格をもって一時的に国内に居住していた外国人」、(ロ)「国内に住所がなかった外国人」、(ハ)「相続開始前10年以内に国内に住所がなかった日本人」のいずれかに該当するときは、相続税は国内財産のみを課税対象にすることとし、課税財産の範囲が縮小されました。

③ 「一時的」の意味

　日本に居住する外国人の相続税の納税義務と課税財産の範囲の判定においては、日本での滞在が「一時的」であるかどうかが1つの判定基準になります。

　ここでいう「一時的」とは「相続開始前15年以内において、日本に住所を有していた期間の合計が10年以下である場合」をいいます。

Q13 相続税の納税義務者（事例4）～被相続人が日本に居住していない外国人である場合

　私の父はA国籍ですが、仕事で日本に滞在していました。父は仕事を引退後、A国に帰国し、3年後に亡くなりました。母と私はA国籍で、生まれてからずっとA国に居住しています。父の相続が発生した場合、日本の相続税の納税義務と課税財産の範囲はどのようになるでしょうか？

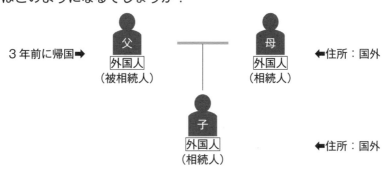

3年前に帰国➡

父
外国人
（被相続人）

母
外国人
（相続人）
←住所：国外

子
外国人
（相続人）
←住所：国外

Point

- 被相続人及び相続人等が相続時に日本に住所を有していなかった外国人である場合には、その相続人等は制限納税義務者になる。
- 制限納税義務者の課税財産の範囲は、国内財産のみである。

Answer & 解説

■図表２−７　相続税の納税義務者と課税財産の範囲（本問の場合）

☐…無制限納税義務者
☐…制限納税義務者

被相続人 ＼ 相続人等	国内に住所あり		国内に住所なし			
	右記以外の者	一時居住者	日本国籍あり			日本国籍なし
			10年以内に国内に住所あり	10年以内に国内に住所なし	
国内に住所あり						
外国人被相続人		国内財産のみ		国内財産のみ		国内財産のみ
国内に住所なし ／ 10年以内に国内に住所あり		国内財産・国外財産すべて				
外国人（非居住被相続人）		国内財産のみ	母・子	国内財産のみ		国内財産のみ
10年以内に国内に住所なし（非居住被相続人）		国内財産のみ		国内財産のみ		国内財産のみ

◆　母と子の相続税の課税財産の範囲

　図表２−７のとおり、被相続人である父は、相続時に「国内に住所なし」、「10年以内に国内に住所あり」、「外国人（非居住被相続人）（**Q9** の❷(3)①参照）」に該当します。

　また、相続人である母と子は、いずれも相続時に「国内に住所な

し」「日本国籍なし」に該当します。

　したがって、母と子が父から相続により取得した財産については、国内財産のみに対して相続税が課されます（相法1の3①四、2②）。

＜参　考＞　日本に居住していない外国人に対する相続税の納税義務の緩和

① 平成29年度税制改正

　平成29年度税制改正により、平成29（2017）年4月1日以後の相続については、被相続人が相続時に別表第一の在留資格（**Q9**の❹参照）をもって日本に一時的に居住していた外国人である場合の相続税の納税義務が緩和されました（**Q12**の**＜参　考＞**参照）。

　一方、日本に長期間（10年超）滞在した外国人が、出国後5年以内に亡くなった場合の相続税については、相続人は国籍や住所地にかかわらず、国内財産・国外財産すべてに対し、日本の相続税が課されることとされました。

　これについては、例えば引退後に母国に戻った外国人が死亡した場合に、日本国外の財産についてまで、日本の相続税が課税されるのは酷であるとの指摘もなされていました。

② 平成30年度税制改正

　上記を踏まえて、平成30年度税制改正で相続税の納税義務について見直しが行われ、非居住被相続人（**Q9**の❷(3)参照）の定義が改正されました。

　これにより、国外に居住する外国人である相続人等が、国外に居住する外国人である被相続人（相続開始前10年以内に日

本に居住していて、そのときに日本国籍を有していなかった者に限る）から相続により取得した財産については、被相続人が日本に居住していた期間にかかわらず、国内財産のみが相続税の課税対象になることとされました。

③　令和3年度税制改正

高度外国人材を日本に呼び込むために、被相続人の日本における「一時的に」の居住期間（15年以内において10年以下）の要件が撤廃されました。被相続人が別表第一の在留資格をもって日本に滞在しているときは、居住期間が10年を超えていても、相続人が国外に居住する外国人であるときや、一時居住者（**Q9** **❷**(1)参照）であるときには、国外財産は相続税が非課税とされました。

なお、相続人の「一時居住者」の定義における居住期間要件「日本における居住期間が相続開始前15年以内において日本に住所があった期間の合計が10年以下」については、改正はありませんでした。

Q14 住所の判定

　私は日本に自宅があり、そこに住民票もあります。国外で仕事をしており出入国を繰り返しています。所得税や相続税においては、住所が国内にあるか国外にあるかにより、課税の範囲が変わってくると聞いています。私の住所の判定はどのように行うのでしょうか？

Point

- 所得税法や相続税法において、「住所」の定義はない。
- 「住所」は、民法の住所の概念を借用し、「生活の本拠」をいうものとされている。
- 「住所」は、住民票のある場所とは無関係である。

Answer & 解説

❶　住所の判定の重要性

　住所が国内にあるのか、国外にあるのかの判定はとても重要です。なぜなら、住所の判定により、課税のあり方が大きく左右されることがあるからです。

　例えば、相続税の納税義務者と課税財産の範囲の判定では、被相続人及び相続人・受遺者の住所が国内なのか国外なのかで課税される財産の範囲が変わりますし（ Q9 ～ Q13 参照）、所得税の国外

転出時課税では、有価証券を保有する人が国外へ転出する（日本に住所がなくなる）場合、又は有価証券を贈与や相続により取得した人が非居住者である（住所が国外にある）場合に課税されるため、住所の判定により課税の有無が決まります（**第6章**参照）。

❷ 住所とは

相続税法及び所得税法では、「住所」についての定義がないため、「住所」については民法の定義を借用します。

民法では、「各人の生活の本拠をその者の住所とする」とし、「住所が知れない場合には、居所を住所とみなす」としています（民法22、23①）。なお、居所とは、一般に、多少の期間継続して居住しているものの、住所ほどその場所との結びつきが密接ではない場所をいいます。

これに基づき、相続税法基本通達及び所得税基本通達では、住所とは各人の生活の本拠をいい、生活の本拠であるかどうかは客観的事実によって判定するとしています（所基通2－1、相基通1の3・1の4共－5）。

すなわち、住所とは、住民票のある場所とは関係がなく、職業や親族の居住状況、資産の所在等の客観的事実を総合的に勘案して判定することになります。

❸ 相続税法基本通達における「相続人が国外勤務者・留学者である場合の住所」

相続税法基本通達では、日本国籍を有している者又は出入国管理及び難民認定法別表第二に掲げる永住者（**Q9**の❹参照）については、その者が相続もしくは遺贈又は贈与により財産を取得した時

において日本を離れている場合であっても、次に掲げるときは、その者の住所は、日本にあるものとされます（相基通1の3・1の4共−6）。

① 学術、技芸の習得のために留学しており、日本にいる者の扶養親族となっているとき

② 国外において勤務その他の人的役務の提供をするときで、国外におけるその人的役務の提供の期間がおおむね1年以内であると見込まれるとき

③ 国外出張、国外興行等により一時的に日本を離れているにすぎないとき

上記①の留学している者についての相続税法での取扱いは、下記❹(2)の所得税の海外留学生の取扱いとは異なることとなります。

なお、上記①〜③に該当する場合であっても、上記❷によりその者の住所が明らかに国外にあると認められる場合には、その者の住所は国外にあることになります。

❹ 所得税法における「住所の推定」

(1) 基本的取扱い

所得税法では、次により住所が国内又は国外のいずれにあるかを推定します（所令14、15）。

① 継続して1年以上居住することを通常必要とする職業を有するのはどちらか

② その者の国籍、生計を一にする親族の居住状況、職業、資産の有無等から、1年以上継続して居住することが推定されるのはどちらか

⑵　海外留学生の場合

　所得税法における住所の推定上、学術、技芸の習得のため国内又は国外に居住することとなった者については、その習得のために居住する期間その居住する地に職業を有するものとして判定を行うとされています（所基通3-2）。

　したがって、国外に留学している者の場合には、留学のための国外での居住期間が1年以上であれば、上記⑴①により職業を有するのは国外となり、その者の住所は国外にあると推定されます。

⑶　海外勤務者の場合

　国内又は国外において事業を営みもしくは職業に従事するため国内又は国外に居住することとなった者は、その地における在留期間が契約等によりあらかじめ1年未満であることが明らかであると認められる場合を除いて、上記⑴①の規定を適用します（所基通3-3）。

　したがって、海外勤務者については、国外における勤務期間が契約等によりあらかじめ1年未満とされている場合を除いて、国外に職業を有することとなり、その者の住所は国外にあると推定されます。

❺　武富士事件の判決

　住所は居住状況の客観的事実を総合的に考えて判定しますが、実際にはその判定が難しい場合もあります。世間の注目を集めた、いわゆる「武富士事件」の裁判では、当時の税制で受贈者の「住所」が日本にあるのか、香港にあるのかが争点でした。当時の相続税法では、贈与を受けた人の「住所」と贈与財産がともに国外にあるときは、贈与税が課税されませんでした。

武富士事件では、受贈者は、平成 9（1997）年 6 月に香港に赴任（出国）してから約 3 年半の期間において、香港の会社の役員として香港に赴任しつつ、国内にも相応の日数滞在していました。香港に赴任して同地にも滞在するようになってから 2 年半後の平成 11（1999）年 12 月に、両親から国外財産（日本法人の株式を所有する外国法人の株式）の贈与を受けました。

　受贈者は贈与時の住所が国外にあるものとして（当時の税法では）贈与税の納税義務者に該当しないとの判断から、贈与税の申告を行いませんでした。これに対し、国側は、受贈者は国内に住所があるとして、贈与税の決定処分（贈与税額 1,157 億円、無申告加算税 173 億円）を行いました。この処分に対し受贈者は取消しを求めました。第一審の東京地裁判決では納税者が勝訴し、第二審の東京高裁判決では国側が逆転勝訴、最高裁では納税者の再逆転勝訴に至りました。

　平成 23（2011）年 2 月 18 日の最高裁の判決では、受贈者の贈与税回避の目的を認めながらも、香港における「滞在日数が赴任期間中の約 3 分の 2（国内での滞在日数の約 2.5 倍）であること」「香港での業務にそれなりに業務に従事したこと」を重視して、受贈者の当時の「住所（生活の本拠）」は香港であると判断し、国側の主張を斥けました。

　このように、客観的な滞在日数及び職業の業務の状況を主要な判断要素として住所（生活の本拠）が判断されたことは参考になります。

Q15 国内財産・国外財産の区分

日本の相続税の申告において、被相続人の財産が国内財産か国外財産かを判定する場合の判定基準について教えてください。

Point

- 日本の相続税の申告における被相続人の財産の所在の判定については、相続税法に規定されている。
- 日本と米国との間の相続については、日米相続税条約においても財産の所在の判定について規定されているので、合わせて検討する必要がある。

Answer & 解説

❶ 相続税法における財産の所在の判定の必要性

　日本の相続税は、納税義務者の区分により課税財産の範囲が異なります（**Q9** 参照）。納税義務者の区分が無制限納税義務者の場合には、国内財産・国外財産のすべてが相続税の課税対象となり、制限納税義務者の場合には、国内財産のみが相続税の課税対象となります。

　無制限納税義務者は、相続した財産のすべてが課税対象となるため、財産の所在を判定する必要はありませんが、制限納税義務者は、国内財産のみが課税対象となるため、相続した財産が国内財産

か国外財産かを判定する必要があります。

❷ 相続税法における財産の所在

　財産の所在の判定については、図表2−8のとおり、財産の種類ごとに定められています。なお、判定は、財産を相続又は遺贈により取得した時の現況により行います（相法10）。

❸ 具 体 例

(1)　A銀行（本店は東京都）の香港支店にある普通預金

　図表2−8⑥より判定し、受入れをした営業所の所在地が香港であるため、国外財産になります。

(2)　日本の証券会社を通じて購入したB社（本店は米国）の株式

　図表2−8⑩より判定し、B社の本店が米国であるため、国外財産になります。

(3)　被相続人が東京都の自宅で保管していたユーロ紙幣

　図表2−8①より判定し、ユーロ紙幣の所在が東京都であるため、国内財産になります。

(4)　C生命保険会社（本店はカナダ）からの死亡保険金

　図表2−8⑦より判定し、保険の契約に係る事務を行う営業所や事務所が日本にある場合は国内財産、ない場合はC生命保険会社の本店がカナダにあるため、国外財産になります。

(5)　被相続人（住所は東京都）の友人D（住所は台湾）に対する貸付金

　図表2−8⑨より判定し、債務者である友人Dの住所が台湾であるため、国外財産になります。

■図表2-8　財産の所在

財産の種類	所在の判定
①　動産	その動産の所在
②　不動産、不動産の上に存する権利	その不動産の所在
③　船舶、航空機	船籍又は航空機の登録をした機関の所在
④　鉱業権、租鉱権、採石権	鉱区又は採石場の所在
⑤　漁業権、入漁権	漁場に最も近い沿岸の属する市町村又はこれに相当する行政区画
⑥　金融機関に対する預金、貯金、積金等	その預金、貯金、積金の受入れをした営業所又は事務所の所在
⑦　保険金	その保険会社等の本店又は主たる事務所の所在。ただし、日本に本店又は主たる事務所がない場合において、日本に保険の契約に係る事務を行う営業所や事務所がある場合は、その営業所や事務所の所在
⑧　退職手当金、功労金その他これらに準ずる給与	その退職手当金等を支払った者の住所又は本店もしくは主たる事務所の所在
⑨　貸付金債権	その債務者の住所又は本店もしくは主たる事務所の所在
⑩　社債、株式、法人に対する出資、一定の有価証券	その社債、株式、出資、有価証券に係る法人の本店又は主たる事務所の所在

⑪　集団投資信託、法人課税信託に関する権利	これらの信託の引受けをした営業所、事務所その他これらに準ずるものの所在
⑫　特許権、実用新案権、意匠権、商標権、回路配置利用権、育成者権等で登録されているもの	その登録をした機関の所在
⑬　著作権、出版権又は著作隣接権でこれらの権利の目的物が発行されているもの	これを発行する営業所又は事務所の所在
⑭　低額譲受により贈与又は遺贈により取得したものとみなされる金銭	そのみなされる基因となった財産の種類に応じ、この表に規定する場所
⑮　上記の他、営業所又は事業所を有する者の営業上又は事業上の権利	その営業所又は事業所の所在
⑯　日本の国債、地方債	日本
⑰　外国又は外国の地方公共団体その他これに準ずるものの発行する公債	その外国
⑱　上記以外の財産	被相続人の住所の所在

❹　日米相続税条約における財産の所在

　日米間で相続があった場合の財産の所在については、日米相続税条約において、①被相続人が死亡時に米国籍を有していた場合、②被相続人が死亡時に米国に住所があった場合、③相続人又は受遺者が被相続人の死亡時に日本に住所があった場合について規定しています（日米相続税条約3(1)）。

　日本の相続税法と日米相続税条約における財産の所在の規定については、おおむね同じ内容になっていますが、主な相違点は、図表

■図表2－9　相続税法と日米相続税条約における財産の所在の主な
　　　　　相違点

財産の種類	相続税法10条	日米相続税条約3条(1)
動産	その動産の所在	その動産の所在（運送中である場合は目的地）
漁業権、入漁権	漁場に最も近い沿岸の属する市町村又はこれに相当する行政区画	権利行使について管轄権を有する国
金融機関に対する預金、貯金、積金等	預金、貯金、積金の受入れをした営業所又は事務所の所在	債務者が居住する場所
貸付金債権	その債務者の住所又は本店もしくは主たる事務所の所在	債務者が居住する場所
特許権、商標権、実用新案権、意匠権	その登録をした機関の所在	それらが登録されている場所（登録されていない場合には、それらが行使される場所）
規定のない財産	被相続人の住所の所在	・いずれか一方の締結国が自国内に財産があることのみを理由として租税を課す場合……その締結国の法令で定めている場所 ・いずれの締結国も自国内に財産があることのみを理由として租税を課すのではない場合……各締結国の法令で定めている場所

2 - 9のとおりです。日米相続税条約の規定は、この規定がなけれ
ば、日米両国において租税が課せられる財産についてのみ適用され
ます（日米相続税条約3(2)）。

　日米相続税条約において、相続税法に定める財産の所在と異なる
定めがある場合には、その日米相続税条約の適用を受ける者につい
ては、日米相続税条約の取扱いが優先して適用されます（憲法98
②）。

米国のジョイントアカウント（共同口座）についての日本の相続税・贈与税における取扱い

私たち夫妻は日本人で日本に居住していますが、米国に居住していた際に、夫婦名義でジョイントアカウントを開設しました。預金は全額夫の稼得した所得を原資としており、口座の管理も夫がしています。この口座への入金時や夫の死亡時に、日本の贈与税や相続税は課されるのでしょうか？

Point

- ジョイントアカウントの名義人の 1 人に相続が起こると、簡易な手続で他の名義人に自動的に名義が移転できる。
- ジョイントアカウントに対する日本の相続税と贈与税の取扱いは、いわゆる名義預金の扱いによるものと考える。
- 日本では、原資の拠出者以外の名義人が預金を引き出した場合に、贈与税の課税が生じることがある。

Answer & 解説

❶ ジョイントアカウントとは？

「ジョイントアカウント」とは、2 名以上の名義人で開設する預金口座のことをいいます。日本ではなじみがありませんが、国外の銀行にはこのような制度があります。生存者受取権が付いている口

座であれば、どちらか一方の名義人が亡くなった場合には、預金残高は自動的に生存している名義人に帰属します。このことから、プロベートという煩雑な相続手続が不要になるので、海外では多く利用されています。

❷ 取得時の日本の贈与税

　日本では、対価を支払わないで利益を受けた者は、利益を受けた時にその利益相当額の贈与があったものとみなされ、贈与税が課税されます（相法9）。本問の場合には、ジョイントアカウントに関し、妻が対価を支払っていないにもかかわらず夫婦名義であることから、妻は入金の都度その入金額の2分の1相当額を夫から贈与により取得したとみなされ贈与税が課されるのか、という懸念が生じます。

　日本の相続税の取扱いでは、預金は名義にかかわらず、被相続人が資金を拠出していたこと等から、被相続人の財産と認められるものは被相続人の財産として課税されます。いわゆる「名義預金」といわれる取扱いです（国税庁「相続税の申告書作成時の誤りやすい事例集」）。本問の場合には、預金の原資は夫が稼得した所得であり、口座の管理支配も夫が行っていることから、相続税の取扱いと同様に、妻名義の分を含めて夫単独の預金として取り扱われ、口座への入金時に贈与税の課税関係は生じないと考えます。

　ただし、妻がこのジョイントアカウントから、自分が管理支配する別の預金口座に資金を移動したり、妻の裁量でこのジョイントアカウントから出金して財産を購入したりした場合（生活費に充てるための出金で通常必要と認められるものを除く）は、その時点で贈与があったものとして日本の贈与税が課税されます（相法21の3

①二）。

❸　相続時の日本の相続税

　夫の相続が発生した場合には、上記❷のとおり、日本では、預金は、形式的な名義にかかわらず、財産を実質的に保有している者のものとして相続税の課税関係を考えますので、妻の名義部分も含めてジョイントアカウントの残高の全額が夫の相続財産であるものとして相続税の課税対象になります。

米国のジョイントテナンシー（合有不動産権）についての日本の相続税・贈与税の取扱い

　私と父は日本国籍で日本に居住をしています。私は、父と合有不動産権という形態で米国ハワイ州に所在するコンドミニアムを所有していました。購入資金は、私と父で半額ずつ払いました。今般、父の相続があったため、父の合有不動産権は私に移転しました。父から移転した合有不動産権は、日本の相続税の課税対象になりますか？

Point

- 合有不動産権の権利者の 1 人が死亡した場合には、その権利は生存している他の所有者に自動的に等分に移転する。
- 日本の相続税法では、死亡に伴い権利の移転があった場合には、その死亡時に贈与又は死因贈与があったものとして取り扱われる。

Answer &解説

❶　ジョイントテナンシーとは

　ハワイ州のように、米国では不動産を所有する形態の1つとして、ジョイントテナンシー（本問において「合有不動産権」）という形態を認めている州があります。

合有不動産権を有する人のうち1人が死亡した場合には、死亡した人の合有不動産権は相続ではなく、契約の効力によって、自動的に生存している他の所有者に等分に移転します。その権利は相続性を持たないため、死後の帰属先を遺言により変更することはできず、生存合有権者に均等に帰属します。

❷　合有不動産権のメリット

　上記❶のとおり、合有不動産権を有する者が死亡した場合には、その者の有していた合有不動産権は、米国の相続手続であるプロベートという煩雑な手続を必要とすることなく、簡易な手続で生存している他の合有権者に移転することができるというメリットがあります。

❸　取得時の日本の贈与税

　対価を支払わないで利益を受けた者は、利益を受けた時に、利益の価額を贈与により取得したものとみなされ贈与税が課税されます（いわゆる「みなし贈与」）（相法9）。また、対価の授受がなく、他の者の名義で新たに不動産、株式等を取得した場合には、原則として贈与があったものとされます（相基通9－9）。

　本問の場合は、父と子が、購入資金を半額ずつ支払っているため、自己の持分と資金の拠出の割合が一致していることから、みなし贈与の課税はありません。なお、名古屋地裁平成29年10月19日判決の事案では、カリフォルニア州のコンドミニアムを夫のみが購入資金を負担し夫婦でジョイントテナンシーにより購入したところ、妻の持分についてみなし贈与として課税された事案でした。同判決は税務署の処分を適法なものと認めました。

❹ 相続時の日本の相続税

　合有権者に相続があった場合には、合有不動産権は、次の(1)又は(2)の考え方により相続税が課税されます。

(1) 贈与があったとみなす場合

　合有権者（本問の場合、父）に相続があった場合には、被相続人の有していた合有不動産権は、生存している他の合有権者（本問の場合、子。以下「生存合有不動産権者」）に移転します。これにより、生存合有権者が有する権利が増加することから、相続開始時に被相続人からの贈与（相続ではなく）によりその権利を取得したとみなします（相法9）。

　そして、その贈与により取得したとみなされた権利の価額は、相続開始前7年以内の贈与加算の取扱いにより、相続税の課税価格に加算され、相続税の課税対象になるという考え方です（**Q34** 参照、相法19）。

(2) 死因贈与があったとみなす場合

　もう一つの考え方は、合有不動産権は、その不動産を取得する際に、合有権者間で「自分が死んだら生存合有権者に合有不動産権を無償で移転する」という合意、すなわち実質的な死因贈与（贈与者の死亡により効力を生じる贈与）契約を締結していたとみることもできます。したがって、生存合有権者は、被相続人からの死因贈与（相続税法上の取扱いは、遺贈）によりその合有不動産権を取得したと考え、相続税の課税対象になるという考え方です（相法9）（国税庁質疑応答事例「ハワイ州に所在するコンドミニアムの合有不動産権を相続税の課税対象とすることの可否」）。

Q18 納税地～被相続人が国外で亡くなった場合

被相続人は国外で亡くなりました。相続時の相続人の住所は、相続人Ａは日本のａ市、相続人Ｂは国外、相続人Ｃは相続時には日本に住所がありましたが、申告期限前に国外に住所を移しました。この相続人Ａ、Ｂ、Ｃは同一の税務署長へ共同で相続税の申告書を提出することができますか？

Point

- 被相続人が国内で亡くなった場合は、被相続人の住所地が納税地となる。
- 被相続人が国外で亡くなった場合は、納税義務者ごとに定められている場所が納税地となる。

Answer &解説

❶ 申告書の提出

相続又は遺贈により財産を取得し、相続税の納税義務がある者は、相続税の申告書をその者の納税地を所轄する税務署長へ提出しなければなりません（相法27①）。

相続人等が複数いる場合に提出先の税務署長が同一であるときは、1つの申告書を共同で提出することができます（相法27⑤）。

❷ 相続税の納税地

(1) 原　　則

相続税の納税地は、原則として、各納税義務者の住所の所在等に応じて、次のように定められています（相法62）。

① 相続時に日本に住所がある者（③に該当する者を除く）……その者の申告時の住所地（住所がないこととなった場合には居所地）

② 相続時に日本に住所がない者……その者が定め申告した納税地、又はその申告がないときは、国税庁長官が指定した納税地

③ 相続時には日本に住所があったが、申告期限前に日本に住所及び居所を有しないこととなる者……その者が定め申告した納税地、又はその申告がないときは、国税庁長官が指定した納税地

(2) 例外（被相続人の住所が国内の場合）

納税地の例外として、被相続人の死亡の時における住所が日本にある場合には、上記(1)にかかわらず、納税地は、「当分の間」、被相続人の死亡の時における住所地とされています（相法附則3、相基通27－3）。

なお、一般的には、被相続人の死亡の時における住所地を所轄する税務署長へ、相続人等が共同で申告書を提出する方法が利用されています（相法27⑤）。

❸ 被相続人の住所が国外の場合の納税地

被相続人の死亡の時における住所が国外にある場合には、上記❷(2)の例外規定を適用することができませんので、上記❷(1)の原則のとおり、各納税義務者の住所の所在に応じた納税地となります。

❹ 納税地の場所の選択

　上記❷(1)②及び③の日本に住所がない納税義務者が定める納税地の場所については、相続税法では所得税法のように納税地の場所に関する規定（ Q65 の❷参照）がないことから、どこでも任意の場所を納税地として定めることができます。

❺ 本問の場合

　被相続人の死亡の時における住所が日本にある場合には、上記❷(2)のとおり被相続人の死亡の時における住所地が納税地とされますが、本問の場合には、被相続人は国外で亡くなったため、相続人らの納税地は、各相続人において上記❷(1)の規定に基づきそれぞれ決まります。

　Aは相続時に日本国内（ a 市）に住所を有していることから、 a 市が納税地になります。Bは相続時に日本国内に住所を有しておらず、またCも相続時には国内に住所を有していたものの、その後に国外に転居し、相続税の申告時においては日本国内に住所を有していないことから、BとCは任意の場所を納税地と定めて、相続税の申告をすることになります。

　そこで、B及びCがその納税地を a 市に選択すれば、A、B、C3名の申告書の提出先の税務署長は同一になりますので、3名は共同して申告書を提出することができます（東京国税局　課税第一部　資産課税課　資産評価官「資産税審理研修資料」平成24年7月作成）。

Q19 納税管理人の届出書及び申告期限

私は日本に住んでいますが、転勤により国外に引っ越します。
1カ月前に日本に住んでいた父が亡くなり、相続税の申告・納付
を行う義務がありますが、申告・納付前に出国する場合、何か必
要な手続がありますか？

Point

・日本に住所及び居所を有しなくなる場合において、日本で相続
　税の申告や納付を行わなければならないときは、納税管理人を
　定めて届出を行う必要がある。

Answer &解説

❶ 納税管理人の選定

　個人である納税者につき、日本に住所及び居所（事務所及び事業
所を除く）がない、又はないこととなる場合において、申告書の提
出その他国税に関する事項を処理する必要があるときは、日本に住
所又は居所を有する納税管理人を定めなければなりません（「住所」
及び「居所」については、 Q14 参照、通則法117①）。
　一般的には、税理士や日本に居住する親族を納税管理人に選定す
るケースが多いようです。

❷　納税管理人の届出書（相続税）

　上記❶により納税管理人を定めた場合には、納税者は、納税地の所轄税務署長に納税管理人の届出書（図表2 – 10参照）を提出しなければなりません（通則法 117 ②）。

　本問の場合、日本に住所を有しないこととなる日までに、相続税の申告書の提出先である被相続人の住所地を所轄する税務署長に、納税管理人の届出書を提出します。

　なお、本問の場合とは違いますが、被相続人が亡くなった時に日本に住所及び居所がない相続人についても、納税管理人を定めて届出書を提出します。

❸　納税管理人の行う事務の範囲

　納税管理人は納税者に代わり、下記の事項を処理します（通基通 117 関係 2）。

① 　国税に関する法令に基づく申告、申請、請求、届出その他書類の作成及び提出
② 　税務署長等が発送する書類の受領
③ 　国税の納付及び還付金等の受領

❹　納税管理人の届出書を提出せずに出国する場合の申告期限

　相続税の申告書の提出期限・納期限は、相続の開始があったことを知った日の翌日から 10 カ月以内です。

　しかし、納税管理人の届出書を提出せずに日本に住所及び居所がないこととなる、すなわち、本問のように転勤のため出国するよう

■図表 2 − 10　相続税の納税管理人届出書

納税管理人届出書

	(フリガナ)	
	納　税　地	(〒　　−　　)
令和＿＿年＿＿月＿＿日提出		(電話　　　−　　　−　　　)
	(フリガナ)	
	氏名又は名称	
	(フリガナ)	
	(法人等の場合)代表者等氏名	
＿＿＿＿＿　税　務　署　長	個人番号又は法人番号	↓個人番号の記載に当たっては、左端を空欄とし、ここから記載してください。
	生　年　月　日	大正・昭和平成・令和　＿＿＿年＿＿＿月＿＿＿日生

相　続　税贈　与　税	の納税管理人として次の者を定めたので届出します。

納税管理人	(フリガナ)住　所　又　は　居　所	(〒　　−　　)　　　　　　　　　　　　　　　　　　(電話　　　−　　　−　　　)
	(フリガナ)氏　名　又　は　名　称	
	届　出　者　と　の続　柄（関　係）	
	職　業　又　は事　業　内　容	
法の施行地外における住所又は居所となる場所		
納税管理人を定めた理由		
そ　の　他　参　考　事　項	(1)　出国（予定）年月日　　平成・令和＿＿＿＿年＿＿＿月＿＿＿日　　　帰国（予定）年月日　　平成・令和＿＿＿＿年＿＿＿月＿＿＿日(2)　その他	

関　与　税　理　士		(電話　　　−　　　−　　　)

税務署整理欄	番号確認	身元確認	確認書類		整理番号	名簿番号
		□　済□　未済	個人番号カード ／ 通知カード・運転免許証その他（　　　　　　　　　）			

(資 3 − 21 − A 4 統一) （令 3.3）

な場合には、その出国の日が申告書の提出期限前であったとして
も、その出国の日までに相続税の申告書を提出し、かつ、納付すべ
き相続税額がある場合には、その申告に係る相続税を納付しなけれ
ばなりません（相法 27 ①、33）。

　納税管理人の届出をしないで出国後に相続税の申告や納付を行う
場合には、期限後申告が行われたものとして、無申告加算税や延滞
税が課されることになります。

第3章

国際相続と
相続税の計算

Ⅰ 国外財産の評価

Q20 国外財産の評価の原則

国外財産の評価方法を教えてください。

Point

・国内財産と同様に、原則として、財産評価基本通達により評価
をする。

Answer &解説

❶ 財産評価基本通達の適用

　相続税法において、相続、遺贈又は贈与により取得した財産の価
額は、その取得の時における時価により、債務の金額はその時の現
況により評価するものとされており、時価は財産評価基本通達によ
り評価した価額とされています（相法22、財基通1(2)）。

　国外に所在する財産の価額についても、国内財産と同様に、基本
的には、財産評価基本通達により評価します。財産評価基本通達に
よって評価することができない国外財産については、財産評価基本
通達による評価方法に準じて、又は売買実例価額、精通者意見価格
等を参酌して評価するものとされています（財基通5-2）。

❷ 取得価額又は譲渡価額の使用

　国外財産で、財産評価基本通達の定めによって評価することができない財産については、課税上弊害がない限り、その財産の取得価額を基にその財産が所在する地域もしくは国におけるその財産と同一種類の財産の一般的な価格動向に基づき時点修正して求めた価額又は課税時期後にその財産を譲渡した場合における譲渡価額を基に課税時期現在の価額として算出した価額により評価することができます（財基通5－2注書）。

　課税上弊害がある場合とは、その財産を親族から低額で譲り受けた場合等、取得価額等が取得等の時の適正な時価と認められない場合や、時点修正をするために適用する合理的な価額変動率がない場合をいいます（国税庁質疑応答事例「国外財産の評価—取得価額等を基に評価することについて課税上弊害がある場合」）。

Q21 外貨建ての財産・債務の邦貨換算

外貨建ての財産や債務の邦貨換算の方法を教えてください。

Point

- 外貨建ての財産は、課税日における対顧客直物電信買相場（TTB）により、外貨建て債務は対顧客直物電信売相場（TTS）により邦貨換算を行う。
- 取引金融機関が複数ある場合には、外貨預金等、金融機関が特定されている場合を除き、相続人の選択した取引金融機関のTTB及びTTSにより邦貨換算を行う。
- 先物外国為替契約を締結している場合には、その為替相場により邦貨換算を行う。

Answer & 解説

❶ 邦貨換算の方法（財基通４－３）

(1) 先物外国為替契約を締結していない場合

① 外貨建てによる財産や国外にある財産

外貨建てによる財産の邦貨換算は、原則として、課税日における納税義務者の取引金融機関が公表する課税時期における最終の「対顧客直物電信買相場」（以下「TTB」）又は「これに準ずる相場」により行います。

② 外貨建てによる債務

外貨建てによる債務の邦貨換算は、原則として、課税日における納税義務者の取引金融機関が公表する課税時期における最終の「対顧客直物電信売相場」（以下「TTS」）又は「これに準ずる相場」により行います。

③ 課税時期に相場がない場合

課税時期に上記①、②の相場がない場合には、課税時期前の相場のうち課税時期に最も近い日の相場によります。

④ 取引金融機関

「納税義務者の取引金融機関」とは、外貨預金等、金融機関が特定されている財産債務については、その金融機関をいい、金融機関が特定されていない財産債務については、納税義務者がすでに取引をしている金融機関（被相続人の預金等を相続した場合のその金融機関を含む）となります。それが複数ある場合には、そのうち選択した金融機関となります（国税庁質疑応答事例「国外財産の評価—取引金融機関の為替相場(2)」）。

なお、取引金融機関には銀行、信用金庫、証券会社、ゆうちょ銀行及び農業協同組合等が含まれます。

(2) **先物外国為替契約を締結している場合**

先物外国為替契約（課税時期において選択権を行使していない選択権付為替予約を除く）を締結していることによりその財産についての為替相場が確定している場合には、その先物外国為替契約により確定している為替相場によります。

❷ TTB及びTTSとは

対顧客直物電信買（売）相場という名称は、従来、外国為替公認

銀行が使っていたもので、証券会社等では使われていないことから、財産評価基本通達では、「対顧客直物電信買（売）相場又はこれに準ずる相場」と定めています。

　また、金融機関の決める為替相場であれば、どのようなものでもよいということではなく、TTB（又はTTS）と同様に顧客から外貨を買う（又は売る）ときの邦貨建ての為替相場として公表される指標性のある為替相場という意味で、通達上「これに準ずる相場」と定められています（国税庁質疑応答事例「国外財産の評価—取引金融機関の為替相場(1)」）。

❸　各相続人が異なる TTB や TTS を使用する場合

　金融機関はそれぞれ独自に為替相場を決めることができるので、金融機関により異なる TTB 及び TTS（又はこれに準ずる相場）が公表される場合もあります。

　したがって、例えば、同一不動産を複数の者の共有として相続した場合に、各相続人が異なる金融機関を選択し、異なる TTB により邦貨換算することで、各相続人の共有持分に相当する外貨建ての価額の邦貨換算額が異なる場合もあり得ます（国税庁質疑応答事例「国外財産の評価—取引金融機関の為替相場(2)」）。

Q22 国外に所在する土地の評価

国外に所在する土地の評価方法を教えてください。

Point

- 売買実例価額、地価の公示制度に基づく価格及び鑑定評価額等により評価する。
- 課税上弊害がない限り、取得価額又は譲渡価額を時点修正した価額とすることができる。
- 外国の相続税が課せられた場合に、その価額が鑑定評価等による時価として合理的に算定された価額であれば、その価額によって評価して差し支えないとされている。

Answer & 解説

❶ 国外に所在する土地の評価方法

　国外に所在する土地については、原則として、売買実例価額、地価の公示制度に基づく価格及び鑑定評価額等を参酌して評価します。

　国税庁の質疑応答において「例えば韓国では「不動産価格公示及び鑑定評価に関する法律」が定められ、標準地公示価格が公示されている」と紹介しています。外国では地価の公示制度や固定資産税評価額等がない国が多いことから、売買実例価額がないときは鑑定

評価を使用することが多いと思われます。

　また、課税上弊害がない限り、取得価額又は譲渡価額に時点修正するための合理的な価額変動率を乗じて評価することができます。この場合の合理的な価額変動率は、公表されている諸外国における不動産に関する統計指標等を参考に求めることができるとされています（財基通5 - 2、国税庁質疑応答事例「国外財産の評価—土地の場合」）。

❷　国外で相続税に相当する税が課せられた場合

　土地が所在する外国で相続税に相当する税が課せられた場合に、その税の課税価格の計算の基となったその土地の価額によりその土地を評価することの可否について、国税庁質疑応答においては、「その価額が鑑定評価に基づいたものである場合などで、課税時期における時価として合理的に算定された価額であれば、その価額によって評価して差し支えありません」としています。

　ただし、その価額が例えば外国の税法の小規模宅地等の特例のような課税上の特例を適用した後のものである場合も考えられることから、すべての場合に相続税法の時価として相当であるとはいえないとしています（国税庁質疑応答事例「国外財産の評価—国外で相続税に相当する税が課せられた場合」）。

Q23 外国法人の非上場株式の評価①
〜評価方式

取引相場のない外国法人の株式の評価方法について教えてください。

> **Point**
>
> ・外国法人の非上場株式についても、内国法人の非上場株式と同じく、財産評価基本通達に基づき原則的評価方式又は配当還元方式により評価をする。

Answer & 解説

❶ 国外財産の評価の原則

国外に所在する財産の価額についても、国内財産と同様に財産評価基本通達により評価するものとされていることから、外国法人の取引相場のない株式（以下「非上場株式」という）についても内国法人の非上場株式と同じく財産評価基本通達に基づき評価をするものと考えられます（財基通5-2）。

なお、外国法人とは、内国法人（国内に本店又は主たる事務所を有する法人をいう）以外の法人、すなわち国内に本店又は主たる事務所を有しない法人をいいます（国税庁質疑応答事例「国外財産の評価－取引相場のない株式の場合(1)」）。

❷ 評価方法

　財産評価基本通達において、非上場株式の評価は、その法人の株主でその法人の経営を支配し経営に参画している株主（＝支配的な株主）の有する株式は、原則的評価方式（ Q24 参照）により、それ以外の配当のみを期待する株主（＝いわゆる少数株主）の有する株式は、配当還元方式（ Q25 参照）により評価をするものとされています（財基通 178〜189 − 7）。

　評価会社が外国法人である場合も、内国法人の場合と同様に原則的評価方式又は配当還元方式により評価をするものと考えられます。

Q24 外国法人の非上場株式の評価② 〜原則的評価方式

私は、非上場会社である外国法人の株式を 100％所有してい
ます。この外国法人の株式の評価方法を教えてください。

Point

- 非上場会社である外国法人の株式のうち、支配的な株主が保有
  する株式は、原則的評価方式により評価する。
- 原則的評価方式により評価をする場合、類似業種比準価額は外
  国法人の株式に対しては使用できないため、純資産価額方式の
  みで評価をする。
- 純資産価額方式における計算上、純資産価額から控除する評価
  差額に対する法人税額等の計算では、その外国法人が所在する
  国の法人税等の税率の合計を使用することができる。
- 邦貨換算は外貨ベースの 1 株当たりの評価額に課税時期の対
  顧客直物電信買相場（TTB）の終値を乗じて行う。

Answer &解説

❶ 支配的な株主が保有する外国法人の非上場株式の 評価

財産評価基本通達においては、非上場株式のうちその法人の支配

的な株主が有する株式は、原則的評価方式により評価をするものとされています（財基通178）。国外財産である外国法人の非上場株式の評価も、支配的な株主の有する株式については、原則的評価方式により評価するものと考えられます（ Q23 参照、財基通 5 - 2 ）。

❷ 類似業種比準価額方式の使用の不可

　原則的評価方式とは、純資産価額方式もしくは類似業種比準価額方式又はこれらの折衷のいずれかを選択して株式の評価をする方法（財基通179）ですが、非上場会社である外国法人の株式については、類似業種比準方式を使用することはできません。なぜなら、類似業種株価等の計算の基となる標本会社は、日本の金融商品取引所に株式を上場している内国法人を対象としており、外国法人とは一般的に類似性を有しているとは認められないためです（国税庁質疑応答事例「国外財産の評価─取引相場のない株式の場合(1)」）。

❸ 純資産価額方式による 1 株当たりの評価額

　非上場株式の 1 株当たりの純資産価額は、次の方法により計算します（財基通185）。
①　相続税評価額による純資産価額
　資産の相続税評価額の合計額−負債の相続税評価額の合計額
②　評価差額に対する法人税額等に相当する金額
　（相続税評価額による純資産価額①−簿価純資産価額（資産の帳簿価額の合計額−負債の帳簿価額の合計額））×法人税等の税率[注]
③　（①−②）÷発行済株式総数
　（注）　「評価差額に対する法人税額等に相当する金額」は、外国において、日本の法人税、事業税、道府県民税及び市町村民税に相当する

税が課されている場合には、評価差額に、それらの税率の合計に相当する割合を乗じて計算することができる（国税庁質疑応答事例「国外財産の評価—取引相場のない株式の場合(1)」）。

❹　邦貨換算

　邦貨換算については、純資産価額方式により計算した1株当たりの評価額（外貨ベース）に、課税時期の対顧客直物電信買相場（TTB）の終値を乗じて行います。

　ただし、資産や負債が2カ国以上に所在しているなどの場合には、資産や負債ごとに、資産については対顧客直物電信買相場（TTB）により、負債については対顧客直物電信売相場（TTS）によりそれぞれ邦貨換算した上で「1株当たり純資産価額」を計算することもできます（国税庁質疑応答事例「国外財産の評価—取引相場のない株式の場合(2)」）。

❺　本問の場合

　本問の場合、外国法人の株式を100％所有しているため、支配的な株主に該当し、その外国法人の株式は、純資産価額方式により評価をします。

Q25 外国法人の非上場株式の評価③ ～配当還元方式

非上場会社である外国法人の株式を1%所有する少数株主です。この外国法人の株式を財産評価基本通達188－2で定めるいわゆる配当還元方式により評価することはできますか?

Point

• 外国法人の株式であったとしても、少数株主の保有する非上場株式については、財産評価基本通達188－2の配当還元方式により評価をすることが可能と考えられる。

Answer & 解説

❶ 少数株主が保有する外国法人の非上場株式の評価

財産評価基本通達においては、非上場株式のうちその発行法人の少数株主が有する株式については、配当還元方式により評価をするものとされています（財基通178、188、188－2）。

国外財産である外国法人の非上場株式も、少数株主が有するものについては、配当還元方式により評価するものと考えられます（Q23 参照、財基通5－2）。

❷　配当還元方式による評価方法

　財産評価基本通達188－2の配当還元方式は、配当金額（直前期末以前2年間の合計額の2分の1相当額）を10％の還元率で割り戻して、元本である株式の価額を評価する方法です。2年平均の配当金額が1株当たり50円なら、50円÷10％で500円となります。

　なお、1株当たりの資本金等の額を50円とした場合の発行済株式数による1株の配当金額が2.5円未満である場合には、その配当金額を2.5円として計算します（財基通188－2）。これは、外国法人の非上場株式についても同様と考えます。

　国ごとの経済環境や投資リスクは異なるため、還元率は、理論的にはその国ごとに変わるものですが、国別の還元率は公表されていません。私見ですが、いわゆる先進諸国に所在する外国法人の非上場株式の配当還元方式の計算においては、日本の非上場会社の株式と同様に、10％の還元率をそのまま使って評価しても差し支えないものと考えます。先進諸国においては、株式の配当収益率について著しい差があるとまではいえませんし、財産評価基本通達178～189－7の非上場会社の株式評価は、内国法人や外国法人に区別した内容ではなく、同通達188－2においても内国法人の株式か外国法人の株式かの違いによる還元率の調整について（通達に関する解説も含め）特に言及されていないことから、10％の還元率を個別に調整する必要はないと考えます。

Q26 外国の証券取引所に上場されている株式の評価

外国の証券取引所に上場されている株式の評価は、どのように行うのでしょうか？

Point

- 国内の証券取引所に上場されている株式と同様に、財産評価基本通達により評価する。

Answer & 解説

　外国の証券取引所に上場されている株式は、国内の証券取引所に上場されている株式と同様に相続日又は贈与日（以下「課税時期」）における客観的な交換価値が明らかとなっていることから、財産評価基本通達に定める「上場株式」の評価方法に準じて評価します（財基通5-2、国税庁質疑応答事例「外国の証券取引所に上場されている株式の評価」）。

　財産評価基本通達では、その株式が上場されている金融商品取引所の課税時期における最終価格により評価するものとし、その最終価格が課税時期の属する月以前3カ月間の毎日の最終価格の各月ごとの平均額のうち最も低い価額を超える場合には、その最も低い価額によるとしています（財基通169(1)）。

Ⅱ 相続税の計算

Q27 相続税の計算の概要

相続税の計算の方法を教えてください。

> **Point**
>
> ・相続税の計算方法は被相続人や相続人の住所地や国籍により変わることはない。
> ・被相続人が外国人でも日本の民法による法定相続人の数と法定相続分により相続税を計算する。

Answer & 解説

❶ 計算と申告

　相続税は下記❷～❺の順序で計算します。相続税の計算方法は被相続人や相続人又は受遺者の住所地や国籍等により変わることはありません。

　相続税の対象となる金額が０円であれば、相続税は課税されませんので、申告は必要ありません。ただし、小規模宅地等の特例（後記Ⅲ参照）のような税制の特例の適用を受けるときは申告が必要になります（相法11～20の2）。

❷　各人の課税価格の計算

相続人又は受遺者ごとに課税価格の計算をします。

財産＋死亡保険金のうち課税される金額（**Q31**参照）
＋退職手当金等のうち課税される金額（**Q32**参照）
－債務・葬式費用（債務控除）＋相続開始前 3 年以内の贈与財産
＋相続時精算課税による贈与財産＝各人の課税価格

---

❸　相続税の総額の計算

(1)　課税される遺産の総額の計算

各人の課税価格を合計し、基礎控除額を差し引きます。

各人の課税価格の合計額
－基礎控除額（3,000 万円 +600 万円×法定相続人の数）(注)
＝課税される遺産の総額

（注）　「法定相続人の数」は日本の民法による相続人の数に一定の調整
を加えた数（詳細は**Q28**参照。以下同じ）。

(2)　相続税の総額の計算

「課税される遺産の総額」を、いったん上記(1)（注）の「法定相
続人の数」に応じた法定相続人が、法定相続分（日本の民法による
法定相続分）により取得したものと仮定して按分した金額に、その
金額に応じる税率を乗じ、各人ごとの税額を計算します。それらの
税額の合計額が相続税の総額です（相法 16）。実際にどのように遺
産分割をしようとも、相続税の総額は変わらないように配慮されて
います。

❹　各人の相続税額

　実際に財産を取得した人が、その取得した財産の額に応じて相続税の負担をしますので、相続税の総額を各人の課税価格により按分します（相法 17）。

$$\text{相続税の総額} \times \frac{\text{各人の課税価格}}{\text{各人の課税価格の合計額}}$$
$$= \text{各人の相続税額}$$

❺　各人の納付する相続税額

　各人の相続税額に、下記の項目を加減算して、各人の納付税額を計算します。

各人の相続税額＋相続税額の２割加算額[注1]
　－過去に納付した相続開始前７年以内の暦年贈与に係る贈与税額
　－配偶者の税額軽減額－未成年者控除額－障害者控除額
　－相次相続控除額[注2]－外国税額控除額（ここで赤字の場合は０円）
　－過去に納付した相続時精算課税の贈与税額
　＝各人の納付税額（赤字の場合は還付）

（注1）　相続税額の２割加算とは、財産を取得した人が被相続人の配偶者、一親等の血族（その代襲相続人である被相続人の直系卑属を含む）以外の者である場合に、その者の相続税額が 1.2 倍されるというもの（相法 18）。いわゆる孫養子には２割加算が適用される。
（注2）　相次相続控除とは、今回の相続開始前 10 年以内に今回の被相続人に相続税が課されていた場合に、今回の相続で財産を取得した人の相続税額から、一定の金額が控除されるというもの（相法 20）。

Q28 法定相続人の数

死亡保険金の非課税限度額、死亡退職金の非課税限度額、相続税の基礎控除額、相続税の総額は、「法定相続人の数」をもとに計算しますが、被相続人が外国人のときは、これらの計算における「法定相続人の数」はどのようになりますか？

Point

- 死亡保険金の非課税限度額、死亡退職金の非課税限度額、相続税の基礎控除額、相続税の総額の計算をする場合の「法定相続人の数」は、すべて同じ。
- 被相続人が外国人の場合であっても、日本の民法上の相続人の数をもとに、相続税法に規定する調整を加えた数が、相続税法における「法定相続人の数」となる。

Answer & 解説

❶ 法定相続人の数

死亡保険金の非課税限度額（**Q31** 参照）、死亡退職金の非課税限度額（**Q32** 参照）、相続税の基礎控除額及び相続税の総額（**Q27** の❸参照）を計算する場合における「法定相続人の数」は、いずれも日本の民法における相続人の数に、下記❷の調整を加えた数です（相法 12 ①五イ・六イ、15 ②、16）。

被相続人が外国人である場合、相続手続については被相続人の本国法が適用されます（**Q2** 参照）が、相続税の計算における法定相続人の数は日本の民法に従って決定される相続人の数となります。

❷ 相続の放棄があった場合や養子がいる場合の法定相続人の数の調整

民法における相続人の数に、次の調整を加えたものが、相続税の計算における「法定相続人の数」となります。

⑴ 相続の放棄があった場合

相続の放棄をした人がいても、その放棄がなかったものとした場合の相続人の数となります（相法 15 ②）。

⑵ 養子がいる場合

被相続人に養子がいる場合は、法定相続人に含まれる養子の数には次の制限があります（相法 15 ②）。

① 被相続人に実子がいる場合……養子のうち 1 人までを相続人の数に算入する。

② 被相続人に実子がいない場合……養子のうち 2 人までを相続人の数に算入する。

なお、次のいずれかに当てはまる人は、実子として取り扱われますので、すべて法定相続人の数に含まれます（相法 15 ③、相令 3 の 2）。

① 被相続人との特別養子縁組により被相続人の養子となっている人

② 被相続人の配偶者の実子で被相続人の養子となっている人

③ 被相続人と配偶者の結婚前に特別養子縁組によりその配偶者の

養子となっていた人で、被相続人と配偶者の結婚後に被相続人の養子となったもの

④　被相続人の実子、養子又は直系卑属がすでに死亡しているか、相続権を失ったため、その子供等に代わって相続人となったその子供等の直系卑属

Q29 制限納税義務者がいる場合の相続税の計算事例

　制限納税義務者が取得した国外財産には、相続税が課税されないと聞きました（Q9参照）。次の場合の相続税の計算について教えてください。

【相続財産】

・国内財産：預貯金１億円

・国外財産：国外に所在する不動産１億円

【相続人と遺産分割】

・法定相続人は、相続人Ａ（子）と相続人Ｂ（子）の２名である。

・相続人Ａは無制限納税義務者であり、国内財産5,000万円と国外財産5,000万円（計１億円）を相続した。

・相続人Ｂは制限納税義務者であり、国内財産5,000万円と国外財産5,000万円（計１億円）を相続した。

Point

・制限納税義務者が取得した国外財産は除外して各人の課税価格を計算する。

Answer & 解説

❶ 制限納税義務者の課税財産の範囲

　制限納税義務者である相続人Bが相続した国外財産5,000万円については日本の相続税は課税対象外となりますので、相続税の課税価格の計算では、制限納税義務者Bについては国外財産を除外して計算します。

❷ 相続税の計算

　本問の場合の相続税の計算は、次のとおりです。

(1)　**各人の課税価格**

①　無制限納税義務者A

　国内財産5,000万円＋国外財産5,000万円＝1億円

②　制限納税義務者B

　国内財産5,000万円

③　各人の課税価格の合計額

　①＋②＝1億5,000万円

(2)　**課税される遺産の総額**

　各人の課税価格の合計額1億5,000万円－基礎控除額4,200万円（3,000万円＋600万円×2名）＝1億800万円

(3)　**相続税の総額の計算**

①　法定相続分で相続した場合の遺産額

　A：1億800万円×1／2＝5,400万円

　B：1億800万円×1／2＝5,400万円

②　上記①に対する相続税額

　A：5,400万円×30％－700万円＝920万円

B：5,400 万円 × 30％ − 700 万円 = 920 万円

③　相続税の総額

920 万円 × 2 人 = 1,840 万円

(4)　各人の相続税額

①　無制限納税義務者 A

1,840 万円 × 1 億円／1 億 5,000 万円 = 1,226 万 6,600 円（100 円未満切捨）

②　制限納税義務者 B

1,840 万円 × 5,000 万円／1 億 5,000 万円 = 613 万 3,300 円（100 円未満切捨）

③　納付すべき相続税額の合計

①＋② = 1,839 万 9,900 円

Q30 外国の公益法人に対し相続財産を寄附した場合には非課税になるのか

　相続財産を国や公益法人に寄附した場合は、その寄附をした相続財産は相続税が非課税になると聞きました。外国の公益法人に相続財産を寄附したいのですが、この相続税の非課税の特例は適用できますか？

Point

・相続財産を日本の国等又は特定の公益法人に寄附した場合で、一定の要件を満たすときは、その寄附をした財産については相続税が非課税とされる。

・本特例は、寄附をする相手が法令において限定されており、外国の政府や公益法人への寄附は対象とならない。

・被相続人又は相続人が非居住者や外国人の場合であっても本特例の適用がある。

・土地等で含み益がある相続財産を法人へ寄附した場合には、その含み益に対して所得税が課税されるが、国等や公益法人に対する寄附である場合は、その所得税が非課税となる特例がある。しかし、外国の政府や外国の公益法人に対する寄附は、この特例は適用できない。

Answer &解説

❶ 概　　要

　相続又は遺贈（以下「相続等」という）によって取得した財産を国や地方公共団体又は教育や科学の振興等に貢献することが著しいと認められる特定の公益を目的とする事業を行う特定の法人（以下「特定の公益法人」という）に寄附をした場合は、その寄附をした財産については相続税が非課税とされます（措法70①）。

❷ 要　　件

　本特例の適用を受けるには、次の要件をすべて満たすことが必要です（措法70①）。
① 　寄附した財産は、相続等によって取得したものであること
② 　相続税の申告書の提出期限までに相続財産を寄附すること
③ 　寄附した先が国や地方公共団体又は特定の公益法人であること
④ 　相続税の申告書に寄附した財産の明細書（相続税の申告書の第14表）と一定の証明書類を添付すること（措法70⑤）

❸ 適用除外

　次の場合は、本特例が適用できません。
① 　特定の公益法人が寄附を受けた日から2年を経過した日までに特定の公益法人に該当しなくなった場合や、寄附を受けた財産を公益を目的とする事業の用に使っていない場合（措法70②）
② 　寄附をした人又はその親族等の相続税又は贈与税の負担が結果的に不当に減少すると認められる場合（措法70①）

❹ 非居住者や外国人についての適用

本特例を適用できる相続人や受遺者には、住所地や国籍等に制限はありませんので、これらの者が非居住者や外国人であったとしても上記の要件を満たす限り適用があります。

❺ 外国の政府又は外国の公益法人等に対する寄附

本特例は、租税特別措置法及び租税特別措置法施行令によって寄附をする相手が日本の国や地方公共団体、又は特定の公益法人へ限定されているため、外国の政府や外国の公益法人等への寄附は対象となりません（措法70、措令40の3）。

❻ 譲渡所得

土地等の含み益のある財産を法人に寄附した場合には、時価により譲渡があったものとみなされ、その含み益に対して所得税が課税されます（所法59①。いわゆる「みなし時価譲渡課税」）。相続した財産を法人へ寄附した場合も同様で、原則として、相続税の他に所得税が課税されます。

ただし、日本の国や地方公共団体又は公益法人等に対する寄附で、その寄附が教育又は科学の振興、文化の向上、社会福祉への貢献その他公益の増進に著しく寄与することなど一定の要件を満たすものとして国税庁長官の承認を受けたものについては、みなし時価譲渡課税の適用については、その譲渡はなかったものとみなされる（所得税が非課税とされる）特例があります（措法40①）。

しかし、外国の政府や外国法人に対する寄附は、この所得税の非課税の特例の適用はありません。

Q31 死亡保険金

死亡により取得した生命保険金は、相続税が課税される一方、一定額が非課税となると聞きました。被相続人や相続人が国外に居住している場合や外国人である場合も、同様の取扱いでしょうか?

Point

• 被相続人又は保険金の受取人が国外に居住している場合や、外国人である場合であっても、取扱いは変わらない。
• 外国保険業者と締結した生命保険契約及び損害保険契約による死亡保険金も同様の取扱いとなる。

Answer & 解説

❶ 相続税の課税対象額

被相続人の死亡によって支払われる生命保険金や損害保険金(以下「死亡保険金」という)のうち、被相続人が負担をした保険料に対応する部分の金額は、相続財産とみなされ相続税の課税対象となります(相法3①一)。

❷ 非課税限度額

相続財産とみなされる死亡保険金のうち、次の算式によって計算

した非課税限度額までの金額には相続税がかかりません（相法12①五）。

> 非課税限度額 = 500 万円 × 法定相続人の数^(注)

（注） 法定相続人の数については、Q28 参照。

なお、相続を放棄した人や相続権を失った人、相続人以外の人が取得した死亡保険金については、この非課税の適用はありません。

❸ 外国保険業者から受け取る死亡保険金

上記❶及び❷の取扱いは、受け取る死亡保険金が外国保険業者と締結する生命保険契約又は損害保険契約に基づくものも含まれます（相令1の2①一・②一）。

外国保険業者とは、保険業法2条6項に規定する外国の法令に準拠して外国において保険業を行う者で、日本の保険業の免許を受けていない保険業者をいいます。

なお、外国保険業者から受け取る保険金が国外財産となる場合に（Q15 参照）、制限納税義務者がその死亡保険金を取得した場合には、相続税の課税対象外となります（相法10①五）。

❹ 国外に居住している者や外国人についての取扱い

被相続人又は保険金の受取人の住所地が国外である場合や、これらの者が外国人である場合であっても、上記の取扱いと変わるところはありません。

Q32 死亡退職金

　死亡により相続人に支給される退職金は、相続税が課税される一方、一定額が非課税となると聞きました。被相続人や相続人が国外に居住している場合や外国人である場合も、同様の取扱いでしょうか?

Point

- 被相続人又は死亡退職金の支給を受けた者が国外に居住している場合や、外国人である場合であっても、取扱いは変わらない。

Answer & 解説

❶　相続税の課税対象額

　被相続人の死亡によって、相続人に支払われる退職手当金、功労金等（以下「退職手当金等」という）で、被相続人の死亡後3年以内に支払われることが確定したものは、相続財産とみなされ相続税の課税対象となります（相法3①二）。

❷　非課税限度額

　相続財産とみなされる退職手当金等のうち、次の算式によって計算した非課税限度額までの金額には相続税がかかりません（相法

12①六)。

> 非課税限度額 = 500万円 × 法定相続人の数[注]

(注) 法定相続人の数については、**Q28** 参照。

　なお、相続を放棄した人や相続権を失った人、相続人以外の人が取得した退職手当金等については、この非課税の適用はありません。

❸　国外に居住している者、外国人についての取扱い

　被相続人又は退職手当金等の支給を受けた者の住所地が国外である場合や、これらの者が外国人である場合であっても、上記の取扱いと変わるところはありません。

Q33 債務控除

　私は相続税の制限納税義務者に該当しますが、被相続人の債務をすべて承継し、葬式費用を払いました。相続税の計算上、すべての債務及び葬式費用を控除することはできますか？

> **Point**
>
> ・制限納税義務者が債務控除をすることができる債務の範囲は、国内財産によって担保される債務に限られる。
> ・制限納税義務者は葬式費用を債務控除することができない。

Answer & 解説

❶　債務控除とは

　相続人又は包括受遺者（以下、本問において「相続人等」という）が被相続人の債務や葬式費用を負担した場合には、その者の相続税の計算において、相続財産の価額からその者の負担した債務を控除することができます。このことを「債務控除」といいます（相法13）。

❷　相続人等の納税義務者の区分と控除する債務等の範囲

　控除できる債務の範囲は、相続人等が無制限納税義務者か、制限

納税義務者かにより異なります（**Q9** 参照）。

(1) 無制限納税義務者の債務控除

　無制限納税義務者が控除できる債務の範囲は、次のとおりです（相法 13 ①）。

① 被相続人の債務で相続開始の際に現に存するもの（公租公課を含む）

② 被相続人に係る葬式費用

(2) 制限納税義務者の債務控除

　制限納税義務者が控除できる債務の範囲は、被相続人の債務のうち次の①から⑤までに限定されています。制限納税義務者は相続税の課税対象が国内財産に限定されることから、控除できる債務の範囲も課税財産によって担保される債務に限られています。また、制限納税義務者は葬式費用を実際に負担した場合であっても、これを控除することができません（相法 13 ②）。

① その制限納税義務者が取得した国内財産に係る公租公課（例えば、国内の不動産に係る未払いの固定資産税等）

② その制限納税義務者が取得した国内財産を目的とする留置権、特別の先取特権、質権又は抵当権で担保される債務（例えば、国内の不動産を担保として借入れをした借入金等）

③ その制限納税義務者が取得した国内財産の取得、維持又は管理のために生じた債務（例えば、国内の住宅の取得のための借入金や国内の家屋の修繕費の未払金等）

④ その制限納税義務者が取得した国内財産に関する贈与の義務

⑤ 被相続人が死亡の際、国内に営業所又は事業所を有していた場合においては、その営業所又は事業所に係る営業上又は事業上の債務

❸ 他の規定との関係

　相続時精算課税の贈与財産に係る債務控除については Q35 の❸ を、国外転出時課税が適用される場合の債務控除については Q104 を、それぞれ参照してください。

❹ 本問の場合

　本問の場合は、制限納税義務者に該当することから、承継した債務のうち、❷(2)①〜⑤に係るものが債務控除の対象となります。

　また、葬式費用については、債務控除をすることはできません。

Q34 相続開始前7年以内の生前贈与加算

　私は被相続人から相続の開始前7年以内に国外財産の贈与を受けていますが、贈与時は制限納税義務者に該当し、日本の贈与税は対象外でした。その後、日本に住所を移したので、相続時は無制限納税義務者に該当します。この場合、相続税に加算される贈与財産の取扱いはどのようになりますか？

Point

• 贈与時と相続時とで納税義務者の区分が異なる場合には、贈与時の納税義務者の区分における贈与税の課税対象財産が相続開始前7年以内の贈与財産の加算の対象になる。

Answer & 解説

❶ 概　　要

　相続又は遺贈により財産を取得した人が、被相続人から相続開始前7年以内に贈与を受けていた場合に、その贈与が<u>贈与税の課税対象</u>となるときは、相続財産に贈与財産を贈与時の価額により加算し相続税額を計算します。ただし、令和12年末までに相続が開始する場合は、令和6年以降の贈与については、この期間が順次7年まで延長されます（図表3－1参照）（相法19、相基通19－1、19－2）。そして、その者の相続税額からすでに納付している贈与税額の

■図表 3 - 1 　生前贈与加算の期間（相基通 19 - 2）

相続又は遺贈により財産を取得した日	加算対象贈与財産に係る期間	「相続の開始前 3 年以内に取得した財産以外の財産」[注1] に係る期間
令和 6 年 1 月 1 日から令和 8 年 12 月 31 日まで	相続の開始の日から遡って 3 年目の応当日から当該相続の開始の日までの間	
令和 9 年 1 月 1 日から令和 12 年 12 月 31 日まで	令和 6 年 1 月 1 日から相続の開始の日までの間	令和 6 年 1 月 1 日から、相続の開始の日から遡って 3 年目の応当日の前日までの間[注2]
令和 13 年 1 月 1 日以後	相続の開始の日から遡って 7 年目の応当日から当該相続の開始の日までの間	相続の開始の日から遡って 7 年目の応当日から、当該相続の開始の日から遡って 3 年目の応当日の前日までの間

（注 1 ）「相続の開始前 3 年以内に取得した財産以外の財産」については、当該財産の価額の合計額から 100 万円を控除した残額が相続又は遺贈により財産を取得した者の相続税の課税価格に加算されることに留意する。
（注 2 ）相続又は遺贈により財産を取得した日が令和 9 年 1 月 1 日である場合においては、当該相続に係る「相続の開始前 3 年以内に取得した財産以外の財産」に係る期間はないことに留意する。

うち加算された贈与財産に対応する部分を控除します（相令 4 ）。

❷　加算される贈与財産

　加算される贈与財産については、実際に贈与税が生じていたかどうかは関係ありません。基礎控除額 110 万円以下の贈与財産や死亡した年に贈与された財産の価額も加算されます。

　なお、相続開始前 7 年以内の贈与であっても、相続や遺贈により財産を取得しなかった人（例えば遺贈を受けなかった孫等）への贈与については、加算の対象になりません（相法 19）。

❸　国外財産の贈与を受けた者（贈与時は贈与税の制限納税義務者）が、相続時には相続税の無制限納税義務者であった場合

相続財産に加算される相続開始前7年以内の贈与財産は、上記❶のアンダーラインのとおり、贈与時において贈与税の課税対象となるものに限定されています。したがって、贈与税の制限納税義務者（**Q54** 参照）が国外財産の贈与を受けた場合には、贈与税の課税対象とはならないので（相法21の2②）、その後その贈与に係る贈与者が亡くなり、その受贈者が（国内に転居したことなどにより）相続税の無制限納税義務者（**Q9** 参照）に該当することになったとしても、その贈与を受けた国外財産の価額は相続開始前7年以内の贈与として相続財産に加算されることはありません（相基通19－4）。

❹ 国外財産の贈与を受けた者（贈与時は贈与税の無制限納税義務者）が、相続時には相続税の制限納税義務者であった場合

上記❸とは逆に、贈与税の無制限納税義務者が国外財産の贈与を受け、贈与税の課税対象となった後に、その贈与に係る贈与者が亡くなり、その受贈者が（国外に転居していたことなどにより）相続税の制限納税義務者に該当することとなったときは、その贈与を受けた国外財産の価額は、相続開始前7年以内の贈与として相続財産に加算されると考えられます。

❺ 本問の場合

本問の場合は、贈与時は贈与税の制限納税義務者に該当することから、国外財産は贈与税の対象とはならないため、相続開始前7年以内贈与として相続税に加算する必要はありません。

Q35 相続時精算課税による贈与を受けていた場合

　私は母（日本居住、日本国籍）から相続時精算課税による贈与を受けていますが、今回、母の相続により財産を取得しました。私は相続時に国外に居住していますが、相続税の取扱いはどのようになりますか？

Point

- 相続時精算課税の取扱いは、相続時の居住地、国籍、財産の所在地とは関係がない。
- 相続又は遺贈により財産を取得しなかった者は、特定納税義務者として相続税の納税義務を負い、債務控除については住所により無制限納税義務者、制限納税義務者の取扱いに従う。
- 相続時精算課税による贈与につき、贈与税の外国税額控除の適用を受けている場合には、贈与税額控除につき一定の調整がある。

Answer & 解説

❶ 概　　要

　相続時精算課税の贈与者に相続が発生した場合には、相続時精算課税による贈与財産を、贈与時の価額により相続財産に加算して相

続税額を計算し、すでに納付した相続時精算課税に係る贈与税額を控除します。

相続時精算課税が適用された財産は、相続人の無制限納税義務者及び制限納税義務者の別にかかわらず、相続財産に加算されます（**Q61** 参照、相法 21 の 15、21 の 16）。

❷　相続税の計算における納税義務者の区分

相続時精算課税の受贈者で相続又は遺贈により財産を取得した者は、**Q9** の納税義務者の判定に従い、課税財産の範囲が決まります。相続時精算課税の受贈者で相続又は遺贈により財産を取得しなかった者は「特定納税義務者」として相続税の納税義務を負います（相法 1 の 3 ①五）。

❸　相続時精算課税に係る債務控除

相続時精算課税により贈与を受けた者が、相続人又は包括受遺者に該当するときは、次の(1)又は(2)の区分に従って相続時精算課税に係る贈与財産の価額から債務控除を行うことができます。

(1)　相続又は包括遺贈により財産を取得した者

相続時精算課税により贈与を受けた者が、相続又は包括遺贈により財産を取得したときは、その者の課税財産の範囲による無制限納税義務者及び制限納税義務者の区分に従って、債務控除の規定を適用します（**Q33** 参照、相法 21 の 15 ②、相基通 13 - 9）。

(2)　特定納税義務者の債務控除

特定納税義務者（相続人に限る）が相続時に国内に住所を有する場合には、無制限納税義務者の債務控除の規定が、相続時に国内に住所を有しない場合には制限納税義務者の債務控除の規定がそれぞ

れ適用されます（相法 21 の 16 ①、相基通 13 − 9）。

❹ 贈与税額控除（贈与税の申告時に外国税額控除の適用を受けている場合）

相続税の納付税額の計算上、過去に納付した相続時精算課税に係る贈与税額は控除します。

贈与税の申告時に外国税額控除の適用を受けているとき（ Q62 参照）は、次の算式により、相続税の納付税額を計算します（相法 21 の 15 ③、21 の 16 ④、33 の 2 ①）。

> 各種の税額控除後の相続税額（赤字のときは 0 円）（ Q27 の ❺ 参照）−相続時精算課税の贈与税額（贈与税の外国税額控除前の税額）
> ＝納付すべき税額

なお、上記の算式により計算した結果がマイナスとなる場合には、次の算式により計算した金額が還付される税額となります。

> 上記の算式でマイナスとなった金額（−は付けない）
> −相続時精算課税分の贈与税額の計算で控除した外国税額控除額
> ＝還付される金額

❺ 本問の場合

本問の場合は、相続時精算課税による贈与を受けた者が相続時に国外に居住していますが、相続時精算課税の取扱いには関係がなく、贈与財産を相続財産に加算し、相続税を計算し、すでに納税し

た贈与税額を控除します。

　また、相続時精算課税に係る贈与財産の価額から行う債務控除については、次のとおりです。

　本問の場合は、被相続人が日本に居住している日本人であり、子は相続により財産を取得していることから、相続税の無制限納税義務者となります。したがって、無制限納税義務者の債務控除の規定に従って、債務控除を行います。

Q36 配偶者に対する相続税額の軽減

　被相続人は外国人であり、被相続人の本国法による配偶者の法定相続分は日本の民法の法定相続分とは異なります。日本の相続税の配偶者の税額軽減において被相続人の本国法による配偶者の法定相続分を基に計算することはできますか？

Point

- 被相続人が外国人の場合であっても、日本の民法による配偶者の法定相続分により配偶者の税額軽減の計算をする。
- 配偶者が無制限納税義務者又は制限納税義務者のいずれでも配偶者の税額軽減は適用される。

Answer &解説

❶　配偶者の税額軽減とは

　配偶者の税額軽減とは、配偶者の相続した財産の課税価格が法定相続分か1億6,000万円のいずれか多い金額に達するまでは、配偶者の納付する相続税をゼロとする制度をいいます（相法19の2①）。

❷　日本の民法による法定相続分

　配偶者の税額軽減の計算における配偶者の法定相続分とは、日本の民法における法定相続分（相続の放棄があった場合には、その放

棄がなかったものとした場合における相続分）です。被相続人が外
国人である場合は、被相続人の本国法により相続の手続が進められ
ますが（ Q2 参照）、相続税を計算する際の配偶者の税額軽減にお
いては、日本の民法による法定相続分をもとに計算します（相法
19の2①二イ）。

❸ 配偶者が制限納税義務者であるとき

　配偶者が無制限納税義務者又は制限納税義務者のいずれでも、配
偶者の税額軽減は適用されます（相基通19の2－1）。

Q37 日米相続税条約

日米相続税条約の概要について教えてください。

> **Point**
>
> ・相続税及び贈与税に関する租税条約は、日本は唯一米国と締結
> している。
> ・日本では、租税条約と国内法の双方に同様の規定がある場合に
> は、国内法よりも租税条約が優先される。

Answer &解説

❶ 概　要

　日米間の租税条約には、所得に関する日米所得税条約と相続税・
贈与税に関する日米相続税条約の2つがあります。

　日米相続税条約の正式名称は「遺産、相続及び贈与に対する租税
に関する二重課税の回避及び脱税の防止のための日本国とアメリカ
合衆国との間の条約」であり、昭和29（1954）年4月16日に署名
され、昭和30（1955）年4月1日に発効しています。相続税及び
贈与税に関して日本が締結した唯一の租税条約です。

❷ 日米相続税条約締結の目的

　この条約が締結された背景には、日米両国間の相続税及び贈与税

の課税の基本的体系の違いがあります。日本の相続税及び贈与税は、相続人又は受贈者に対して課税されますが、米国の連邦遺産税及び連邦贈与税は、被相続人又は贈与者に対して課税されます。そのため、例えば、被相続人が米国に居住し、相続人が日本に居住するような場合には、日米両国で全世界財産が課税の対象となり二重課税が生じるときがあります。このような二重課税を排除するために日米相続税条約が締結されました。

❸　租税条約と国内法との関係

　日本では、租税条約と国内法の双方に同様の規定がある場合には、租税条約の規定が国内法に優先して適用されます（憲法98②）。
　一方、米国では、憲法の規定により、国内法と国際間で締結した条約は同等としており、いずれか後に制定されたものが優先適用されるため、結果として、国内法が租税条約に対して優先適用となるケースもあります。

❹　対象税目

　日米相続税条約が適用対象としている税目は、日本が相続税及び贈与税で、米国が連邦遺産税及び連邦贈与税（ Q123 参照）です。米国の州又は地方の遺産税、相続税又は贈与税は日米相続税条約の対象になっていません。
　したがって、連邦遺産税及び連邦贈与税については、日米相続税条約又は国内法である相続税法のいずれかの規定による外国税額控除（ Q40 ・ Q41 参照）により二重課税を排除し、米国の州又は地方の遺産税、相続税又は贈与税については国内法である相続税法の外国税額控除の規定により、二重課税を排除することとなりま

す。

❺ 日米相続税条約の構成

日米相続税条約は、全9条から構成されています。

第1条　対象税目
第2条　用語の定義
第3条　財産の所在地（ Q15 参照）
第4条　制限納税義務者に対する特別控除の適用（ Q39 参照）
第5条　二重課税の排除（外国税額控除の方法）（ Q41 参照）
第6条　情報交換及び徴収共助（ Q112 参照）
第7条　相互協議の申立て
第8条　同条約の解釈
第9条　条約の発効及び終了

Q38 未成年者控除及び障害者控除

国際相続における未成年者控除及び障害者控除について教えて
ください。

Point

- 制限納税義務者は、未成年者又は障害者に該当する場合でも、
  未成年者控除及び障害者控除を適用することができない（日米
  相続税条約における取扱いは、Q39参照）。
- 未成年者又は障害者の相続税額の計算上、未成年者控除又は障
  害者控除に控除不足額がある場合には、その控除不足額はこれ
  らの者の扶養義務者（無制限納税義務者か否かを問わない）の
  相続税額から控除することができる。

Answer & 解説

❶ 概　　要

相続又は遺贈により財産を取得した者が次の❷の要件を満たす場
合には、その者の相続税額から未成年者控除額を、❸の要件を満た
す場合には、障害者控除額を控除することができます。

❷ 未成年者控除

⑴ 適用対象者

次の要件をすべて満たす場合には、未成年者控除の適用を受けることができます（相法19の3）。

① 相続時に18歳未満であること

② 被相続人の日本の民法における法定相続人（相続の放棄があった場合には、その放棄がなかったものとした場合の相続人）であること

③ 相続税の無制限納税義務者（ Q9 参照）であること

⑵ 未成年者控除額

未成年者控除額は、次の算式により計算します。

> 未成年者控除額＝（18歳－相続開始時の年齢）^(注)
>   ×10万円

（注） かっこ内の年数が1年未満であるとき、又は1年未満の端数があるときはこれを1年として計算する。

❸ 障害者控除

⑴ 適用対象者

次の要件をすべて満たす場合には、障害者控除の適用を受けることができます（相法19の4）。

① 相続時に85歳未満であること

② 障害者であること

③ 被相続人の日本の民法における法定相続人（相続の放棄があっ

た場合には、その放棄がなかったものとした場合の相続人）であること

④ 相続税の無制限納税義務者であること

⑤ 相続時に日本に住所があること

(2) 障害者控除額

障害者控除額は、次の算式により計算します。

① 一般障害者[注1]の場合

$$障害者控除額＝(85歳－相続開始時の年齢)^{(注2)} \times 10万円$$

② 特別障害者[注3]の場合

$$障害者控除額＝(85歳－相続開始時の年齢)^{(注2)} \times 20万円$$

（注1） 一般障害者とは、身体障害者手帳や精神障害者保健福祉手帳等の交付を受けている人、医師により知的障害者と判定された人、又は寝たきりで介護が必要である人等、心身に障害のある人で一定の人をいう。

（注2） 85歳に達するまでの年数が1年未満であるとき、又は1年未満の端数があるときはこれを1年として計算する。

（注3） 特別障害者とは、障害者のうち精神又は身体に重度の障害がある人で一定の人をいう。

❹ 制限納税義務者から控除不足額を控除することの可否

上記❷及び❸のとおり、無制限納税義務者は未成年者控除及び障害者控除の適用を受けることができますが、これらの者の相続税額が少ないため控除しきれない金額（控除不足額）が生じた場合は、その控除不足額は、これらの者の扶養義務者の相続税額から控除す

ることができます（相法19の3②、19の4③）。

　この場合、これらの扶養義務者は、無制限納税義務者であるかどうかは問いません。したがって、扶養義務者が制限納税義務者である場合でも、未成年者及び障害者の控除不足額をこれらの者の扶養義務者の相続税額から控除することができます（国税庁質疑応答事例「無制限納税義務者に係る未成年者控除の控除不足額を制限納税義務者である未成年者から控除することの可否」）。

Q39 日米相続税条約の未成年者控除及び障害者控除

日米相続税条約における未成年者控除及び障害者控除の取扱い
を教えてください。

Point

・日米相続税条約により、制限納税義務者であっても、一定要件
の下、未成年者控除及び障害者控除の適用を受けられる。

Answer & 解説

❶ 日米相続税条約の未成年者控除及び障害者控除

制限納税義務者は、未成年者控除及び障害者控除の適用を受ける
ことができません（**Q38** の❷・❸参照）。しかし、被相続人が米
国国籍を有していた場合、又は米国に在住していた場合には、相続
人である未成年者又は障害者が制限納税義務者であったとしても、
日米相続税条約4条（**Q37** の❺参照）により、下記❷又は❸の届
出を要件として、次の算式による控除の適用を受けることができま
す（日米相続税条約実施法2）。

$$\times \frac{\text{無制限納税義務者であった場合の未成年者控除又は障害者控除の額}}{\begin{array}{c}\text{課税の対象となる国内財産の価格（国内財産）}\\\hline\text{無制限納税義務者であった場合に課税の対象となる}\\\text{すべての財産の価格（全世界財産）}\end{array}}$$

❷　未成年者控除の届出

　日米相続税条約による未成年者控除の適用には、申告書に次の事項を記載した届出書の添付が必要です（日米相続税条約実施省令1）。

① 　その未成年者及び被相続人の氏名、年齢、国籍及び住所

② 　 Q38 の❷の未成年者控除の額

③ 　国内財産の取得額に対応する未成年者控除の額（上記❶の算式により計算した未成年者控除の額）、及びその計算の基礎

④ 　その他参考となるべき事項

❸　障害者控除の届出

　日米相続税条約による障害者控除の適用には、申告書に次の①～④の事項を記載した届出書及び⑤の書類の添付が必要です（日米相続税条約実施省令2）。

① 　その障害者及び被相続人の氏名、年齢、国籍及び住所

② 　 Q38 の❸の障害者控除の額

③ 　国内財産の取得額に対応する障害者控除の額（上記❶の算式により計算した障害者控除の額）、及びその計算の基礎

④ 　その他参考となるべき事項

⑤ 　その者が一般障害者又は特別障害者と同様の精神又は身体に障害を有する者であること及びその障害の程度を証する医師の発行した証明書

Q40 外国税額控除

相続税の外国税額控除について教えてください。

Point

- 国外に所在する財産につき、その所在する国の法令により課税された外国の相続税は、日本の相続税から控除することができる。
- 被相続人に課された外国の相続税額も、相続人に課される日本の相続税額から控除することができる。
- 外国税額控除の限度額は、配偶者控除等を控除した後の相続税額により計算するため、配偶者は控除限度額が０円になることがある。

Answer & 解説

❶ 概　　要

　無制限納税義務者が相続又は遺贈により国外に所在する財産を取得した場合において、その財産について、その財産の所在する国の法令により相続税に相当する税が課されたときは、その国外財産については、日本とその財産の所在地国とで二重に課税されることになります。

　そこで、この国際間の二重課税を排除するために、国外財産に対する相続税の控除の規定があります。これを一般に、外国税額控除

と呼んでいます（相法20の2）。

❷ 適用要件

　外国税額控除の適用を受けるには、次の要件をすべて満たす必要
があります。
① 　国外財産を相続又は遺贈により取得していること
② 　その国外財産について、その財産の所在する国又は地域の法令
　により日本の相続税に相当する税が課せられていること
　相続税の制限納税義務者（ Q9 参照）である場合は、国外財産
は日本では課税されないため、下記❸②ⓑの金額は0円となるた
め、結果として外国税額控除の適用はありません。

❸ 外国税額控除額

　適用を受ける者の相続税額から控除できる金額は、次の算式によ
り計算した額です。

---

① 　国外財産の所在する国で課された相続税に相当する税の金額
② 　日本の相続税額（ⓐ）

$$\times \frac{\text{分母のうち国外財産の価額（ⓑ）}}{\text{相続税の課税価格の計算の基礎に算入された財産の価額（ⓒ）}}$$

③ 　控除額　①と②のいずれか少ない金額

(注) 　計算上の留意点等
　㈑ 　上記①の「国外財産の所在する国で課された相続税に相当する税」
　　は、相続税、遺産税又は贈与税の名称にかかわらず、相続又は遺贈
　　により財産を取得したことにより課される国税及び地方税をいう。
　㈺ 　上記②ⓐの「日本の相続税額」は、 Q27 の❺の相続税額の計算
　　のうち相次相続控除までの諸控除を控除した後の相続税額をいう。

(ハ)　上記②ⓑの「国外財産の価額」とは、適用を受ける者が相続又は遺贈により取得した国外財産の価額の合計額から、その国外財産に係る債務の金額を控除した金額をいう（相基通20の2－2)。

(ニ)　上記②ⓒの「相続税の課税価格の計算の基礎に算入された財産の価額」とは、適用を受ける者が相続により取得した国内財産及び国外財産の価額の合計額から、債務控除をした後の金額をいう（相基通20の2－2)。

❹　日本に所在する財産に外国の相続税が課税された場合

日本に所在する財産に外国の相続税が課税された場合は、日本の相続税額からその外国の相続税額を控除することができません。なぜなら、上記❷にあるとおり「その財産の所在する国又は地域の法令により日本の相続税に相当する税が課せられていること」が外国税額控除の要件だからです。

この場合は、外国の税法における外国税額控除に相当する規定により、日本の相続税額を外国の相続税額から控除できるかを検討することになります（図表3－2参照)。

❺　外国税額の円換算

上記❸①の「国外財産の所在する国で課された相続税に相当する税の金額」は、外国の相続税の納期限における対顧客直物電信売相場（TTS）により邦貨換算をします。ただし、その税金分の資金を日本から送金する場合で、その送金が納期限よりも著しく遅延して行われる場合を除き、送金日のTTSによることもできます（相基通20の2－1)。

■図表３−２　外国税額控除の対象となる相続税額のイメージ

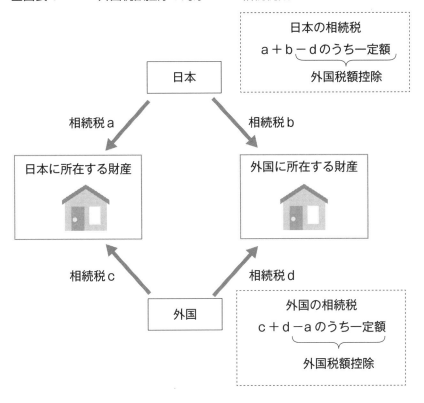

<邦貨換算の計算例＞
・Ａ国で課された相続税に相当する税……50万米ドル
・日本の相続税額（相次相続控除後）……3億円
・日本の相続税の計算の基礎となった財産の価額の合計額……10億円（このうちＡ国に所在する財産の価額500万米ドル）
・被相続人の死亡の日における対顧客直物電信買相場（TTB）……145円／1米ドル

・A国の相続税等の納期限における TTS……150 円 /1 米ドル

＜計　算＞

① 　A国の相続税に相当する税　50 万米ドル× 150 円＝ 7,500 万円

② 　A国に所在する財産の価額

500 万米ドル× 145 円＝ 7 億 2,500 万円

③ 　限度額の計算　3 億円× 7 億 2,500 万円／10 億円＝ 2.175 億円

④ 　外国税額控除額（①と③のいずれか小さいほう）

①＜③　∴ 7,500 万円

❻　被相続人が課税された相続税の外国税額控除

　日本では相続人や受遺者に相続税が課税されますが、諸外国では相続人等ではなく、被相続人に相続税が課税されることがあります。

　その場合であっても、相続人等に課税される日本の相続税額の計算上、その被相続人に課税された外国の相続税額を外国税額控除により控除することができます。なぜなら上記❷の外国税額控除の適用要件は、相続人等に外国の相続税が課されたということではなく、あくまで相続した国外財産に対して外国の相続税が課せられた、ということだからです。

　この取扱いは「贈与税の外国税額控除」（Q62 の❻参照）と同様の考え方によるものです（国税庁質疑応答事例「贈与税に係る外国税額控除」）。

❼　外国税額控除の適用時期

　外国税額控除の適用時期については、「相続税に相当する税が課

せられたときは」と規定されていることから、外国の相続税について申告や賦課決定等の手続により具体的に納付すべき相続税額が確定したときに外国税額控除が適用されます（相法 20 の 2）。

　なお、日本の相続税の申告期限までに外国の相続税額が確定していない場合には、いったん外国税額控除をせずに期限内申告を行い、外国税が確定した後に更正の請求により外国税額控除を適用するものと考えられます。

❽　外国税額の還付

　相続税の外国税額控除額の限度額は、❸②ⓐのとおり、「相次相続控除」を差し引いた後の相続税額により計算されます。したがって控除限度額が、相次相続控除後の相続税額より大きくなることはありません。例えば、配偶者が国外財産を相続し、外国の相続税を納付した場合に、配偶者の相続税額が配偶者の税額軽減（Q36 参照）により 0 円になったときは、外国税額控除の控除限度額は 0 円になります。納付した外国の相続税額が還付されることはありません。

Q41 日米相続税条約の外国税額控除

日米相続税条約の外国税額控除について教えてください。

Point

- 日本と米国以外の第三国に所在する財産に日米両国で課税が
  あった場合、日米相続税条約により二重課税の排除の調整があ
  る。

Answer &解説

❶ 二重無制限納税義務者

　各国の相続税の課税の基本的体系には相違があります。例えば、
日本では相続税及び贈与税は、相続人及び受贈者に対して課税され
ますが、米国の連邦遺産税及び贈与税は、被相続人及び贈与者に対
して課税されます。

　よって、被相続人が米国に居住し、相続人が日本に居住するよう
な場合には、日米両国で全世界財産が課税の対象になり二重課税が
生じるときがあります。

❷ 第三国に所在する財産に係る二重課税

　国際間における二重課税の排除のため、相続税法では外国税額控
除（ Q40 参照）の規定がありますが、相続税法の外国税額控除は

「国外財産につきその国外財産の所在する国の法令により課された相続税に相当する税」が対象とされています（相法20の2）。

　よって、日本と米国の両方で無制限納税義務者（全世界課税）になっている場合、日本及び米国以外の第三国に所在する財産に対して、その第三国で課税された相続税については、日本の相続税法による外国税額控除を適用することはできますが、米国で課された第三国に所在する財産に係る相続税について、日本の相続法による外国税額控除の適用をすることはできません。

　このような場合の二重課税排除のために日米間では日米相続税条約による調整が行われます（図表3－3参照）。

■図表3－3　第三国に所在する財産に係る相続税の二重課税のイメージ

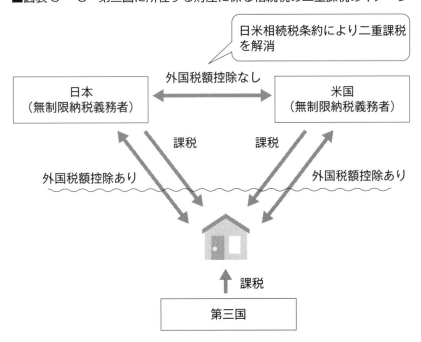

なお、日本は米国としか相続税の租税条約を結んでいないため、日本と米国以外の国（A国）との間で二重無制限納税義務者となった場合には、このような調整はありません。日本とA国の第三国に所在する相続財産に対する課税については、二重課税が解消しないままとなります。

❸　日米相続税条約の調整

　日米相続税条約5条2項では、次の外国税額控除の調整計算があります。

> ＜前　提＞
> ・被相続人：米国に居住していた米国人
> ・相続人：日本に居住している子
> ・相続財産：第三国に所在する不動産100
> ・税率：第三国10％、日本50％、米国40％

⑴　各国の法令による納税額（日米相続税条約適用前の納税額）

① 　第三国の税額　　$100 \times 10\% = 10$

② 　日本の税額　　$100 \times 50\% - 10$（日本の外国税額控除）$= 40$

③ 　米国の税額 $100 \times 40\% - 10$（米国の外国税額控除）$= 30$

④ 　納税額合計　　①＋②＋③＝80

⑵　日米相続税条約による二重課税の調整

① 　第三国の税額　　$100 \times 10\% = 10$

② 　日本の税額 $50 - 10$（日本の外国税額控除）$- 17^{(※1)} = 23$

③ 　米国の税額 $40 - 10$（米国の外国税額控除）$- 13^{(※2)} = 17$

　　(注)　租税条約による調整計算
　　　(イ)　財産に係る日米両国の税額のうち、いずれか少ない税額

日本の税額 40 ＞米国の税額 30　∴米国の税額 30
（少ないほうの税額を両国間の租税額に比例して配分する）

(ロ)　日米相続税条約の控除額　30 × 40／(40 ＋ 30) ≒ 17（※ 1）

(ハ)　日米相続税条約の控除額　30 × 30／(40 ＋ 30) ≒ 13（※ 2）

④　納税額合計　①＋②＋③＝ 50

Q42 相続財産が未分割の場合の申告①

相続税の申告期限までに遺産分割協議が成立していない場合の申告について教えてください。

Point

- 法定相続分により財産を取得したものとして相続税の申告を行う。
- 配偶者の税額軽減や小規模宅地等の特例等の特例措置は適用できない。
- 申告時に「申告期限後３年以内の分割見込書」を提出することで、遺産の分割時に特例措置を適用した計算による更正の請求や修正申告が可能になる。
- 申告期限後３年を経過する日以後に、相続に関する訴えが提起されているなど一定のやむを得ない事情がある場合には、税務署長の承認を得ることで遺産分割後に特例措置を適用した計算による更正の請求や修正申告が可能になる。

Answer &解説

❶ 未分割の場合の申告期限

相続税の申告と納付は、被相続人が死亡したことを知った日の翌日から10カ月以内に行うことになっています（相法27①、33）。

相続税の申告と納付は、遺産分割協議が成立せず、相続財産が分割されていない場合であっても上記の期限までにしなければなりません。

❷　未分割の場合における特例措置の適用

相続財産の分割協議が成立していないときは、相続人又は受遺者は民法に規定する相続分又は包括遺贈の割合に従って遺産を取得したものとして各人の課税価格を計算し、相続税額の申告と納付をすることになります（相法55）。ただし、その場合の相続税の計算では、次の相続税の特例措置は遺産が分割されていることが要件となっているため適用を受けることができません。

① 配偶者に対する相続税額の軽減（相法19の2②）

② 小規模宅地等についての相続税額の課税価格の計算の特例（措法69の4④）

③ 特定計画山林についての相続税額の課税価格の計算の特例（措法69の5③）

なお、相続税申告書に「申告期限後3年以内の分割見込書」を添付して提出した場合で、申告期限から3年以内に遺産分割があったときは、下記❸の更正の請求又は修正申告においてこれらの特例措置を適用することができます（相法55、19の2②・③、措法69の4④・⑦、69の5③・⑦）。

❸　遺産が分割された場合の更正の請求又は修正申告

民法に規定する相続分又は包括遺贈の割合で申告した後に、遺産分割協議が成立し、その分割に基づき計算した税額と申告した税額とが異なるときは、実際に分割した財産の額に基づいて更正の請求

又は修正申告をすることができます（相法 31、32、55）。

　この場合、初めに申告した税額よりも実際の分割に基づく税額が少ない場合は更正の請求を、初めに申告した税額よりも実際の分割に基づく税額が多い場合は修正申告をすることになります。

　なお、更正の請求ができるのは、分割のあったことを知った日の翌日から 4 カ月以内です（相法 32）。

❹　相続等に関する訴えが提起されている場合等の承認申請

　相続税の申告期限後に、相続等に関する訴えが提起されているなど一定のやむを得ない事情により遺産が未分割である場合には、次の手続をすることで遺産の分割後に、上記❷の特例措置を適用した計算による更正の請求又は修正申告をすることができます（相法 32 ①、相令 4 の 2 ①・②、措令 40 の 2 ㉓・㉕、40 の 2 の 2 ⑧・⑩）。

① 　申告期限後 3 年を経過する日の翌日以後 2 カ月を経過する日までに、「遺産が未分割であることについてやむを得ない事由がある旨の承認申請書」を提出し、その申請につき税務署長の承認を受けること

② 　判決の確定の日等、一定の日の翌日から 4 カ月以内に遺産が分割されること

③ 　分割が行われた日の翌日から 4 カ月以内に「更正の請求」を行うこと

Q43 相続財産が未分割の場合の申告② ～被相続人が外国人である場合

被相続人は外国人であり、日本国内に財産を有しています。相続人による遺産分割協議が相続税の申告期限までに成立しませんでした。この場合の未分割の申告について教えてください。

Point

• 被相続人が外国人である場合に、相続税の申告期限までに遺産分割協議が成立していないときは、被相続人の本国法による法定相続人が、本国法による法定相続分により遺産を取得したものとして相続税の申告をする。

Answer & 解説

　相続税の申告期限までに遺産分割協議が成立していないときは、日本の民法に規定する相続人及び相続分に従って遺産を取得したものとして各人の課税価格を計算し相続税の申告をすることになります（ Q42 の❷参照、相法 55）。

　この場合、被相続人が外国人の場合には、日本の民法ではなく、被相続人の国籍に応じて適用される本国法の民法による相続人及び相続分に従って遺産を取得したものとして、各人の課税価格を計算し相続税の申告をすることとなります。

　相続税の総額の計算では、被相続人が外国人である場合でも日本

の民法を基とした法定相続人及び法定相続分により財産を取得した
ものと仮定して計算します（ Q27 の❸・ Q28 参照）。よって、未
分割の場合の申告では相続税の総額の計算（日本の民法による）
と、各人の課税価格の計算（本国法の民法による）において、適用
する法が異なることとなります。

　このことについて、国税庁の質疑応答において次の見解が示され
ています。

■国税庁質疑応答事例

被相続人が外国人である場合の未分割遺産に対する課税

【照会要旨】

　外国人が死亡した場合における相続税の総額の計算は、日本の
民法の規定による相続人及び相続分を基として計算することとし
ていますが、各人の課税価格を計算する場合において、遺産が未
分割のときは、日本の民法の規定による相続人及び相続分を基と
して計算するのか又は本国法の規定による相続人及び相続分を基
として計算するのかいずれによりますか。

【回答要旨】

　法の適用に関する通則法第36条により相続は被相続人の本国
法によることとされていますから、被相続人の本国法の規定によ
る相続人及び相続分を基として計算することとなります。

Q44 相続財産が未分割の場合の申告③ 〜相続人のうちに無制限納税義務者と制限納税義務者がいる場合

被相続人は日本人で、相続人に子A（無制限納税義務者）と子B（制限納税義務者）がいます。相続税の申告期限までに遺産分割協議が成立しませんでした。被相続人の財産は国内財産が1億円、国外財産が5,000万円あります。この場合の未分割の相続税の申告において、A及びBの相続税の課税価格は、どのように計算するのでしょうか？

Point

- 相続財産が未分割の場合の相続税の申告において、無制限納税義務者は国内財産及び国外財産の法定相続分が課税対象となり、制限納税義務者は国内財産の法定相続分のみが課税対象となる。

Answer &解説

❶ 未分割の場合の相続税の課税価格

無制限納税義務者は、相続又は遺贈により取得した財産のすべてが課税対象になるのに対し、制限納税義務者は国内に所在するもののみが課税対象になります（ Q9 参照）。

相続税の申告期限までに遺産が分割されていない場合は、その分割されていない遺産については、被相続人が日本人であるときは日本の民法の法定相続分に従って、被相続人が外国人であるときは、被相続人の本国法による法定相続分に従って各相続人が遺産を取得したものとして各人の課税価格を計算し申告をします（ **Q43** 参照）。

❷ 本問の場合

本問の場合、申告期限までに相続財産が未分割であり、被相続人は日本人であるため、日本の民法の法定相続分に従って、A及びBが国内財産及び国外財産をそれぞれ法定相続分である2分の1ずつ取得したものとして課税価格を計算することになります。

Aは無制限納税義務者であるため、国内財産及び国外財産のすべてが課税対象となり、国内財産1億円及び国外財産5,000万円の2分の1の7,500万円が相続税の課税価格となります。Bは制限納税義務者であるため、国内財産のみが課税対象となり、国内財産1億円の2分の1の5,000万円が相続税の課税価格となります。

■図表3－4　未分割の場合の無制限納税義務者と制限納税義務者の課税対象額

(単位：千円)

被相続人の相続財産の合計		法定相続分（1/2）		左記のうち課税対象額	
		A 無制限納税義務者	B 制限納税義務者	A 無制限納税義務者	B 制限納税義務者
国内財産	100,000	50,000	50,000	50,000	50,000
国外財産	50,000	25,000	25,000	25,000	0 ※
計	150,000	75,000	75,000	75,000	50,000

※国外財産のため課税対象外

（出典）東京国税局課税第一部資産課税課資産評価官「資産税審理研修資料」（平成24年7月）をもとに作成

Ⅲ 小規模宅地等の特例

Q45 配偶者が相続する国外の自宅

　被相続人が居住していたハワイのコンドミニアムを配偶者が相続しました。この敷地について小規模宅地等の特例は適用できますか？

Point

- 小規模宅地等の特例は、宅地等の所在地に関する要件がないため、国外の宅地等も対象となる。
- 被相続人が居住の用に供していた宅地等を配偶者が取得した場合には、その配偶者は無条件で小規模宅地等の特例の適用を受けることができる（住所地や国籍に関する要件はない）。

Answer & 解説

❶ 小規模宅地等の特例とは

　小規模宅地等の特例とは、被相続人の事業の用又は居住の用に供されていた土地等（借地権等土地の上に存する権利も含まれる）が一定の要件を満たす親族に相続や遺贈された場合に、それらの土地等のうちこの特例の対象とすることを相続人等が選択したものにつ

いて、限度面積までの相続税評価額が50％～80％減額される特例
です（措法69の4①）。

❷　宅地等の所在地

　小規模宅地等の特例は、宅地等の所在地に関する要件はないため、国外の宅地等でも他の要件を満たせば適用を受けることができます。

❸　配偶者が取得した場合

　被相続人が居住の用に供していた宅地等を被相続人の配偶者が取得した場合は、その宅地等の330 m^{2}以下の部分について相続税評価額が80％減額されます（措法69の4①・②・③二）。この場合、配偶者については居住地や国籍、宅地等の継続保有に関する要件はありません。

❹　本問の場合

　小規模宅地等の特例は、対象となる宅地等の所在地が国内又は国外のいずれでも適用対象となるため、ハワイのコンドミニアムの敷地も対象になります。また、被相続人が居住の用に供していた宅地等を配偶者が取得した場合は、配偶者についての要件はないため、配偶者の居住地や国籍にかかわらず、国内外のどこに居住していても、外国人でも適用の対象となります。

　よって本問の配偶者が取得したハワイのコンドミニアムの敷地は小規模宅地等の特例の適用を受けることができ、その330 m^{2}以下の部分について相続税評価額の80％が減額されます。

Q46 日本の自宅を国外に住む家なき子が相続した場合の小規模宅地等の特例

被相続人は配偶者をすでに亡くし、日本にある自宅で一人暮らしをしていました。相続人は国外の賃貸マンション（相続人はその賃貸マンションを過去に所有したことはありません）に10年居住している子（日本人）のみです。日本の被相続人の自宅の敷地について、相続人は国外に居住したまま、小規模宅地等の特例の適用を受けることはできますか？

Point

- 小規模宅地等の特例は、被相続人の居住の用に供されていた宅地等を「家なき子」が取得した場合には、取得者の居住地や国籍に制限がある（日本国籍があればその要件は満たせる）。

Answer&解説

❶ 「家なき子」が取得した場合

被相続人が居住の用に供していた宅地等を一定の要件を満たす相続人等が取得した場合には、小規模宅地等の特例の適用を受けることができ、その宅地等のうち330㎡以下の部分について相続税評価額が80％減額されます（措法69の4①・②・③）。

その宅地等を取得した相続人等が、相続時に被相続人と同居して

いない親族（いわゆる「家なき子」）である場合には、次のすべての要件を満たす必要があります（措法69の4③二ロ）。

① 被相続人に配偶者がいないこと

② 相続開始の直前において被相続人と同居していた親族である相続人（相続の放棄があった場合には、その放棄がなかったものとした場合の相続人）がいないこと

③ 取得した親族は、相続開始前3年以内にその者又はその者の配偶者、3親等内の親族又はその者と特別の関係にある一定の法人が所有する日本国内にある家屋（相続開始の直前に被相続人の居住していた家屋は含まない）に居住したことがないこと

④ 取得した親族は、相続開始時において居住していた家屋を過去に所有していたことがないこと

⑤ 取得した親族は、相続開始時から相続税の申告期限まで継続して被相続人の居住の用に供されていた宅地等を有していること

⑥ 取得した親族は、次のいずれかであること。なお、日本国籍を有している場合はこの要件を満たします（措規23の2④）。

(イ) 無制限納税義務者（**Q9** 参照）

(ロ) 国内に住所のない制限納税義務者のうち日本国籍がある者

❷ 本問の場合

本問の場合は、上記❶①～④の要件を満たし、また、被相続人は国内に住所があることから相続人は無制限納税義務者に該当し、上記❶⑥の要件も満たします。よって、本問の場合は、相続人が相続開始から申告期限まで引き続き被相続人の自宅の敷地を譲渡せずに所有していれば、上記❶⑤の要件も満たしますので、小規模宅地等の特例が適用できます。

小規模宅地等の特例のために日本に帰国して、その宅地等に居住することは求められません。

Q47 国外に所在する賃貸物件への小規模宅地等の特例

被相続人の遺産に国外に所在する賃貸物件があります。この賃貸物件の敷地について、小規模宅地等の特例を適用することはできますか？　また、取得者が非居住者である場合にも、この特例を適用することはできますか？

Point

- 小規模宅地等の特例は、宅地等の所在地に関する要件はないため国外の土地も対象となる。
- 貸付事業に使用していた宅地等について、取得者の住所地や国籍に関する要件はない。

Answer &解説

❶ 貸付事業用の宅地等の場合

　相続開始の直前において被相続人が行っていた貸付事業に使用していた宅地等を取得した親族が、次の要件を満たす場合には、小規模宅地等の特例の適用を受けることができ、その宅地等の200㎡以下の部分について、相続税評価額が50％減額されます（措法69の4①・②・③四）。その宅地等を取得した親族の居住地や国籍についての要件はありません。

① 被相続人の貸付事業を引き継ぎ、相続開始の時から相続税の申告期限まで継続してその貸付事業を行うこと

② 相続開始の時から相続税の申告期限まで継続してその宅地等を所有していること

❷ 貸付事業とは

小規模宅地等の特例における「貸付事業」とは、次の事業をいいます（措法69の4③四、措令40の2①・⑦）。

① 不動産貸付業

② 駐車場業

③ 自転車駐車場業

④ 準事業（事業と称するに至らない不動産の貸付けその他これに類する行為で相当の対価を得て継続的に行うもの）

❸ 適用が除外される場合

貸付事業に使用していた宅地等のうち、次のものは本特例の適用がありません（措法69の4③四、措令40の2①・⑲）。

① 特定同族会社事業用宅地等の適用を受けるもの

② 相続開始前3年以内に新たに貸付事業の用に供された宅地等（以下「3年以内貸付宅地等」という）

　(注) 相続開始前3年以内に新たに貸付事業の用に供された宅地等であっても、相続開始の日まで3年を超えて引き続き特定貸付事業（貸付事業のうち準事業以外のものをいう）を行っていた被相続人のその特定貸付事業の用に供された宅地等については、3年以内貸付宅地等に該当しない。

❹ 本問の場合

　小規模宅地等の特例は、対象となる宅地等の所在地に関する要件はないため（Q45 ❷参照）、国外に所在する賃貸物件の敷地であっても、他の要件を満たせば、適用を受けることができます。また、不動産貸付事業に使用していた宅地等を取得した者についての住所地や国籍の要件もないため、取得者が非居住者である場合や、外国人である場合にも、適用対象となります。

　よって本問の場合、その国外賃貸物件が上記❶及び❸の要件を満たす場合（取得者が相続税の申告期限まで継続してその貸付事業を行い、かつその宅地等を所有する場合で、宅地等が３年以内貸付宅地等に該当しないとき）には、小規模宅地等の特例の適用を受けることができます。

Q48 外国に居住する外国人が保有する日本の賃貸マンションへの小規模宅地等の特例

私も私の父もＡ国籍で、日本に居住したことはありません。今回、父の相続により、父が所有する日本の賃貸マンションを相続しました。なお、この賃貸マンションは、相続の 10 年前から賃貸をしています。このマンションの敷地について、小規模宅地等の特例は適用できますか？

Point

・小規模宅地等の特例は、制限納税義務者でも適用することができる。

Answer ＆解説

❶ 小規模宅地等の特例の適用の可否

相続開始の直前において被相続人が行っていた貸付事業に使用していた宅地等を取得した親族が、相続税申告時まで継続保有や事業の継続の要件を満たす場合には、その宅地等の 200㎡以下の部分について、相続税評価額が 50％減額されます。

その宅地等を取得した親族について居住地や国籍に関する要件はなく、制限納税義務者であっても適用をすることができます。

したがって、本問の場合は、子が相続税申告時までに賃貸マンションの貸付事業を引き継いで事業を継続し、その宅地を保有する

という要件を満せば、小規模宅地等の特例の適用を受けることができます。なお、本問の賃貸マンションは10年前から貸付事業の用に供されているので、小規模宅地等の特例の適用が除外される3年以内貸付宅地等には該当しません（ Q47 参照）。

❷ 外国の相続税が課税された場合の外国税額控除

　本問の場合に、日本に所在する賃貸マンションに対し、外国の相続税が課税された場合には、それを日本の相続税から外国税額控除により差し引くことはできません（ Q40 ❹参照）。その場合には、外国の税法における外国税額控除に相当する規定により、日本の相続税額を外国の相続税額から控除できるかを検討することになります。

Ⅳ そ の 他

Q49 非居住者や外国人の延納

> 非居住者や外国人も相続税の延納をすることができますか？

Point

- 非居住者や外国人も、延納により相続税の納税をすることができる。
- 贈与税にも延納制度（延納期間 5 年）がある。

Answer &解説

❶ 概　　要

　国税は金銭で一時に納めることが原則ですが、一度に多額の相続税を納付することが難しい場合もあります。そのような場合には、相続税を年賦により納付することができます。これを延納といいます。相続税の延納期間は原則 5 年ですが、相続財産に占める不動産等の割合が高いときは最高 20 年まで延長されます（相法 38 ①、措法 70 の 10 ①）。延納期間中は利子税の納付が必要となります。

❷ 要　　件

　次に掲げるすべての要件を満たす場合には、延納申請をすることができます（相法38①・④、通基通50－9）。

① 　相続税額が10万円を超えること

② 　金銭で納付することを困難とする事由があること

③ 　延納申請額が、納付を困難とする金額の範囲内であること

④ 　延納税額及び利子税の額に相当する担保を提供すること（ただし、延納税額が100万円以下、かつ、延納期間が3年以下である場合は不要）

❸ 手　　続

　延納の申請をする場合は、延納申請に係る相続税の納期限又は納付すべき日（期限後申告書又は修正申告書を提出した日等）までに、延納申請書に担保提供関係書類を添付して税務署に提出をする必要があります（相法39①）。

❹ 贈与税の延納

　贈与税にも延納制度があり、上記❷の要件を満たしていれば、延納申請をすることができます（相法38③、39㉙）。贈与税の延納期間は5年以内です。

❺ 非居住者や外国人の延納

　延納の制度には居住地や国籍についての制限はありませんので、非居住者や外国人であっても、上記❷の要件を満たしている場合は、延納により相続税や贈与税の納税をすることができます。

Q50 国外財産は物納できるか

　相続税の納税につき国外に所在する不動産や外国法人の株式を物納することはできますか？　また、非居住者や外国人も相続税の物納制度は利用できますか？

Point

- 国外財産は相続税の物納に充てることはできない。
- 非居住者や外国人も物納により相続税の納税をすることができる。
- 贈与税には物納制度がない。

Answer & 解説

❶　物納制度の概要

　国税は、金銭で一時納付することが原則ですが、相続税については、延納（年賦による納付）によっても金銭で納付することを困難とする事由がある場合には、相続財産による物納（金銭以外のものによる納税）が認められています（相法41①・②）。

❷　物納の要件

　次に掲げるすべての要件を満たしている場合に、物納の許可を受けることができます。

① 延納によっても金銭で納付することを困難とする事由があり、かつ、その納付を困難とする金額を限度としていること（相法41①）。

② 物納しようとする相続税の納期限又は納付すべき日（期限後申告書又は修正申告書を提出した日等）までに、物納申請書に物納手続関係書類を添付して税務署に提出すること（相法42①）。

❸ 物納財産

物納に充てることができる財産は、相続税額の課税価格の計算の基礎となった相続財産のうち、次に掲げる財産及び順位によります（相法41②〜⑤）。

■図表３－５　物納財産と順位

順　位	物納に充てることができる財産の種類
第１順位	不動産、船舶、国債証券、地方債証券、上場株式等
第２順位	非上場株式等
第３順位	動産

物納財産は国内に所在する財産に限定され、国外に所在する不動産や外国法人の株式を物納に充てることはできません（相法41②）。

また、相続時精算課税や非上場株式の納税猶予により贈与された財産を物納に充てることはできません（相法41②、措法70の7の3③）。

❹ 贈与税の物納

贈与税には物納制度がありません。贈与税に延納制度があることとは異なります。

❺ 非居住者や外国人の物納

物納の制度には居住地や国籍についての制限はありませんので、非居住者や外国人であっても、上記の要件を満たしている場合は、物納により相続税の納税をすることができます。

Q51 外国会社に係る事業承継税制

外国会社に係る事業承継税制の注意点について教えてください。

Point

- 外国会社は事業承継税制の対象とならない。
- 事業承継税制の適用を受けようとする会社（承継会社）の特別関係会社に外国会社があるときは、承継会社の常時使用する従業員数は 5 人以上である必要がある。
- 承継会社又はその関係会社が外国会社の株式等を保有している場合は、納税猶予税額はその外国会社の株式等を保有していないものとして計算した株式等の評価額をもとに計算する。

Answer &解説

❶ 事業承継税制とは

非上場株式等についての贈与税・相続税の納税猶予及び免除制度（いわゆる「事業承継税制」）は、後継者である受贈者・相続人等が中小企業における経営の承継の円滑化に関する法律（以下「円滑化法」という）の認定を受けている非上場会社（以下「承継会社」という）の株式等を贈与又は相続もしくは遺贈により取得した場合において、その非上場株式等に係る贈与税又は相続税について、一定

の要件の下、その納税を猶予し、後継者の死亡等により、その納税が猶予されている贈与税又は相続税の納付が免除される制度です（措法 70 の 7、70 の 7 の 2、70 の 7 の 5、70 の 7 の 6 等）。

❷　特例措置の創設

平成 30 年度税制改正では、これまでの事業承継税制の措置（一般措置）に加え、平成 30（2018）年 1 月 1 日から令和 9（2027）年 12 月 31 日までの 10 年間の時限措置として、納税猶予の対象となる非上場株式等の制限（総株式数の最大 3 分の 2 までの制限）の撤廃や、納税猶予割合の引上げ（相続した非上場株式等に係る相続税の 80％相当額から 100％相当額への引上げ）等がされた特例措置が創設されました（措法 70 の 7 の 5、70 の 7 の 6 等）。

❸　外国会社とは

事業承継税制でいう外国会社とは、会社法 2 条 2 号に規定する外国会社をいい、同号において外国会社とは「外国の法令に準拠して設立された法人その他の外国の団体であって、会社と同種のもの又は会社に類似するものをいう」と規定されています。

❹　事業承継税制における外国会社の対象外

次のとおり、円滑化法 1 条の目的に基づく解釈として、同法 2 条で定義されている「中小企業者」は日本の中小企業を前提とするものと解されています。また、中小企業庁の「経営承継円滑化法申請マニュアル」においても「外国会社は事業承継税制の対象となる中小企業者には該当しません」と記載されていることから、同様の解釈をされていることがわかります（経営承継円滑化法申請マニュア

ル【相続税、贈与税の納税猶予制度の特例】令和6年4月改訂版
第7章)。

　よって、外国会社は、円滑化法に規定する中小企業者に該当しな
いことから円滑化法の対象とならず、税法においても同様に事業承
継税制の適用を受けることはできません。

■円滑化法

　　（目　　的）
第1条　この法律は、多様な事業の分野において特色ある事業
　活動を行い、多様な就業の機会を提供すること等により我が国
　の経済の基盤を形成している中小企業について、代表者の死亡
　等に起因する経営の承継がその事業活動の継続に影響を及ぼす
　ことにかんがみ、遺留分に関し民法（明治29年法律第89号）
　の特例を定めるとともに、中小企業者が必要とする資金の供給
　の円滑化等の支援措置を講ずることにより、中小企業における
　経営の承継の円滑化を図り、もって中小企業の事業活動の継続
　に資することを目的とする。

　　（定　　義）
第2条　この法律において「中小企業者」とは、次の各号のい
　ずれかに該当する者をいう。
　一　資本金の額又は出資の総額が3億円以下の会社並びに常時
　　使用する従業員の数が300人以下の会社及び個人であって、
　　製造業、建設業、運輸業その他の業種（次号から第4号まで
　　に掲げる業種及び第5号の政令で定める業種を除く。）に属
　　する事業を主たる事業として営むもの
　二　資本金の額又は出資の総額が1億円以下の会社並びに常時
　　使用する従業員の数が100人以下の会社及び個人であって、
　　卸売業（第5号の政令で定める業種を除く。）に属する事業

を主たる事業として営むもの
三　資本金の額又は出資の総額が 5,000 万円以下の会社並びに
　常時使用する従業員の数が 100 人以下の会社及び個人であっ
　て、サービス業（第 5 号の政令で定める業種を除く。）に属
　する事業を主たる事業として営むもの
四　資本金の額又は出資の総額が 5,000 万円以下の会社並びに
　常時使用する従業員の数が 50 人以下の会社及び個人であっ
　て、小売業（次号の政令で定める業種を除く。）に属する事
　業を主たる事業として営むもの
五　資本金の額又は出資の総額がその業種ごとに政令で定める
　金額以下の会社並びに常時使用する従業員の数がその業種ご
　とに政令で定める数以下の会社及び個人であって、その政令
　で定める業種に属する事業を主たる事業として営むもの

❺　外国会社が特別関係会社であるときは、常時使用する従業員数は 5 人以上であること

　事業承継税制の適用対象となる承継会社の要件に、常時使用する従業員の数が 1 人以上であることがありますが、承継会社の特別関係会社^(注)が外国会社に該当するときは、承継会社の常時使用する従業員の数は 5 人以上でなければなりません（措法 70 の 7 ②一ホ、70 の 7 の 2 ②一ホ等）。

（注）　特別関係会社とは、承継会社、その代表者及びその代表の親族等
　　の者が総株主等議決権数の 50％超を有する会社をいう（措法 70 の
　　7 ②一ハ、措令 40 の 8 ⑦等）。

❻ 承継会社等が外国会社の株式等を有している場合の納税猶予税額

事業承継税制では、非上場株式等の価額に対応する贈与税額又は相続税額の納税が猶予されますので、株式等の評価額により納税猶予税額が異なることとなります。

納税猶予税額の計算において、承継会社又は承継会社の特別関係会社で支配関係のある法人が外国会社（承継会社の特別関係会社に限る）の株式等を有する場合は、その承継会社等がその外国会社の株式等を有していなかったものとして計算した非上場株式等の評価額により納税猶予税額を計算します（措法70の7②五、70の7の2②五等）（図表3−6参照）。

■図表3－6　承継会社等が外国会社の株式等を有する場合における当該
　　　　　　株式等の価額の計算方法のイメージ

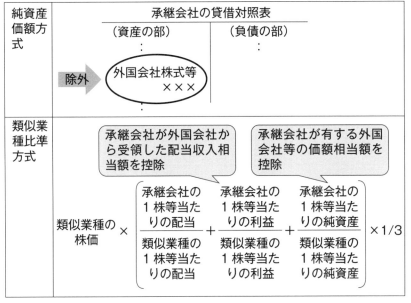

（出典）財務省「平成22年度税制改正の解説」458頁をもとに作成。

第 4 章

贈 与 税

Q52 暦年課税による贈与税の計算の概要

> 暦年課税による贈与税の計算の概要を教えてください。

Point

- 贈与税の課税制度には、原則的な課税方式である「暦年課税」と特例的な課税方式である「相続時精算課税」の2つがある。
- 暦年課税による贈与税の税率は、一般税率と特例税率の2つがある。

Answer &解説

❶ 贈与税の課税制度

　贈与税の課税制度には、原則的な課税方式である「暦年課税」と特例的な課税方式である「相続時精算課税」（**Q58** 参照）の2つがあります。

❷ 暦年課税による贈与税の計算

　暦年課税による贈与税は、1月1日から12月31日までの1年間に贈与を受けた財産の合計額から基礎控除額110万円を差し引き、その残額に税率を乗じて計算をします。贈与財産の合計額が110万円以下である場合は、贈与税は課税されず申告も不要です（相法21の2、21の5、措法70の2の4）。

❸ 贈与税の税率

贈与税の税率は、一般贈与財産に対する税率（一般税率）と、特例贈与財産に対する税率（特例税率）とに区分されています。

一般贈与財産とは、特例贈与財産以外の贈与財産をいい、例えば、兄弟間の贈与、夫婦間の贈与、親から子への贈与で子が未成年者である場合等における贈与財産をいいます。

特例贈与財産とは、直系尊属（祖父母や父母等）から、その年の1月1日において18歳以上の者（子・孫等）への贈与における贈与財産をいいます（相法21の7、措法70の2の5①・②）。

■図表4−1　贈与税の速算表（平成27（2015）年1月1日以後）

基礎控除後の課税価格	一般税率		特例税率	
	税率	控除額	税率	控除額
200万円以下	10%	―	10%	―
200万円超〜300万円以下	15%	10万円	15%	10万円
300万円超〜400万円以下	20%	25万円		
400万円超〜600万円以下	30%	65万円	20%	30万円
600万円超〜1,000万円以下	40%	125万円	30%	90万円
1,000万円超〜1,500万円以下	45%	175万円	40%	190万円
1,500万円超〜3,000万円以下	50%	250万円	45%	265万円
3,000万円超〜4,500万円以下	55%	400万円	50%	415万円
4,500万円超			55%	640万円

❹ 特例税率の適用を受ける場合の手続

　特例税率の適用を受ける場合には、贈与税の申告書又は更正の請求書に、受贈者の戸籍の謄本等で受贈者の氏名、生年月日及び受贈者が贈与者の直系卑属に該当することを証する書類を提出する必要があります。

　ただし、贈与税の配偶者控除（ Q60 参照）及び基礎控除額を差し引いた後の金額が 300 万円以下であるときは、この書類の提出は必要ありません。

　また、過去の年分において同じ贈与者からの贈与について、すでにこの書類を提出している場合には、贈与税の申告書第一表の「過去の贈与税の申告状況」欄に、その提出した年分及び税務署名を記入し、この書類を再び提出する必要はありません（措法 70 の 2 の 5 ④、措規 23 の 5 の 5）。

Q53 納税地、納税管理人の届出書及び申告期限

　非居住者の贈与税の納税地や申告期限について教えてください。

Point

- 贈与税の納税地は、受贈者の住所地によりそれぞれ定められている。
- 贈与税の申告期間は、贈与を受けた年の翌年の2月1日から3月15日までの間だが、贈与を受けた年の翌年の1月1日から3月15日までの間に、納税管理人の届出をしないで出国するときは、その出国の日までに贈与税の申告書を提出しなければならない。

Answer &解説

❶　申告書の提出

　贈与により財産を取得し、贈与税の納税義務がある者は、贈与税の申告書をその者の納税地を所轄する税務署長へ提出しなければなりません（相法28①）。

❷　納　税　地

(1)　納　税　地

　贈与税の納税地は、各納税義務者の住所の所在等に応じて次のように定められています（相法 62）。

① 　贈与時に日本に住所がある者（③に該当する者を除く）……その者の申告時の住所地（住所がないこととなった場合には居所地）

② 　贈与時に日本に住所がない者……その者が定め申告した納税地、又はその申告がないときは国税庁長官が指定した納税地

③ 　贈与時には日本に住所があったけれど、申告期限前に日本に住所及び居所を有しないこととなる者……その者が定め申告した納税地、又はその申告がないときは国税庁長官が指定した納税地

(2)　納税地の場所の選択

　上記(1)②及び③の日本に住所がない納税義務者が定める納税地の場所については、相続税法では所得税法のように納税地の場所に関する規定（ **Q65** の❷参照）がないことから、どこでも任意の場所を納税地として定めることができます。

❸　申告期限と納税管理人の届出書

(1)　申告期限の原則

　贈与税の申告書は、贈与を受けた年の翌年の 2 月 1 日から 3 月 15 日までの間に、受贈者の納税地を所轄する税務署長に提出します（相法 28 ①）。

(2)　国内に住所を有しないこととなる場合の申告期限

① 　1 月 1 日から 3 月 15 日までに出国する場合

　贈与を受けた年の翌年の 1 月 1 日から 3 月 15 日までの期間に、

納税管理人（**Q19**参照）の届出をしないで出国する（国内に住所や居所を有しないこととなる）ときは、その出国の日までに贈与税の申告書を提出しなければなりません（相法28①）。

② 年の中途で出国する場合

　贈与を受けた年の中途で出国する場合は、贈与税の申告期限について特に定めた規定はないことから、原則どおりの申告期限になります。なお、その場合は納税管理人の届出書の提出が必要です（通則法117①・②）。

Q54 贈与税の納税義務者と課税財産の範囲

贈与税の納税義務者と課税財産の範囲について教えてください。

Point

- 贈与税の納税義務者は、原則として、贈与により財産を取得した個人である。
- 贈与税の課税財産の範囲は、贈与者と受贈者それぞれの国籍や住所地等による区分の組合せにより受贈者ごとに決定される。

Answer & 解説

❶ 贈与税の納税義務者の区分

贈与により財産を取得した個人（以下「受贈者」という）は、図表4-2の区分に従い、取得した財産のすべて、又は取得した国内財産につき、贈与税が課税されます（相法1の4①・③、2の2）。

図表中、贈与者及び受贈者の国籍・住所は「贈与時」で判定します。判定の結果、国内財産・国外財産（**Q15**参照）のすべてに課税される人を「無制限納税義務者」といい、国内財産にのみ課税される人を「制限納税義務者」といいます。

■図表４－２　贈与税の納税義務者と課税財産の範囲

　　　　　　　　　　　　　　　　　　　　　□…無制限納税義務者
　　　　　　　　　　　　　　　　　　　　　□…制限納税義務者

受贈者 贈与者	国内に住所あり		国内に住所なし		
	右記以外の者	一時居住者 ❷(1)	日本国籍あり		日本国籍なし
			10年以内に国内に住所あり	10年以内に国内に住所なし	
国内に住所あり					
外国人贈与者（❷(2)）		国内財産のみ		国内財産のみ	国内財産のみ
国内に住所なし 10年以内に国内に住所あり	国内財産・国外財産すべて				
外国人（非居住贈与者❷(3)①）		国内財産のみ		国内財産のみ	国内財産のみ
10年以内に国内に住所なし（非居住贈与者❷(3)②）		国内財産のみ		国内財産のみ	国内財産のみ

❷　図表４－２の用語解説

(1)　一時居住者

　贈与時に在留資格（ Q9 の❹の相続税と同じく別表第一に掲げる在留資格をいう）を持ち日本に住所があった外国人（日本国籍がない人をいう。以下同じ）である受贈者で、贈与前15年以内において日本に住所があった期間の合計が10年以下である人をいいます（相法１の４③一）。

(2)　外国人贈与者

贈与時に在留資格を持ち、日本に住所があった外国人である贈与者をいいます（相法1の4③二）。

(3) **非居住贈与者**

贈与時に日本に住所がなかった贈与者で、次の①又は②に掲げる人をいいます（相法1の4③三）。

① 贈与前10年以内のいずれかの時点で日本に住所を有していたことがある人で、日本に滞在しているときに外国人（日本国籍を有していない）であった人

② 贈与前10年以内のいずれの時も日本に住所がなかった人（日本人であるか外国人であるかを問わない）

❸ 国外転出時課税の納税猶予の特例を受けている場合

贈与者が次に掲げる者である場合においては、贈与者は贈与前10年以内のいずれかの時において国内に住所を有していたものとみなして、上記の判定をします（相法1の4②）。

① 国外転出時課税の納税猶予の特例（**Q83** 参照）の適用を受けている個人

② 国外転出（贈与）時課税の納税猶予の特例（**Q94** 参照）の適用を受けている者から、その国外転出（贈与）時課税に係る贈与により財産を取得した者（その国外転出（贈与）時課税に係る贈与前10年以内のいずれの時においても国内に住所を有していたことがない者は含まれない）

③ 国外転出（相続）時課税の納税猶予の特例の適用（**Q100** 参照）を受けている相続人等（その国外転出（相続）時課税に係る相続の開始前10年以内のいずれの時においても国内に住所を有していたことがない者は含まれない）

Q55 贈与税の納税義務者（事例1）
～親が日本、子が国外に居住している場合

　私の父は日本人（日本国籍あり）で日本に住んでいます。子である私（日本国籍あり）は20年前からずっと国外に住んでいます。今般、父からハワイのコンドミニアムの贈与を受けます。この贈与につき日本の贈与税は課税されるのでしょうか？

父
日本人
（贈与者）　←住所：日本

子
日本人
（受贈者）　←住所：国外

贈与財産　←所在：国外

Point

・贈与者が日本人（日本国籍）で、贈与時に日本に住所を有していた場合は、受贈者はすべて無制限納税義務者になり、贈与税の課税財産の範囲は、国内財産及び国外財産のすべてになる。

Answer & 解説

図表4−3　贈与税の納税義務者と課税財産の範囲（本問の場合）

☐…無制限納税義務者
☐…制限納税義務者

贈与者 ＼ 受贈者	国内に住所あり		国内に住所なし			
			日本国籍あり			日本国籍なし
	右記以外の者	一時居住者	10年以内に国内に住所あり	10年以内に国内に住所なし		
国内に住所あり				子		
外国人贈与者		国内財産のみ		国内財産のみ		国内財産のみ
国内に住所なし　10年以内に国内に住所あり	国内財産・国外財産すべて					
国内に住所なし　外国人（非居住贈与者）		国内財産のみ		国内財産のみ		国内財産のみ
国内に住所なし　10年以内に国内に住所なし（非居住贈与者）	国内財産のみ			国内財産のみ		国内財産のみ

◆　子の贈与税の課税財産の範囲

　図表4−3のとおり、贈与者である父は、贈与時に「国内に住所あり」かつ「外国人贈与者ではない人」に該当します。

　また、受贈者である子は、贈与時に「国内に住所なし」「日本国籍あり」「10年以内に国内に住所なし」に該当します。したがっ

て、子が父から贈与により取得した財産は、国内・国外すべての財産に対して贈与税が課されますので、本問のハワイのコンドミニアムの贈与に対しても日本の贈与税が課税されます。

　本問のように、国外での生活が長い受贈者がいる場合であっても、贈与者が日本国籍を有し、住所が日本国内にあるときは、すべての受贈者が無制限納税義務者となります（相法1の4①二イ(2)、2の2①）。

Q56 贈与税の納税義務者（事例2）〜親も子も10年超の期間国外に居住している場合

私と父は日本人（日本国籍あり）ですが、30年前からずっと国外に住んでいます。今般、父からハワイのコンドミニアムの贈与を受けますが、この贈与につき日本の贈与税は課税されるのでしょうか？

父
日本人
（贈与者）
←住所：国外

子
日本人
（受贈者）
←住所：国外

贈与財産
←所在：国外

Point

・日本の贈与税については、贈与者も受贈者もともに贈与時において国外に住所を有している期間が10年超である場合は、国外財産の贈与は不課税になる。

◆　子の贈与税の課税財産の範囲

■図表４－４　贈与税の納税義務者と課税財産の範囲（本問の場合）

☐…無制限納税義務者
☐…制限納税義務者

受贈者／贈与者	国内に住所あり		国内に住所なし			
			日本国籍あり			日本国籍なし
	右記以外の者	一時居住者	10年以内に国内に住所あり	10年以内に国内に住所なし		
国内に住所あり						
外国人贈与者		国内財産のみ		国内財産のみ	国内財産のみ	
国内に住所なし　10年以内に国内に住所あり	国内財産・国外財産すべて					
外国人（非居住贈与者）		国内財産のみ		国内財産のみ	国内財産のみ	
10年以内に国内に住所なし（非居住贈与者）		国内財産のみ		国内財産のみ	国内財産のみ	

　図表４－４のとおり、贈与者である父は、贈与時に「国内に住所なし」かつ「10年以内に国内に住所なし（非居住贈与者（**Q54**❷(3)②参照））」に該当します。

　また、受贈者である子は、贈与時に「国内に住所なし」「日本国籍あり」「10年以内に国内に住所なし」に該当します。

したがって、子が父から贈与により取得した財産については、国内財産のみに対して贈与税が課されます（相法1の4①四、2の2②）。本問の場合は、贈与財産は国外に所在する物件ですから、国外財産であり（ **Q15** 参照）、日本の贈与税は課税されません。

Q57 贈与税の納税義務者（事例3）〜日本に居住している外国人から国外財産の贈与

　私の父はA国籍で別表第一の在留資格により日本に滞在しています。私はA国籍でありA国に居住しています。今般、父からA国に所在する不動産の贈与を受けます。この贈与につき、日本の贈与税は、課税されるのでしょうか？

父
外国人
（贈与者）
（別表第一の在留資格）
←住所：日本

子
外国人
（受贈者）
←住所：国外

贈与財産
←所在：国外

Point

- 贈与者が贈与時に別表第一の在留資格をもって日本に滞在していた場合に、国外に居住する外国人である受贈者は、制限納税義務者になり、課税財産は国内財産のみとなる。

Answer & 解説

❶ 子の贈与税の課税財産の範囲

■図表４－５　贈与税の納税義務者と課税財産の範囲（本問の場合）

☐…無制限納税義務者
☐…制限納税義務者

受贈者／贈与者	国内に住所あり		国内に住所なし			
			日本国籍あり			日本国籍なし
	右記以外の者	一時居住者	10年以内に国内に住所あり	10年以内に国内に住所なし		
国内に住所あり						
外国人贈与者		国内財産のみ		国内財産のみ		国内財産のみ
国内に住所なし　10年以内に国内に住所あり		国内財産・国外財産すべて				
外国人（非居住贈与者）		国内財産のみ		国内財産のみ		国内財産のみ
10年以内に国内に住所なし（非居住贈与者）		国内財産のみ		国内財産のみ		国内財産のみ

❷ 子の贈与税の課税財産の範囲

　図表４－５のとおり、贈与者である父は、贈与時に「国内に住所あり」「外国人贈与者」に該当します（**Q54** ❷(2)参照）。

　また、受贈者である子は、贈与時に「国内に住所なし」「日本国

籍なし」に該当します。

　したがって、子が父から贈与により取得した財産については、国内財産のみに対して贈与税が課されます（相法１の４①四、２の２②）。

　本問の場合は、贈与財産は国外財産（**Q15** 参照）なので、日本の贈与税は課税対象外となります。

Q58 贈与税の納税義務者（事例4）〜日本に居住していない外国人同士による日本のマンションの贈与

　私と父はＡ国籍で、日本に居住したことはありません。今回、私は、父から、日本の賃貸マンションの贈与を受けました。この贈与について日本の贈与税は課税されるのでしょうか？

父
外国人
（贈与者）

←住所：国外

子
外国人
（受贈者）

←住所：国外

贈与財産

←所在：国内

Point

- 贈与者及び受贈者が贈与時に日本に住所を有していなかった外国人である場合には、その受贈者は制限納税義務者になり、国内財産の贈与に対し贈与税が課税される。

◆ 子の贈与税の課税財産の範囲

■図表4−6 贈与税の納税義務者と課税財産の範囲（本問の場合）

☐…無制限納税義務者
☐…制限納税義務者

受贈者／贈与者	国内に住所あり		国内に住所なし			
			日本国籍あり			日本国籍なし
	右記以外の者	一時居住者	10年以内に国内に住所あり	10年以内に国内に住所なし		
国内に住所あり						
外国人贈与者		国内財産のみ		国内財産のみ		国内財産のみ
国内に住所なし／10年以内に国内に住所あり	国内財産・国外財産すべて					
外国人（非居住贈与者）		国内財産のみ		国内財産のみ		国内財産のみ
10年以内に国内に住所なし（非居住贈与者）		国内財産のみ		国内財産のみ		国内財産のみ

　図表4−6のとおり、贈与者である父は、贈与時に「国内に住所なし」「10年以内に国内に住所なし」「非居住贈与者（**Q54** ❷(3)②参照）」に該当します。

　また、受贈者である子は、贈与時に「国内に住所なし」「日本国籍なし」に該当します。

したがって、子が父から贈与により取得した財産については、国内財産のみに対して贈与税が課されます（相法1の4①四、2の2②）。

　本問の場合は、贈与財産は日本に所在するマンションですので国内財産に該当し（**Q15**参照）、子は日本の贈与税が課税されます。

Q59 国外送金を行った場合の贈与税の取扱い

　私の父はＡ国籍であり、現在は、仕事で別表第一の在留資格により日本に滞在しています。私（Ａ国籍）は生まれてからずっとＡ国に居住しています。今般、父は日本の父の銀行口座からＡ国の私の銀行口座へ国外送金により贈与をしました。この金銭の贈与について、日本の贈与税は課されますか？　なお、贈与契約書は作成しませんでした。

Point

- 国外送金により金銭の贈与を受けた場合は、送金前（贈与契約成立時又はその履行のため贈与者が送金手続を了した時）の財産の所在により、国内財産か国外財産かを判定する。

Answer & 解説

❶　本問の場合の納税義務者の区分と課税財産の範囲

　本問の場合、子は制限納税義務者に該当し、国内財産のみに日本の贈与税が課されます（図表４－７参照。相法１の４①四、２の２②）。

　したがって、日本から国外に送金された金銭が、国内財産に該当するのか国外財産に該当するのかによって、贈与税が課されるか否かが決まります。

■図表4－7　贈与税の納税義務者と課税財産の範囲（本問の場合）

■…無制限納税義務者
□…制限納税義務者

贈与者 ＼ 受贈者	国内に住所あり		国内に住所なし		
			日本国籍あり		日本国籍なし
	右記以外の者	一時居住者	10年以内に国内に住所あり	10年以内に国内に住所なし	
国内に住所あり					
外国人贈与者		国内財産のみ		国内財産のみ	国内財産のみ
国内に住所なし　10年以内に国内に住所あり	国内財産・国外財産すべて				
国内に住所なし　外国人（非居住贈与者）		国内財産のみ		国内財産のみ	国内財産のみ
国内に住所なし　10年以内に国内に住所なし（非居住贈与者）		国内財産のみ		国内財産のみ	国内財産のみ

子

❷　贈与があった場合の財産の所在

　贈与があった場合の財産の所在の判定についても、相続の場合と同様に、財産の種類ごとに判断します（**Q15** 参照、相法10①）。なお、判定は、受贈者が財産を贈与により取得した時の現況により行います（相法10④）。本問の場合は、贈与時の金銭（国外送金の原資となる現金：動産）の所在が国内にあるかどうかで判断するこ

とになります。

❸ 贈与により財産を取得した時期の原則

　贈与による財産の取得の時期は、書面によるものについてはその契約の効力が発生した時、書面によらないものについてはその履行の時とされています（相基通1の3・1の4共－8）。

❹ 本問の場合

　本問の場合、贈与契約書の作成はありませんが、送金前に父と子の間で贈与契約が成立しており、その履行のために送金手続がされたと考えます（日本の民法では、贈与は諾成契約とされており、契約書面がなくとも互いの合意があれば成立する）。子が贈与により財産を取得した時とは、贈与契約が成立した時であり、子は日本に所在する金銭（国内財産）を贈与により取得したとして、日本の贈与税が課されると考えます。なお、仮に贈与契約の成立時でなく履行時により財産の所在を判定すると考えても、日本国内の各銀行において電信送金により送金手続を了した時に受贈者の贈与を受ける権利は確定的になったということができ、やはり子は国内財産を贈与により取得したとして日本の贈与税が課されると考えます（参考判例：東京高裁平成14年9月18日判決）。

Q60 贈与税の配偶者控除

　私たち夫婦は、Ａ国籍でＡ国に居住しており、婚姻期間が20年以上になります。今般、夫が所有する日本の住宅を妻へ贈与し、贈与後に夫婦でその日本の住宅に居住する予定です。この場合に、贈与税の配偶者控除の規定の適用はできますか？

Point

- 本制度の対象となる居住用不動産は国内に所在するものに限られる。
- 贈与者及び受贈者の国籍に制限はない。
- 贈与者及び受贈者の贈与時の住所に制限はないが、受贈者は贈与を受けた年の翌年３月15日までに、その居住用不動産に居住しなければならない。

Answer＆解説

　本問は、贈与財産が国内財産ですから、受贈者は贈与税の納税義務があります（Q54 参照）。

❶　概　　要

　婚姻期間が20年以上の夫婦の間で、居住用不動産又は居住用不動産を取得するための金銭の贈与が行われた場合には、贈与税の課税価格から基礎控除110万円の他に最高2,000万円まで控除するこ

とができます（相法21の6①）。

❷　適用要件（相法21の6①）

本制度の適用要件は、次のとおりです。

① 　婚姻期間が20年以上である配偶者から贈与が行われたこと

② 　贈与財産は国内の居住用不動産であること又は国内の居住用不動産を取得するための金銭であること

③ 　贈与を受けた年の翌年3月15日までに、その国内の居住用不動産又は贈与を受けた金銭で取得した国内の居住用不動産に、受贈者が現実に住んでおり、その後も引き続き住む見込みであること

（注） 　本制度の対象となる居住用不動産は国内に所在する不動産に限定されており、国外に所在する居住用不動産は対象とならない。

❸　申告手続

次の書類を添付して、贈与税の申告をすることが必要です（相法21の6②、相規9）。

① 　財産の贈与を受けた日から10日を経過した日以後に作成された戸籍謄本又は抄本

② 　財産の贈与を受けた日から10日を経過した日以後に作成された戸籍の附票の写し

③ 　居住用不動産の登記事項証明書その他の書類で贈与を受けた人がその居住用不動産を取得したことを証するもの

❹ 日本国籍を有しない者が贈与税の配偶者控除の適用を受ける場合における贈与税の申告書の添付書類

日本国籍を有しない者については、上記❸の戸籍がないことから、婚姻関係を証明する書類に関し、国税庁の質疑応答で次のように述べられています。

■国税庁質疑応答事例

> ### 日本国籍を有しない者が受ける贈与税の配偶者控除に係る贈与税の申告書の添付書類
>
> 【回答要旨】
> 　日本国籍を有しない者の婚姻について、法の適用に関する通則法では、婚姻成立の形式要件として婚姻挙行地の法によるほか、当事者の一方の本国法によることができるとされています（ただし、日本国において婚姻をする場合で、当事者の一方が日本人であるときは、日本の方式による必要があります。）。
> 　したがって、当事者の婚姻地及び婚姻前の国籍により、戸籍謄（抄）本に代わるものとして、次のものの添付がある場合には、贈与税の配偶者控除を適用して差し支えありません。
> (1) 当事者の一方が日本人である場合で、その婚姻が日本国内で行われた場合
> 　　婚姻届の受理証明書又は婚姻届出書に基づく記載事項証明書
> (2) 当事者の双方が外国人である場合で、その婚姻が日本国内で行われ、かつ、地方公共団体の戸籍係に婚姻届をしている場合
> 　　婚姻届の受理証明書又は婚姻届出書に基づく記載事項証明書
> (3) (1)及び(2)以外の場合
> 　　当事者の本国の戸籍謄本等公の機関においてその婚姻期間を証明する書類

なお、国交等がないために (3) の書類が得られない場合には、外国人登録済証明書など婚姻の事実、婚姻期間が確認できるもの。

❺　贈与者・受贈者の居住地・国籍

本制度は、贈与者及び受贈者の国籍について制限はありません。また、贈与者及び受贈者の贈与時の住所に制限はありませんが、受贈者は贈与を受けた年の翌年3月15日までに、その国内の居住用不動産に居住しなければなりません。

❻　本問の場合

本問の場合は、上記❷①及び②の要件を満たしますので、③の要件を満たせば本制度の適用があります。

本制度は、本問のように外国人の夫婦が国外に居住しているとき行われた贈与についても適用の対象となります。婚姻期間の証明は上記❹に従い行います。

Q61 相続時精算課税による贈与〜外国人から国外財産の贈与

　私は日本に居住しており日本国籍を有しています。今回、外国人の祖母から国外財産の贈与を受けましたが、相続時精算課税制度は適用できますか？

Point

- 相続時精算課税は、贈与者は 60 歳以上、受贈者は 18 歳以上の子又は孫への贈与の場合に選択できる。
- いったん相続時精算課税を選択すると暦年課税に戻れない。
- 相続時精算課税は、贈与される財産の所在地に制限はなく、贈与者又は受贈者の国籍や居住地にも制限はない。

Answer &解説

　本問は、受贈者が日本に居住する日本国籍を有する者ですから、受贈者に贈与税の納税義務があります（Q54 参照）。

❶　相続時精算課税の概要

　60 歳以上の父母・祖父母等から 18 歳以上の子・孫等が贈与を受けた場合に、贈与財産の価額から通算 2,500 万円までを控除（令和 6 年 1 月 1 日以降はさらに年 110 万円を控除）し、その残額に 20% の税率を乗じて計算した贈与税を支払います。その後、その贈与者

に相続が発生したときに、相続財産にその贈与財産を贈与時の価額により加算して（年110万円までは対象外）相続税額を計算し、すでに納付した相続時精算課税に係る贈与税額を控除します（相法21の9〜16、措法70の2の6、70の3の2）。

　相続時精算課税は、受贈者が通常の贈与税の課税方法（暦年課税、Q52 参照）に代えて選択するものです。この制度は、受贈者が贈与者ごとに（ペアごとに）選択をする制度で、いったん選択をするとその贈与者からの贈与については、暦年課税に戻ることはできません（相法21の9⑥）。なお、2,500万円の控除はペアごとに適用できます（相法21の12）。

❷　贈与者・受贈者の要件

① 　贈与者は贈与をした年の1月1日において60歳以上であること（相法21の9①）
② 　受贈者は贈与を受けた年の1月1日において18歳以上の者のうち、「贈与者の直系卑属（子や孫）である推定相続人であること」（相法21の9①）、又は「贈与者の孫であること」（措法70の2の6①）

❸　申告手続

　相続時精算課税による最初の贈与を受けた年の贈与税の申告期限までに受贈者の納税地の所轄税務署に「相続時精算課税選択届出書」及び戸籍謄本等の一定の書類を贈与税の申告書に添付して提出する必要があります（相法21の9②）。

　贈与者や受贈者が外国人である場合は、親族関係は出生証明書や各国の戸籍等により証明し（Q116 参照）、国外居住者の住所は在

留証明等により証明するものと考えられます（**Q117** 参照）。

❹ 贈与財産の種類、贈与金額、贈与回数

　贈与財産の種類に要件はありませんので、国内財産でも国外財産でも対象になります。また、贈与金額や贈与回数に制限はありません。

❺ 贈与者及び受贈者の居住地や国籍

　贈与者及び受贈者の居住地や国籍に関する要件は本制度にありませんので、上記❷の要件を満たせば贈与者や受贈者の居住地や国籍にかかわらず相続時精算課税の適用を受けることができます。

　なお、贈与者が国外に居住する場合は、贈与者に贈与税が課税される国もあるので、居住地国の税制には注意が必要です。

❻ 外国税額控除

　国外財産の贈与を受け、その財産について、その財産の所在する国の法令により贈与税に相当する税が課税された場合には、日本の贈与税額から、その国において課税された贈与税相当額を控除することができます（**Q62** 参照）。

❼ 本問の場合

　本問の場合は、贈与者及び受贈者が上記❷の要件を満たせば、贈与者が外国人であっても、贈与財産が国外財産であっても、本制度の適用があります。

Q62 外国税額控除

贈与税の外国税額控除について教えてください。

Point

- 基本的に相続税の外国税額控除と同様の取扱い。
- 暦年課税及び相続時精算課税による贈与が両方ある場合には、外国税額控除はそれぞれの課税方式ごとに適用する。
- 贈与者に課された外国の贈与税額も、受贈者に課される日本の贈与税額から控除することができる。

Answer &解説

❶ 制度の概要

国外に所在する財産を贈与により取得した場合において、その財産についてその財産の所在する国の法令により贈与税に相当する税が課税されたときは、その者に課税される日本の贈与税額から、その国において課税された贈与税額相当額を控除することができます（相法21の8）。

❷ 適用を受けるための要件

外国税額控除の適用を受けるには、次のいずれの要件も満たす必要があります。

① 国外財産を贈与により取得していること

② その国外財産について、その財産の所在する国又は地域の法令により日本の贈与税に相当する税が課せられていること

なお、受贈者が贈与税の制限納税義務者である場合は、国外財産の贈与について日本の贈与税は課税されないため、下記❸②ⓑの金額は 0 円となるため、結果として外国税額控除の適用はありません。

❸ 控除額の計算

贈与税額から控除できる金額は、次の算式により計算します。

---

① 国外財産の所在する国で課された贈与税に相当する税の金額

② 日本の贈与税額（ⓐ）

$$\times \frac{\text{分母のうち国外財産の価額（ⓑ）}}{\text{その年分の贈与税の課税価格に算入された財産の価額（ⓒ）}}$$

③ 上記①と②のいずれか少ない金額

(注) 計算上の留意点等

(イ) 外国において課税された贈与税相当額（上記①）は、外国の贈与税の納期限における対顧客直物電信売相場（TTS）により邦貨換算をする。ただし、その税金分の資金を日本から送金する場合で、その送金が納期限よりも著しく遅延して行われる場合を除き、送金日の TTS によることもできる（相基通 21 の 8 - 1、20 の 2 - 1）。

(ロ) 日本の贈与税額（ⓐ）は、贈与税の課税価格に贈与税率を乗じて計算した金額

(ハ) 「国外財産の価額」（上記②ⓑ）及び「その年分の贈与税の課税価格に算入された財産の価額」（上記②ⓒ）は、暦年課税においては、贈与税の配偶者控除（ **Q60** 参照）及び、贈与税の基礎控除（ **Q52** 参照）をする前の価額、相続時精算課税においては 2,500 万円の特別控除（ **Q61** 参照）をする前の価額をいう（相基

通21の8 − 3)。

❹ 日本に所在する財産に外国の贈与税が課税された場合

日本に所在する財産に外国の贈与税が課税された場合の取扱い
は、相続税の外国税額控除の取扱い（**Q40** の❹参照）と同様です。

❺ 暦年課税と相続時精算課税による贈与の両方がある場合

暦年課税と相続時精算課税による贈与の両方がある場合は、外国
税額控除はそれぞれの課税方式ごとに適用します（相基通 21 の 8
− 2)。

<設　例>
●贈与税の無制限納税義務者が、次の贈与を同年に受けた場合
① 父からの贈与：相続時精算課税を適用
　・贈与財産：国外財産 3,000 万円
　・外国で課された贈与税相当額 300 万円
② 叔父からの贈与：暦年課税を適用
　・贈与財産：国外財産 2,000 万円
　・外国で課された贈与税相当額 200 万円
（計　算）
(1) 贈与税額の計算
① 相続時精算課税（父からの贈与）
　（3,000 万円 − 特別控除 2,500 万円）× 20% = 100 万円
② 暦年課税（叔父からの贈与）

（2,000 万円 − 基礎控除 110 万円）× 50% − 250 万円 ＝ 695 万円

(2) 外国税額控除額の計算

① 相続時精算課税（父からの贈与）

　(イ) 外国で課された贈与税相当額 300 万円

　(ロ) 日本の贈与税額 100 万円

$$\times \frac{\text{国外財産の価額 3,000 万円}}{\text{贈与税の課税価格 3,000 万円}}$$

　＝ 100 万円

　(ハ) (イ)と(ロ)の少ないほう：100 万円

② 暦年課税（叔父からの贈与）

　(イ) 外国で課された贈与税相当額 200 万円

　(ロ) 日本の贈与税額 695 万円

$$\times \frac{\text{国外財産の価額 2,000 万円}}{\text{贈与税の課税価格 2,000 万円}}$$

　＝ 695 万円

　(ハ) (イ)と(ロ)の少ないほう：200 万円

(3) 納付する税額

① 相続時精算課税（父からの贈与）

　贈与税額 100 万円 − 外国税額控除 100 万円 ＝ 0 円

② 暦年課税（叔父からの贈与）

　贈与税額 695 万円 − 外国税額控除 200 万円 ＝ 495 万円

❻　贈与者が課税された贈与税の外国税額控除

　日本では受贈者に贈与税が課税されますが、諸外国では贈与者に贈与税が課税されることがあります。

　その場合であっても、受贈者に課税される日本の贈与税額の計算

上、その贈与者に課税された外国の贈与税額を外国税額控除により控除することができます。なぜなら、上記❶の外国税額控除の要件は、受贈者に外国の贈与税が課されたということではなく、あくまで贈与された国外財産に対して外国の贈与税が課せられた、ということだからです（国税庁質疑応答事例「贈与税に係る外国税額控除」）。

❼　外国税額控除の適用時期

外国税額控除の適用時期については、Q40 の❼の取扱いと同様です。

❽　外国税額の還付

贈与税の外国税額控除額の限度額は、❸②ⓐのとおり、贈与税の税率を乗じて計算した贈与税額により計算されますので、控除限度額が、贈与税額より大きくなることはありません。したがって、外国で納付した贈与税額が還付されるということはありません。

❾　日米相続税条約の外国税額控除

Q41 の「日米相続税条約の外国税額控除」の取扱いは、贈与税についても同様に適用されます。

第5章

相続後・
海外移住後の
所得税

Ⅰ 手続関係

Q63 国外移住に係る諸手続

　日本人（日本居住、日本国籍）が国外移住する場合の主な手続について教えてください。

Point

- 住民票がある市区町村に転出届を提出すると、自動的に国民年金及び国民健康保険の被保険者の資格も喪失する。
- 出国後に所得税や住民税の書類の受領や納税が必要な場合には、納税管理人を定めて税務署や市区町村へ届け出る。
- 納税管理人を定めず出国する場合には、出国する日までに所得税の申告・納付、及び住民税の納付を完了させる。

Answer & 解説

◆　国外移住に際しての主な手続

(1)　転出届（住民票を抜く）

　市区町村に転出届を提出します（住民基本台帳法24）。いわゆる「住民票を抜く」という手続です。届出時期・届出人・必要書類等については、あらかじめ移住前の住所地の市区町村に確認してくだ

さい。

(2) 国民年金

国民年金の１号被保険者は、上記(1)の転出届の提出により、その資格を喪失します（国民年金法９二）。ただし、日本国籍者は、国外移住後も任意で国民年金に継続加入することができます。また、すでに国民年金の受給を開始している場合には、引き続き海外の口座で受け取ることもできます。詳細については、移住前の住所地の市区町村に確認してください。

(3) 国民健康保険

国民健康保険の被保険者は、上記(1)の転出届の提出により、その資格を喪失します（国民健康保険法８①）。また、国民年金とは異なり、任意加入という制度もありません。詳細は、移住前の住所地の市区町村に確認してください。

(4) 所 得 税

国外移住前は、所得税法上の「居住者」として、全世界で生じたすべての所得が課税対象ですが、国外移住後は、所得税法上の「非居住者」として、国内源泉所得のみが課税対象となります（所法２①三・五、5①・②、7①一・三、164）。

非居住者への課税方法は、国内源泉所得の種類、恒久的施設の有無、国内源泉所得が恒久的施設に帰せられる所得か否かによって異なります。

例えば、国内にある貸家の賃貸料等の不動産所得が一定額以上あれば、毎年確定申告書を提出しなければなりません。このような場合には、申告書の提出、税務署からの書類の受取り、税金の納付等のために納税管理人を定めて、その納税管理人に係る納税地の所轄税務署長に届け出る必要があります（通則法117）。

移住をする年の1月1日から出国の日までの間に所得がある場合において、納税管理人を定めないときは、出国の日までに所得税の申告・納付をする必要があります（所法127①・③、130）。

⑸　**住 民 税**

　住民税は、1月1日（賦課期日）現在の住所地の市区町村で課税されます（地法39、318）。したがって、年の途中で上記⑴の転出届を提出したとしてもその年に納めなければならない住民税の総額が変わることはありませんが、転出した翌年については、1月1日現在の住所地が国外となりますので、日本国内において住民税を支払う義務はなくなります。

　出国に伴い住民税の書類の受領や納税ができなくなる場合には、納税管理人を定めて、市区町村へ申請する必要があります（地法300①）。

Q64 出国する年の所得税の計算及び 納税管理人の届出書

私は日本に住んでいますが、国外に移住する予定です。日本に賃貸不動産があり、賃貸し続ける予定なので、移住後も引き続き日本で所得税の申告や納付の必要があります。出国時に何か必要な手続がありますか？

Point

- 出国後も日本で税金に関する手続をする必要があるときは、納税管理人を定め、税務署長へ届出を行う。
- 納税管理人は納税者の代理として税務に関する手続を行う。

Answer & 解説

❶ 納税管理人の選定

納税管理人の選定については **Q19** の❶と同様です。

❷ 納税管理人の届出書（所得税・消費税）

納税管理人を定めた場合には、納税者は、納税地の所轄税務署長に納税管理人の届出書（図表5－1参照）を提出しなければなりません（通則法117②）。

■図表５－１　所得税・消費税の納税管理人の選任・解任届出書

| | | 1 | 0 | 7 | 0 |
| | | 1 | 0 | 8 | 0 |

税務署受付印

○　所得税・消費税の納税管理人の選任・解任届出書

_____ 税 務 署 長

_____年_____月_____日 提出

納　税　地	住所地・居所地・事業所等（該当するものを○で囲んでください。） （〒　　－　　　） （TEL　　　－　　　－　　　）
上記以外の 住 所 地 ・ 事 業 所 等	納税地以外に住所地・事業所等がある場合は記載します。 （〒　　－　　　） （TEL　　　－　　　－　　　）
フ リ ガ ナ 氏　　　名	生 　　　　　　　　　　　　　　　年　　　　年　月　日生 　　　　　　　　　　　　　　　月 　　　　　　　　　　　　　　　日
個 人 番 号	┊ ┊ ┊ ┊ ┊ ┊ ┊ ┊ ┊ ┊ ┊
職　　　業	フリガナ 屋　号

所得税・資産の譲渡等に係る消費税の納税管理人として、次の者を選任・解任したので届けます。

1　届出の区分（該当する区分を○で囲んでください。）　　　選任 ・ 解任

2　選任・解任した納税管理人
　　　〒　　　　　　　　　　　　　　　　　　　　　　　生年月日
　　住　　所
　　（居　所）_____　　　　年　　　　月　　　　日生
　　フリガナ
　　氏　　名_____ 本人との続柄（関係）_____
　　職　　業_____ 電話番号_____

3　法の施行地外における住所又は居所となるべき場所（選任の場合）又は選任したときの納税地（解任の場合）

_____

4　納税管理人を選任・解任した理由

5　その他参考事項（(1)及び(2)は選任の場合のみ記載してください。）
　⑴　出国（予定）年月日　　_____年___月___日　　帰国予定年月日　　_____年___月___日

　⑵　国内で生じる所得内容（該当する所得を○で囲むか、又はその内容を記載します。）
　　　　事業所得　　不動産所得　給与所得　譲渡所得
　　　　上記以外の所得がある場合又は所得の種類が不明な場合（　　　　　　　　　　　　　　　　）

　⑶　その他

関与税理士 （TEL　　－　　－　　）	税務署整理欄	整 理 番 号		関係部門 連絡	A	B	C	番号確認	身元確認
		0 ┊ ┊ ┊ ┊ ┊							□ 済 □ 未済
		┊ ┊ ┊ ┊ ┊		確認書類 個人番号カード／通知カード・運転免許証 その他（　　　　）					

❸ 年の中途で非居住者となった年分の確定申告

　年の中途で非居住者となった場合は次の①と②の合計額について所得税（復興特別所得税を含む。以下同じ）が課されます（所法8、102、所基通165 - 1）。

① 　その年1月1日から出国する日までの間に生じたすべての所得（所法7①一）

② 　出国した日の翌日からその年12月31日までの間に生じた国内源泉所得（本問の場合は、不動産の貸付けに係る所得）（所法7①三、161①七、164①二）

❹ 確定申告の申告期限

　上記❸①の所得税の申告期限は、出国時までに納税管理人の届出書を提出したかどうかにより異なります。

(1)　**出国時までに納税管理人の届出書を提出した場合**

　出国日の翌年2月16日から3月15日までの間に、上記❸①及び②の合計額について、納税管理人を通して確定申告します（所法2①四十二、120、166）。

(2)　**出国時までに納税管理人の届出書を提出しなかった場合**

① 　出国時までに上記❸①の所得を確定申告します（所法127）。

② 　出国日の翌年2月16日から3月15日までの間に、上記❸①及び②の合計額について確定申告します（所法166）。なお、この申告において計算した税額から、上記①により確定した税額を差し引き、精算を行います。

❺ 出国日の翌年以後の申告

出国後も国内源泉所得（本問の場合は、不動産の貸付けに係る所得）がある場合には、出国の翌年以後も日本で確定申告を行う必要があります（**Q74** 参照）。

Q65 国内に住所を有しなくなった場合の納税地

　私は日本に住んでいますが、家族全員で国外に移住する予定です。今まで住んでいた自宅を賃貸することにしましたが、この貸家の不動産所得に係る所得税の納税地はどうなりますか？

Point

- 日本に住所及び居所を有しない場合の所得税の納税地は、日本における事業に係る事務所等がある場合にはその事務所等の所在地である。
- 事務所等がない場合は、国内源泉所得の対価に係る資産の所在地となる。

Answer &解説

❶　日本に住所や居所がある場合の所得税の納税地

　日本に住所（**Q14**参照）がある人はその住所地が、日本に住所がなく居所（**Q14**参照）がある人はその居所地が、所得税の納税地になります（所法15一・二）。

❷　日本に住所及び居所がない場合の所得税の納税地

　日本に住所及び居所がない場合の納税地は、次の順番で判断しま

す。

① 国内において行う事業に係る事務所、事業所その他これらに準ずるもの（以下「事務所等」という）がある場合……その事務所等の所在地。事務所等が2以上ある場合には、主たるものの所在地（所法15三）

② かつて日本において納税地とされていた住所又は居所にその者の親族等が引き続き、又はその者に代わって居住している場合……その納税地とされていた住所又は居所（所法15四）

③ 国内源泉所得（国内にある不動産の貸付け等の対価。船舶又は航空機の貸付けによる所得を除く）の対価を受ける場合……その国内源泉所得の対価に係る資産の所在地（その資産が2つ以上ある場合には、主たる資産の所在地）（所法15五）

④ 納税地を定められていた者が、上記❶ならびに①〜③のいずれにも該当しないこととなった場合……その該当しないこととなった時の直前に納税地であった場所（所令54一）

⑤ 国に対し所得税の申告及び請求等を行う場合……その者が選択した場所（所令54二）

⑥ 上記①〜⑤のいずれにも該当しない場合……麹町税務署の管轄区域内の場所

❸ 本問の場合

本問では、上記❷③により「国内にある不動産の貸付けの対価」（所法161①七）という国内源泉所得の対価に係る資産の所在地、言い換えると貸家の所在地が所得税の納税地になります。貸家の所在地を所轄する税務署長に対して、所得税の申告及び納税等の手続を行うことになります。

Ⅱ 所得税の計算

Q66 海外移住後の日本の所得税

私は日本人ですが、日本から国外に移住しました。日本の所得税法上は非居住者に該当しますが、どのような場合に日本の所得税が課されますか？

Point

- 日本の所得税法上、非居住者とは居住者（日本に住所があり、又は現在まで引き続き1年以上居所がある個人）以外の個人をいう。
- 非居住者は所得税法に定める国内源泉所得に対して所得税が課される。

Answer &解説

❶ 居住者と非居住者の区分

日本の所得税法では、個人の納税義務者について次のように区分しています。

① 居住者……国内に住所があり、又は現在まで引き続いて1年以上居所がある個人（所法2①三、住所又は居所については Q14

参照）

② 非永住者……居住者のうち、日本の国籍を持たず、かつ、過去10年以内において国内に住所又は居所があった期間の合計が5年以下である個人（所法2①四）。例えば、日本に住むようになって5年以内の外国人が該当します。

③ 非居住者……居住者以外の個人（所法2①五）

日本に居住する大部分の人は「非永住者以外の居住者」になります。

❷ 日本の所得税法における課税所得の範囲

日本の所得税法では、上記❶の区分に応じて、次のように課税所得の範囲を定めています（所法7①一～三）。

① 非永住者以外の居住者……所得が生じた場所が日本国の内外を問わず、そのすべての所得に対して課税

② 非永住者……所得税法に規定する国外源泉所得（国外にある有価証券の譲渡のうち一定のものを含む）以外の所得と、国外源泉所得で日本国内において支払われ、又は日本国内に送金されたものに対して課税（所法95④）

③ 非居住者……所得税法に規定する国内源泉所得（Q68 参照）に限って課税

❸ 非居住者に対する所得税の課税

(1) 課税方法

国内源泉所得を有する非居住者に対する所得税については、①どのような国内源泉所得を有するか、②支店や事業所等の恒久的施設（Q70 参照）を有するか、③国内源泉所得が恒久的施設に帰せら

れる所得か、により課税の方法が異なります。課税の方法は、申告
納税方式と源泉徴収方式があります（**Q69**参照)。

⑵　**課税対象**

　非居住者については日本国内で稼得した国内源泉所得のみが課税
対象になります（所法7①三)。

　本問の非居住者についても、例えば日本に所在する不動産の賃貸
収入等、日本で稼得した国内源泉所得がある場合には、日本の所得
税が課されます。

■図表5－2　課税所得の範囲

個人の区分		定義	課税所得の範囲
居住者	非永住者以外の居住者（日本に居住する大部分の人）	次のいずれかに該当する個人のうち非永住者以外の者 ・日本国内に住所を有する者 ・日本国内に現在まで引き続き1年以上居所を有する者	国内及び国外において生じたすべての所得
	非永住者	居住者のうち、次のいずれにも該当する者 ・日本国籍を有していない者 ・過去10年以内において、日本国内に住所又は居所を有していた期間の合計が5年以下である者	国外源泉所得以外の所得及び国外源泉所得で日本国内において支払われ、又は国外から送金されたもの
非居住者		居住者以外の個人	国内源泉所得

　（出典）国税庁タックスアンサーNo.2010「納税義務者となる個人」より抜粋・加工

Q67 非永住者が国外から送金を受けた場合の課税

非永住者は、国外から送金を受けた場合に、課税されることがあると聞きました。この扱いについて教えてください。

Point

- 非永住者が国外から送金を受けた年に国外源泉所得がある場合は、「国外源泉所得で国外において支払われたもの」について送金があったものとみなされ、一定額が所得税の課税対象となる。

Answer & 解説

❶ 非永住者の送金課税

非永住者は、その年に生じた次の所得に対して所得税が課税されます（Q66 参照、所法7①二）。

① 国外源泉所得[注]以外の所得（Q68 の国内源泉所得と内容が似ていますが、必ずしも一致しない。以下、「非国外源泉所得」という）

② 国外源泉所得で国内において支払われたもの

③ 国外源泉所得で国外から送金されたもの

（注）　国外にある有価証券の譲渡により生ずる所得として一定のものを含む。本問において同じ。

　非永住者が各年において国外から送金を受けた場合には、その金額の範囲内で、「その非永住者のその年における国外源泉所得に係る所得で国外の支払いに係るものについて送金があったもの（つまり上記③）」とみなされます（所令17④一）。国外源泉所得が生じた年に国外から送金を受けたときは、その送金の原資が過去の国外源泉所得の貯蓄でも、そのうち一定額が上記③の所得とみなされ、所得税の課税対象となります。

❷　非永住者が国外から送金を受領した場合の課税対象額

　非永住者が国外から送金を受領した場合には、次の金額が課税対象とされます（所令17④、所基通7－3）。
　次の①と②のうち、いずれか少ない金額
①　送金の受領額から「非永住者のその年の非国外源泉所得のうち国外において支払われた金額の合計額（Ａ）」を控除した残額（Ａが赤字の場合には、送金金額）
　非国外源泉所得は、国内への送金に関係なく課税の対象になりますので、送金課税と二重課税にならないように計算から除かれる規定になっています。
②　非永住者のその年の国外源泉所得のうち国外において支払われた金額の合計額（赤字の場合には、ゼロ）

＜設　例＞　非永住者の課税される所得

（前　提）

　非永住者のその年につき、

・国外からの送金額 200 万円

・国内で行った講演に対する報酬で、国外で支払われた金額（非国外源泉所得のうち国外において支払われた金額）60 万円

・国外にある不動産の貸付けの賃貸料で、国外で支払われた金額（国外源泉所得のうち国外において支払われた金額）100 万円

① 国外源泉所得で国外の支払いに係るものについて送金があったものとみなされる金額

　㋑　200 万円 − 60 万円 = 140 万円

　㋺　100 万円

　㊡　少ない方の金額

　　㋑＞㋺ 100 万円

② 非永住者の課税される所得

　非国外源泉所得 60 万円 ＋ 上記①の金額 100 万円 = 160 万円

Q68 国内源泉所得の範囲

　日本の所得税法における国内源泉所得の範囲を教えてください。

Point

• 非居住者に対して課される国内源泉所得の範囲については、所得税法 161 条に規定されている。

Answer &解説

❶　所得税法における国内源泉所得の範囲

　非居住者は、国内に源泉のある所得についてのみ所得税の納税義務を負います。所得税法では、国内に源泉のある所得を「国内源泉所得」と総称して、その範囲を、図表 5 - 3 に掲げる所得に区分して規定しています（所法 161 ①）。

　ただし、租税条約において、図表 5 - 3 の国内源泉所得と異なる定めがある場合には、その租税条約の適用を受ける非居住者については、租税条約上の国内源泉所得に対し課税されます（**Q71** 参照）。

■図表５－３　国内源泉所得の範囲

No.	国内源泉所得の内容
①	非居住者が一定の要件の下、恒久的施設（**Q70**参照）を通じて事業を行う場合におけるその恒久的施設に帰せられるべき所得
②	国内にある資産の運用、保有により生じる所得（下記⑧～⑯に該当するものを除く）。詳細は下記❷参照
③	国内にある資産の譲渡により生じる一定の所得。詳細は下記❸参照
④	民法に規定する組合契約等に基づいて恒久的施設を通じて行う事業から生じる利益で、その組合契約等に基づいて配分を受けるもののうち一定のもの
⑤	国内にある土地、土地の上に存する権利、建物及び建物附属設備又は構築物の譲渡による対価（個人が自己や親族の居住用に１億円以下で譲り受けた場合を除く）（所令281の3）
⑥	国内において人的役務の提供を主とする事業を行う一定の者の、その人的役務の提供に係る対価
⑦	国内にある不動産や不動産の上に存する権利等の貸付けによる対価
⑧	次に掲げる利子等 ・日本の国債、地方債又は内国法人の発行する債券の利子 ・外国法人の発行する債券の利子のうち恒久的施設を通じて行う事業に係るもの ・国内にある営業所、事務所その他これらに準ずるもの（以下「営業所」という）に預けられた預貯金の利子 ・国内にある営業所に信託された合同運用信託等の収益の分配
⑨	次に掲げる配当等 ・内国法人から受ける剰余金の配当、利益の配当等 ・国内にある営業所に信託された投資信託等の収益の分配
⑩	国内において業務を行う者に対する貸付金で、その業務に係る利子
⑪	国内において業務を行う者から受ける使用料又は対価で国内業務に係るもの ・工業所有権等の使用料又は譲渡による対価

	・著作権等の使用料又は譲渡による対価 ・機械、装置等の使用料又は譲渡による対価
⑫	次に掲げる給与、報酬、年金 ・給与や報酬等のうち国内で行う勤務やその他の人的役務の提供に基因するもの ・公的年金等（一定のものを除く） ・退職手当等のうちその支払いを受ける者が居住者であった期間に行った勤務や人的役務の提供に基因するもの
⑬	国内において行う事業の広告宣伝のための一定の賞金
⑭	国内にある営業所等を通じて締結した保険契約等に基づく一定の年金等
⑮	国内にある営業所が受け入れた定期積金の給付補てん金等
⑯	国内において事業を行う者に対する出資につき、匿名組合契約等に基づいて受ける利益の分配
⑰	その他その源泉が国内にある所得として次のようなもの（所令289） ・国内において行う業務、国内にある資産に関し受ける保険金、補償金、損害賠償金 ・国内にある資産の法人からの贈与により取得する所得　他

❷　国内にある資産の運用、保有により生じる所得

　次に掲げる資産の運用、保有により生じる所得は、図表5－3中の②に含まれます（所令280①）。

①　日本の国債、地方債、内国法人の発行する社債や約束手形

②　居住者に対する貸付金等の債権でその居住者の行う業務に係るもの以外のもの

③　国内にある営業所や国内において代理人を通じて締結した生命保険契約等に基づく保険金の支払い又は剰余金の分配を受ける権利

❸ 国内にある資産の譲渡により生じる所得

　次に掲げる資産の譲渡により生じる所得は、図表5－3中の③に含まれます（所法161①三、所令281①）。

① 国内にある不動産の譲渡による所得（図表5－3⑤を除く）

② 国内にある不動産の上に存する権利や鉱業権、採石権の譲渡による所得（図表5－3⑤を除く）

③ 国内にある山林の伐採又は譲渡による所得

④ 内国法人の発行する株式その他内国法人の出資の持分の譲渡による所得で次に掲げるもの

　(イ) 同一銘柄の内国法人の株式等の買集めをし、その所有者である地位を利用して、特殊関係者等に対し譲渡をすることによる所得

　(ロ) 内国法人の特殊関係株主等である非居住者が行うその内国法人の一定の株式等（いわゆる事業譲渡類似株式）の譲渡による所得

　(注)「一定の株式等の譲渡」とは、次の(イ)及び(ロ)に掲げる要件を満たす場合の非居住者のその譲渡の日の属する年（以下「譲渡年」という）における次の(ロ)の株式又は出資の譲渡をいう。

　　(イ) 譲渡年以前3年以内のいずれかの時において、その内国法人の特殊関係株主等がその内国法人の発行済株式又は出資の総数又は総額の25％以上に相当する数又は金額の株式又は出資を所有していたこと。

　　(ロ) 譲渡年において、その非居住者を含むその内国法人の特殊関係株主等が最初にその内国法人の株式又は出資の譲渡をする直前のその内国法人の発行済株式又は出資の総数又は総額の5％以上に相当する数又は金額の株式又は出資の譲渡をしたこと。

例えば米国の法人が日本の100％子会社をフランスの法人に譲渡した場合には、国内源泉所得になります（所法161①三、所令281①四ロ）。

⑤　不動産関連法人の一定の株式の譲渡による所得

(注1)　「不動産関連法人」とは、株式の譲渡の日から起算して365日前の日からその譲渡の直前の時までの間のいずれかの時において、その有する資産の価額の総額のうちに、国内にある土地等やその有する資産の価額の総額のうちに国内にある土地等の価額の合計額の占める割合が50％以上である法人の株式など一定の資産の価額の合計額の占める割合が50％以上である法人をいう。

(注2)　「一定の株式の譲渡」とは、次の(イ)又は(ロ)に掲げる株式又は出資の譲渡をいう。

　　(イ)　その譲渡の日の属する年の前年の12月31日において、その株式又は出資（上場株式等に限る）に係る不動産関連法人の特殊関係株主等がその不動産関連法人の発行済株式又は出資の総数又は総額の5％を超える数又は金額の株式又は出資を有し、かつ、その株式又は出資の譲渡をした者がその特殊関係株主等である場合のその譲渡

　　(ロ)　その譲渡の日の属する年の前年の12月31日において、その株式又は出資（上場株式等を除く）に係る不動産関連法人の特殊関係株主等がその不動産関連法人の発行済株式等の総数又は総額の2％を超える数又は金額の株式又は出資を有し、かつ、その株式又は出資の譲渡をした者がその特殊関係株主等である場合のその譲渡

Q69 非居住者の課税方法

日本の所得税法における非居住者への課税方法について教えてください。

Point

- 非居住者が課税される国内源泉所得は、確定申告が必要な所得と、源泉徴収で課税が終了する所得とに分かれる。
- 恒久的施設帰属所得、不動産の賃貸料、不動産の譲渡所得等については確定申告が必要。
- 配当、給与、年金等は源泉徴収で課税が終了し、確定申告はできない。

Answer &解説

◆ 所得税法における非居住者に対する課税方法の概要

非居住者に対する課税方法の概要は図表5－4のとおりです（所法 164 ①二・②二、212、213、復興財確法 28、所基通 164 － 1）。

非居住者が恒久的施設（ Q70 参照）を有する場合には、恒久的施設帰属所得については原則として総合課税の対象となり、確定申告を行う必要があります。それ以外の所得及び恒久的施設を有しない者の所得については、図表5－4の②、③、⑤、⑥、⑦については総合課税となり確定申告が必要で、図表5－4の⑧～⑯の所得に

ついては源泉徴収のみで課税関係が終了します。

■図表５－４　国内源泉所得と課税方法

No.	所得の種類＼非居住者の区分	恒久的施設を有する者		恒久的施設を有しない者	所得税の源泉徴収
		恒久的施設帰属所得	その他の所得		
①	事業所得	総合課税	課税対象外		無
②	資産の運用・保有により生ずる所得（⑧から⑯に該当するものを除く）		総合課税（一部）		無
③	資産の譲渡により生ずる所得				無
④	組合契約事業利益の配分	源泉徴収のうえ、総合課税	課税対象外		20.42%
⑤	土地等の譲渡による所得		源泉徴収のうえ、総合課税		10.21%
⑥	人的役務の提供事業の所得				20.42%
⑦	不動産の賃貸料等				20.42%
⑧	利子等		源泉分離課税		15.315%
⑨	配当等				20.42%
⑩	貸付金利子				20.42%
⑪	使用料等				20.42%
⑫	給与その他人的役務の提供に対する報酬、公的年金等、退職手当等				20.42%
⑬	事業の広告宣伝のための賞金				20.42%
⑭	生命保険契約に基づく年金等				20.42%
⑮	定期積金の給付補塡金等				15.315%
⑯	匿名組合契約に基づく利益の分配				20.42%
⑰	その他の国内源泉所得	総合課税	総合課税		無

（出典）　所基通 164 － 1 をもとに作成

（注）　総合課税の対象とされる所得であっても、租税特別措置法により、課税方法が変更されることがある。例えば、不動産や株式等の譲渡による所得については申告分離課税になる。

Q70 所得税法における恒久的施設

日本の所得税法における恒久的施設について教えてください。

Point

- 恒久的施設（PE）は、①支店 PE、②建設 PE、③代理人 PE に区分される。

Answer &解説

❶ 所得税法における恒久的施設

「恒久的施設」という用語は、一般的に、「PE」（Permanent Establishment）と略称されており、次の①〜③の３つの種類に区分されています。ただし、日本が締結した租税条約において、国内法上の PE と異なる定めがある場合には、その租税条約の適用を受ける非居住者又は外国法人（以下「非居住者等」という）については、租税条約上の PE が国内法上の PE とされます（**Q71** 参照、所法２①八の四、所令１の２）。

① 非居住者等の国内にある事業の管理を行う場所、支店、事務所、工場等、事業を行う一定の場所（以下「支店 PE」という）

② 非居住者等の国内にある建設もしくは据付けの工事又はこれらの指揮監督の役務の提供（以下「建設工事等」という）を行う場所その他これに準ずる一定の場所でその建設工事等の期間が１年

を超えるもの（以下「建設PE」という）

③　非居住者等が国内に置く自己のために契約を締結する権限のある者その他これに準ずる一定の者（以下「代理人PE」という）

❷　支店PE・建設PEから除外される場所

非居住者等に属する物品もしくは商品又はそれらの在庫の保管、展示又は引渡しのためのみに使用又は保有する施設等については、それが非居住者等の事業の遂行上準備的又は補助的な性格のものである場合は、上記❶①、②に含まれません（所令1の2④）。

ただし、事業を行う一定の場所を有している非居住者等が、他の場所においても事業上の活動を行う場合において、他の場所がPEに該当するときには、この取扱いの適用はなく、除外されないことになります（所令1の2⑤）。

❸　建設PEとは

上記❶②の建設PEには、1年を超えて行われる建設工事等（以下「長期建設工事現場等」という）を含みます（所令1の2②）。長期建設工事現場等の期間要件において、その期間を1年以内にすることを主たる目的として契約を分割して締結した場合等は、それらを合計した期間（重複する期間を除く）が1年を超えるかどうかで判定します（所令1の2③）。

❹　代理人PEとは

代理人PEは、非居住者等が国内に置く代理人等のことで、その事業に関し、反復して契約を締結し、又は契約締結のために反復して主要な役割を果たす者をいいます（所令1の2⑦）。

非居住者等の代理人等が、その事業に係る業務を、非居住者等に対して独立して行い、かつ、通常の方法により行う場合には、代理人PEには該当しません（所令1の2⑧）。ただし、その代理人等が、専ら又は主として1又は2以上の自己と特殊の関係（一の者が他方の法人の発行済株式等の50％超を直接又は間接に保有する等）にある者に代わって行動する場合は、この限りではありません（所令1の2⑨）。

Q71 租税条約に異なる取扱いが定められている場合

国内源泉所得について、租税条約と、日本の所得税法の取扱い が異なる場合には、どちらが優先して適用されますか？

Point

- 租税条約の適用を受ける者については、租税条約の取扱いを優 先して適用する。
- 非居住者が、国内源泉所得の支払いを受ける場合に、源泉徴収 される所得税について、租税条約に基づき軽減又は免除を受け るためには、一定の手続が要件である。

Answer & 解説

❶ 租税条約とは

租税条約とは、2国間で締結され、日本が締結する租税条約の正 式名は「所得に対する租税に関する二重課税の回避及び脱税の防止 のための日本国と〇〇国との間の条約（協定）」です。租税条約 は、「課税関係の安定（法的安定性の確保）、二重課税の除去、脱税 及び租税回避等への対応を通じ、二国間の健全な投資・経済交流の 促進に資する」ことを目的に締結されています（財務省ホームペー ジ「租税条約の概要」）。

❷　租税条約に異なる取扱いが定められている場合

　日本が締結した租税条約において、所得税法に定める国内源泉所得の取扱いと異なる定めがある場合には、その租税条約の適用を受ける者については、租税条約の取扱いが優先して適用されます（憲法98②、所法162）。

　例えば、非居住者が受け取る内国法人からの配当や利子等については、租税条約において日本の所得税法より低い源泉徴収税率が定められていることがあります。そのような場合には、一定の手続（下記❸参照）を行うことにより、租税条約により定められた低い税率による源泉徴収が可能になります。

❸　租税条約に関する届出書の提出

　国内源泉所得を有する非居住者が源泉徴収される所得税について、租税条約に基づき軽減又は免除を受けようとする場合は、「租税条約に関する届出書」を提出する必要があります（実施特例省令2、9の5）。この届出書は所得の内容により書式が異なり、国税庁のホームページから入手することができます。

　また、租税条約の中には、租税条約上の軽減税率や税金免除等の特典を受けられる者について、条件を定める規定（以下「特典条項」という）を有するものがあります。特典条項の適用対象となる所得について軽減又は免除を受けようとする場合には、「租税条約に関する届出書」の他に「特典条項に関する付表」と「居住者証明書」の添付等が必要になります。「居住者証明書」とは、その所得の受領者である非居住者が国外の居住者であることを国外の税務当局が証明した書類です。

Q72 居住者が国外賃貸不動産から賃貸収入を得る場合

私は日本の居住者に該当します（非永住者ではありません）。国外の賃貸不動産を購入しましたが、この不動産の賃貸収入について、日本の所得税の取扱いを教えてください。

Point

- 居住者（非永住者を除く）が国外にある不動産から得た賃貸収入については、日本国内の不動産と同様に不動産所得として所得税が課される。
- 不動産が所在する国で外国所得税が課された場合には、一定額を所得税額から差し引くことができ、これを外国税額控除という。

Answer & 解説

❶ 賃貸収入に対する日本の税務上の取扱い

日本の所得税法では、居住者（非永住者を除く）は、原則として国内で生じた所得、国外で生じた所得のいずれについても所得税が課されます（**Q66** 参照）。そのため居住者が国外の不動産から得た賃貸収入についても、国内にある不動産を賃貸した場合と同様に、所得税が課されます。

❷ 不動産所得の計算方法

　国外にある不動産の不動産所得についても、国内にある不動産と同様に総収入金額から必要経費を控除して不動産所得を計算します（所法 26 ②）。

　この場合の外貨建取引の円換算は、原則として取引日の対顧客直物電信売相場（TTS）と対顧客直物電信買相場（TTB）の仲値（TTM）により換算します。ただし、継続適用を条件として、売上その他の収入又は資産については取引日の TTB、仕入その他の経費又は負債については取引日の TTS によることもできます。

　また、不動産所得等の金額の計算においては、継続適用を条件として、次の方法により計算することも可能です（所法 57 の 3、所基通 57 の 3 − 2）。

①　取引日の属する月もしくは週の前月もしくは前週の末日又は当月もしくは当週の初日の TTB もしくは TTS 又はこれらの日における仲値

②　取引日の属する月の前月又は前週の平均相場のように 1 カ月以内の一定期間における TTM、TTB 又は TTS の平均値

❸ 青色申告の承認申請

　国外にある不動産についても、日本の所得税の申告に当たり、青色申告の承認申請を行うことができます。

　青色申告の承認申請の手続は、青色申告による申告をしようとする年の 3 月 15 日まで（その年の 1 月 16 日以降、新たに不動産の貸付けをした場合にはその貸付開始の日から 2 カ月以内）に行います（所法 144）。

❹　外国税額控除

　国外にある不動産について、その不動産が所在する国の法令で所得税に相当する租税（以下「外国所得税」という）が課される場合には、日本とその国の双方で二重に所得税が課されている状態になります。

　この国際的な二重課税を調整するために、居住者が外国所得税を納付することになる場合には、一定の金額を限度として、その外国所得税の額を日本の所得税の額から差し引くことができます（所法95）。

❺　国外中古建物の減価償却

　個人が国外に所在する中古の建物から生じる不動産所得を有する場合に、不動産所得の計算において生じた損失の金額があるときは、その損失の額のうち、次の金額は生じなかったものとみなされます。

・耐用年数をいわゆる「簡便法」により計算した国外中古建物の減価償却費に相当する部分の金額（措法41の4の3）

　これにより、その損失の金額については、国内にある不動産から生じる不動産所得との内部通算（いわゆる所得内通算）及び不動産所得以外の所得との損益通算はできません。

Q73 居住者が国外居住用不動産を売却した場合

私は国外に居住していましたが日本に帰国し、日本の居住者に該当します（非永住者ではありません）。帰国後、国外にあるかつての自宅を売却しましたが、この不動産の売却収入について、日本の所得税の取扱いを教えてください。

Point

- 居住者（非永住者を除く）が得た国外にある不動産の売却収入については、日本国内の不動産と同様に譲渡所得として、所得税が課される。
- 不動産が所在する国で外国所得税が課された場合には、日本の所得税との二重課税を調整するために一定額を所得税額から差し引くことができ、これを外国税額控除という。
- 居住用財産に関する特例のうち、居住用財産を譲渡した場合の3,000万円の特別控除については、国外財産を譲渡した場合についても適用可能である。

Answer & 解説

❶ 売却収入に対する日本の税務上の取扱い

日本の所得税法では、居住者（非永住者を除く）は、原則とし

て、国内で生じた所得、及び国外で生じた所得のいずれについても所得税が課されます（**Q66** 参照）。そのため居住者が得た国外の不動産の譲渡所得についても、国内にある不動産を売却した場合と同様に所得税が課されます。

❷　譲渡所得の計算方法

　国外にある不動産の譲渡所得についても、国内にある不動産と同様に土地や建物の売却収入から取得費及び譲渡費用を差し引いて譲渡所得を計算します（所法 33 ③）。

　この場合の外貨建取引の円換算は、原則として取引日におけるTTM により換算します（**Q72** 参照）。

　これにより計算した譲渡所得は、所有期間に応じて次の①又は②に区分し、他の所得とは別にそれぞれ次に掲げる税率を乗じて計算します（措法 31、32、復興財確法 13、地法附則 34 ①・④、35 ①・③・⑤・⑦）。

①　長期譲渡所得……所得税等 15.315％、住民税 5％

　長期譲渡所得とは譲渡した年の 1 月 1 日において、所有期間が5 年を超えるものをいいます。

②　短期譲渡所得……所得税等 30.63％、住民税 9％

　短期譲渡所得とは譲渡した年の 1 月 1 日において、所有期間が5 年以下のものをいいます。

❸　外国税額控除

　Q72 ❹と同様です。

❹　居住用財産に関する特例

　居住用財産を譲渡したときの所得税の特例は、次のとおりです。

① 　居住用財産を譲渡した場合の 3,000 万円の特別控除（措法 35）

② 　居住用財産を譲渡した場合の軽減税率（措法 31 の 3）

③ 　特定の居住用財産の買換えの特例（措法 36 の 2）

④ 　居住用財産を買い換えた場合の譲渡損失の損益通算及び繰越控除　（措法 41 の 5）

⑤ 　特定居住用財産の譲渡損失の損益通算及び繰越控除（措法 41 の 5 の 2）

　これらの特例は、適用対象者が居住者であるか非居住者であるかは問いません。しかし、適用対象財産の所在については、①以外は譲渡した居住用財産が国内にあるものに限られます（③及び④については、買換資産も国内にあるものに限られる）（措法 31 の 3 ②一、36 の 2 ①、41 の 5 ⑦一イ、41 の 5 の 2 ⑦一イ）。

　本問の場合は、かつての自宅は国外にあるため、①の特例のみが適用の対象になり、②〜⑤の特例は適用の対象になりません。よって①の特例については、要件を満たせば適用が受けられます。

　なお、本問の場合に、仮に海外に居住している間に海外の自宅を売却したときは、その譲渡所得は、非居住者が取得した国外源泉所得となりますので、日本の所得税は対象外になります。

Q74 非居住者が国内賃貸不動産から賃貸収入を得る場合

　私は国外に住んでいて日本の非居住者に該当します。日本に住んでいた父から、日本にある賃貸用不動産を相続しました。この賃貸収入について私の日本の所得税の取扱いを教えてください。

Point

- 非居住者が国内にある不動産の賃料を受け取る場合は、受取時に 20.42％の所得税が源泉徴収されたうえで、翌年 3 月 15 日までに前年分の所得について確定申告が必要である。
- ただし、賃借人が個人であり、自分や親族の居住のために借りる場合には、源泉徴収は不要になる。
- 相続後の相続人の所得税について、一定期間内に、所得税の青色申告承認申請書を提出することができる。
- 非居住者が所得税の計算で適用できる所得控除は、雑損控除、寄附金控除及び基礎控除の 3 つだけである。

❶ 賃貸収入に対する日本の税務上の取扱い

日本の所得税法では、非居住者が受け取る国内にある不動産の賃貸収入は、国内源泉所得に該当し、所得税が課されます（**Q66**・**Q68**参照、所法 161 ①七）。

また、日本が締結しているすべての租税条約では、不動産の賃貸収入について、不動産の所在する国においても課税できる旨の規定をおいています。

そのため、国内にある不動産の賃貸収入は、非居住者であっても国内法（所得税法）のとおり所得税が課されることになります。

❷ 賃貸収入から差し引かれる源泉徴収税

非居住者が受け取る国内にある不動産の賃貸収入に対しては、受取時に 20.42％の源泉徴収がされます（**Q69**参照）。ただし、賃借人が個人であり、自分や親族の居住のために借りる場合は、源泉徴収は行われません（所令 328 二）（借主が法人の場合は、社宅として借り上げているときでも、その法人は賃料の 20.42％の源泉徴収義務がある。源泉徴収が漏れている場合は、借主の源泉徴収漏れ課税トラブルに貸主である非居住者が巻き込まれることがあるので、借主に対し源泉徴収を促したほうがよいであろう）。

❸ 青色申告の承認申請

非居住者についても、日本の所得税の申告に当たり、青色申告の承認申請を行うことができます（所法 166、144）。青色申告の承認申請の期限は、原則的には事業開始の日から 2 カ月以内ですが、青

色申告をしていた被相続人から相続により賃貸事業を承継した場合の提出期限は、次のとおりになります（所基通 144 − 1）。

① 相続がその年 8 月 31 日までに開始……相続開始の日から 4 カ月以内

② 相続がその年 9 月 1 日～10 月 31 日までに開始……その年 12 月 31 日

③ 相続がその年 11 月 1 日以降に開始……その年の翌年 2 月 15 日

❹ 非居住者の確定申告

非居住者が得た不動産所得については、翌年 3 月 15 日までに、所得税の確定申告を行います（所法 164 ①一ロ・二）。

所得の金額の合計額から所得控除の額の合計額を差し引きます。非居住者が適用できる所得控除は、雑損控除、寄附金控除及び基礎控除のみです。雑損控除については、国内にある資産から生じた損失のみが対象となります（所法 165）。

賃貸収入から源泉徴収された税額は、計算した所得税額から差し引き納税をします（又は還付を受ける）（所法 165 ①）。

Q75 非居住者が国内賃貸不動産を売却した場合

私は国外に住んでいて日本の非居住者に該当します。日本にある賃貸用不動産を売却しました。この売却収入について日本の所得税の取扱いを教えてください。

Point

- 非居住者が国内にある不動産の譲渡対価を受け取る場合は、受取時にその譲渡対価について、10.21%の所得税が源泉徴収された上で、譲渡所得について翌年3月15日までに確定申告をする必要がある。
- ただし、個人が自分や親族の居住のために購入する場合で、購入対価が1億円以下である場合は、源泉徴収は不要になる。

Answer＆解説

❶ 譲渡対価に対する日本の税務上の取扱い

日本の所得税法では、非居住者が受け取る国内にある土地や建物等の譲渡による対価は国内源泉所得に該当し、所得税が課されます（**Q66**・**Q68**参照、所法 161 ①三・五）。また、日本が締結しているすべての租税条約では、土地等の不動産の譲渡対価について、不

動産の所在する国においても課税できるとする規定をおいています。

そのため国内にある不動産を譲渡した場合には、非居住者であっても国内法(所得税法)のとおり所得税が課されることになります。

❷ 譲渡対価に対する課税の方法

非居住者が受け取る土地や建物等の譲渡対価に対しては、受取時にその 10.21％の源泉徴収がされます（**Q69** 参照、所法 212 ①、213 ①二、復興財確法 28）。ただし、購入者が個人であり、自分や親族の居住のために購入する場合で、購入対価が 1 億円以下であるときは、源泉徴収は行われません（所令 281 の 3）（購入者が法人であったり、売却額が 1 億円を超えるような場合は、購入者には源泉徴収義務がある。源泉徴収が漏れている場合は、購入者の課税トラブルに売却者である非居住者が巻き込まれることがあるので、売却時に購入者に源泉徴収を促したほうがよいであろう）。

❸ 非居住者の確定申告

非居住者が得た不動産の譲渡所得については、翌年 3 月 15 日までに、所得税の確定申告を行います（所法 164 ①一ロ・二）。

不動産の譲渡所得は、居住者と同様に、租税特別措置法により申告分離課税に変更されます。

所得の金額の合計額から所得控除の額の合計額を差し引きます。非居住者が適用できる所得控除は、雑損控除、寄附金控除及び基礎控除のみです。雑損控除については、国内にある資産から生じた損失のみが対象となります（所法 165）。

譲渡対価から源泉徴収された税額は、計算した所得税額から差し引き納税します（又は還付を受ける）（所法 165 ①）。

Q76 国外居住扶養親族の扶養控除等

　私は日本の居住者ですが、非居住者である扶養親族がいます。この非居住者の親族について、所得税の確定申告で扶養控除の適用は受けられますか？

Point

- 確定申告で非居住者である親族について扶養控除の適用を受ける場合は、「親族関係書類」及び「送金関係書類」を確定申告書に添付しなければならない。
- 非居住者である親族について、配偶者控除、配偶者特別控除又は障害者控除の適用を受ける場合も同様である。

Answer & 解説

❶　国外居住親族に係る扶養控除等の適用

　居住者は所得税の計算において、扶養控除の適用を受けることができますが、国外に居住する扶養親族（以下「国外居住扶養親族」という）について扶養控除の適用を受ける場合には、「親族関係書類」及び「送金関係書類」を確定申告書に添付しなければなりません。国外に居住する親族について配偶者控除、配偶者特別控除又は障害者控除を受ける場合についても同様です（所法120③二）。

❷ 国外居住扶養親族の扶養控除

(1) 要　件

　扶養控除の対象となる者は、国内に居住している場合は、「合計所得金額が48万円以下で16歳以上の者」ですが、国外に居住する親族の場合は「30歳以上70歳未満の者」は原則として対象外になります。ただし、30歳以上70歳未満の国外居住扶養親族でも、次のいずれかの要件を満たす場合は、扶養控除の対象となります（所法2①三十四の二）。

①　留学により国内に住所及び居所を有しなくなった者

②　障害者

③　その居住者から生活費又は教育費に充てるための送金を年38万円以上受けている者

(2) 確定申告の添付書類

　下記の「親族関係書類」「送金関係書類」に加えて、①の者は「外国政府等が発行した留学ビザ等の書類」を、③の者は居住者から国外居住親族へのその年における支払いの金額の合計額が38万円以上であることを明らかにする書類を確定申告書に添付することが必要になります（所規47の2⑦）。

❸ 親族関係書類とは

　親族関係書類とは、次の①又は②の書類で国外居住親族が納税者の親族であることを証するものをいいます（所令262③・④、所規47の2⑤）。これらは国外居住親族の旅券の写しを除き、原本を提出又は提示することが必要です。また、外国語で作成されている場合にはその翻訳文も必要です。

① 戸籍の附票の写しその他国又は地方公共団体が発行した書類及び国外居住親族の旅券（パスポート）の写し

② 外国政府又は外国の地方公共団体が発行した書類（国外居住親族の氏名、生年月日及び住所又は居所の記載があるものに限る）

❹ 送金関係書類とは

送金関係書類とは、次の①又は②の書類で、納税者がその年において国外居住親族の生活費又は教育費に充てるための支払いを必要の都度、各人に行ったことを明らかにするものをいいます（所令262③・④、所規47の2⑥）。

① 金融機関の書類又はその写しで、その金融機関が行う為替取引により居住者から国外居住親族に支払いをしたことを明らかにする書類

② いわゆるクレジットカード発行会社の書類又はその写しで、国外居住親族がそのクレジットカード発行会社が交付したカードを提示して、その国外居住親族が商品等を購入したこと等により、その商品等の購入等の代金に相当する額の金銭をその居住者から受領した、又は受領することとなることを明らかにする書類

Q77 非居住者が支払った生命保険料や寄附金の所得控除

　私は非居住者でしたが、帰国して年末には居住者になりました。非居住者であった期間内に支払った生命保険料や寄附金は、その年の確定申告で生命保険料控除や寄附金控除の対象にすることができますか？

Point

- 生命保険料は、居住者がその年に支払ったものが控除の対象になり、非居住者であった期間内に支払ったものは生命保険料控除の対象にならない。
- 寄附金は、非居住者であった期間内に支出した場合であっても寄附金控除の対象になる。

Answer & 解説

❶ 非居住者であった期間内に支払った生命保険料に係る生命保険料控除の適用

　生命保険料控除は、居住者がその年に支払った生命保険料が控除の対象になり、非居住者であった期間に支払った生命保険料は控除の対象にはなりません（所法76①、165①、所令258③四）。

なお、居住者であった期間内に支払われたか非居住者であった期間内に支払われたものかは、支払いの時点で判断します（所基通76－1）。保険料が年払いの場合には、支払いの時点で居住者であれば全額が控除可能であり、非居住者であれば全額が控除できません。また、前納保険料の場合には、按分計算をすることとなっていることから、非居住者であった期間内に支払期日が到来する部分については、生命保険料控除の対象になりません（所基通76－3（3））。

❷　非居住者であった期間内に支払った寄附金に係る寄附金控除

寄附金控除の適用は、居住者が支払った寄附金に限られていないので、非居住者であった期間に支払った寄附金であっても控除の対象になります（所法78、165①）。居住者と同様に、日本の国や地方公共団体、特定公益増進法人等に対する寄附金等、所得税法に定める一定の寄附金（特定寄附金）を支出した場合には、寄附金控除をすることができます（所法78）。

また、政治活動に関する寄附金、認定NPO法人等に対する寄附金及び公益社団法人等に対する寄附金のうち一定のものについては、所得控除に代えて、税額控除を選択することができることも居住者と同様の取扱いです。

なお、住民税の寄附金の税額控除については、非居住者は住民税が不課税なので関係がありません。

第 6 章

国外転出時課税

Ⅰ 国外転出時課税

Q78 制度導入の背景

国外転出時課税制度の導入の背景を教えてください。

Point

- 国境を越えた租税回避行為を防止する観点から導入された。
- 株式等の所有者が国外へ転出をした場合だけではなく、贈与又は相続により居住者から非居住者へ株式等が移転した場合も国外転出時課税の対象となる。

Answer &解説

❶ 国外転出時課税制度の創設

　平成27年度税制改正において、国外転出時課税が導入されました。この制度は、平成27（2015）年7月1日以後に出国をする場合において、1億円以上の有価証券等、未決済信用取引等又は未決済デリバティブ取引を保有するときは、たとえ売却をしなくても、それらの未実現のキャピタルゲイン（含み益）に対して課税をするというものです。

❷ 国外転出時課税制度の導入の背景

　租税条約で株式等のキャピタルゲインについて、株式等を売却した者の居住地国に課税権があるとされている場合には、含み益のある株式等を保有する者が、キャピタルゲイン非課税国（シンガポール、香港等）に出国をし、その後にその株式等を売却することにより、もともと居住していた国でも、出国先の国でもキャピタルゲインに対し課税がされないことになります。

　このことを利用した租税回避策に対応するため、先進諸国においては、出国時に未実現のキャピタルゲインに対して課税する制度が導入されています[注]。

　日本でもこのような租税回避行為を防止する観点から、平成27年度税制改正において出国をする場合の譲渡所得等の特例が創設されました。

（注）　国外転出時課税制度を導入している国の例
　　　米国、英国、フランス、ドイツ、イタリア、カナダ、オーストラリア、ニュージーランド、スペイン、オランダ、ノルウェー、スウェーデン、フィンランド、デンマーク、オーストリア　等

❸ 相続又は贈与による非居住者への移転も対象

　株式等の所有者が出国したときに課税をする制度だけでは、所有者である居住者自身は出国しないまま非居住者に株式等が贈与や相続により移転すると、居住者の支配下にあった株式の含み益が、日本で課税されずに海外に持ち出される結果になり、国外転出の場合と同様の経済事象が生じているにもかかわらず、所得税の課税上の取扱いが出国の場合と異なることになり、バランスがとれません。

　このため、平成27（2015）年7月1日以後に居住者の有する株

式等が、贈与又は相続等により非居住者に移転した場合にも、その贈与又は相続等の時に、その資産をその時の価額に相当する金額により譲渡したものとみなして、譲渡所得等の金額を計算する特例も併せて創設されました（本章**Ⅱ**及び**Ⅲ**参照）。

Q79 国外転出時課税の概要

国外転出時課税とは、どのような制度なのでしょうか？

Point

- 時価が1億円以上の有価証券等を有する一定の居住者が国外転出をする（日本に居住しなくなる）場合には、有価証券等の時価による譲渡があったものとみなし、含み益に対して所得税が課税される。
- 納税管理人の届出をして国外転出をする場合はその年の所得税の確定申告の期限までに、納税管理人の届出をしないで国外転出をする場合はその国外転出の時までに、所得税の確定申告をし、納税をする。

Answer &解説

❶ 概　要

　国外転出時課税とは、1億円以上の有価証券や未決済の信用取引等の資産（対象資産）を所有又は契約している居住者が国外転出をする（国内に住所及び居所を有しなくなる）場合に、国外転出時の価額（次の①又は②の金額）により、対象資産を譲渡又は決済したものとみなして、対象資産の含み益に対する所得税が課税される制度です（所法60の2①〜③）。

国外転出をする者は、国外転出をする年の所得税の確定申告において、所得に、国外転出時課税による所得（対象資産の種類に応じ、譲渡所得、雑所得又は事業所得）を含めて所得税を計算し、納税をしなければなりません。

① 　国外転出後に確定申告書を提出する場合（納税管理人の届出書を提出する場合等）……国外転出の時における次の金額

　㈲　有価証券等の価額に相当する金額

　㈹　未決済信用取引等又は未決済デリバティブ取引を決済したものとみなして算出した利益の額又は損失の額に相当する金額

② 　国外転出前に確定申告書を提出する場合（納税管理人の届出書を提出しない場合）……国外転出予定日から起算して3カ月前の日（同日後に取得又は契約締結したものはその取得又は契約締結の時）における次の金額

　㈲　有価証券等の価額に相当する金額

　㈹　未決済信用取引等又は未決済デリバティブ取引を決済したものとみなして算出した利益の額又は損失の額に相当する金額

❷　対象者

　次のすべてに該当する者に国外転出時課税が適用されます（所法60の2①～③・⑤）。

① 　居住者であること

② 　国外転出をすること（国内に住所及び居所を有しなくなること）

③ 　国外転出をする日前10年以内において、国内に住所又は居所を有していた期間（ Q88 参照）の合計が5年を超えていること

④ 　国外転出の時に所有又は契約をしている対象資産の上記❶①又は②の金額の合計額が1億円以上であること

❸ 申告期限

所得税の確定申告の期限は、次の①又は②となります（所法2①四十二、120①、127①）。

① 国外転出の時までに納税管理人の届出をした場合……国外転出をした年の翌年3月15日

② 納税管理人の届出をしないで国外転出をする場合……国外転出の時

❹ 申告期限までに譲渡等をした場合で、譲渡価額が国外転出時の価額より下落しているとき

納税管理人の届出をして国外転出をした個人が、申告期限までに対象資産の譲渡又は決済をした場合に、譲渡価額が国外転出の時の価額よりも下落しているときは、その譲渡価額により国外転出の時に譲渡等があったものとみなして申告をすることができます（所法60の2⑨）。

なお、この場合にはその譲渡等をした対象資産については納税猶予の特例（ Q83 参照）の適用を受けることはできません（所法137の2①）。

Q80 対象資産

国外転出時課税が適用される対象資産を教えてください。

Point

- 株式、債券等の有価証券等や、未決済信用取引等、未決済デリバティブ取引が対象となる。

Answer＆解説

❶ 対象資産

　国外転出時課税の対象となる資産は、次の資産です。国外転出（贈与）時課税、国外転出（相続）時課税においても対象資産は同じです。

① 　有価証券等（所法 60 の 2 ①、60 の 3 ①）

　(イ)　所得税法上の株式、債券等の有価証券（株式や投資信託、国債、地方債等。上場・非上場を問わない）（所法 2 ①十七、所令 4）

　(ロ)　匿名組合契約の出資の持分

② 　未決済信用取引等（所法 60 の 2 ②、60 の 3 ②）

　未決済の信用取引や未決済の発行日取引

③ 　未決済デリバティブ取引（所法 60 の 2 ③、60 の 3 ③）

　未決済のデリバティブ取引（先物取引・オプション取引等）

（注）　対象資産には次のものも含まれる。
・国外で所有又は契約をしている対象資産
・国外転出の時に含み損のある対象資産
・償還差益について発行時に源泉徴収された割引債等、譲渡による
　所得が非課税となる有価証券
・NISA 口座内の有価証券

❷　対象資産から除外されるもの

　次に掲げる有価証券で国内源泉所得を生ずべきものは対象資産か
ら除かれます（所法 60 の 2 ①、所令 170 ①）。
・特定譲渡制限付株式等（リストリクテッド・ストック等）で譲渡
　についての制限が解除されていないもの
・株式を無償又は有利な価額により取得することができる一定の権
　利（ストックオプション等）で、その権利を行使したならば経済
　的な利益として課税されるものを表示する有価証券

Q81 株式の価額の算定方法

国外転出時課税における株式の価額の算定方法について教えて
ください。

Point

- 所得税基本通達により算定する。
- 財産評価基本通達による評価額とは異なるため、所得税と贈与
  税又は相続税が同時に課税される国外転出（贈与）時課税又は
  国外転出（相続）時課税の場合には同一の株式について2種
  類の株価を算定することになる。

Answer & 解説

❶ 株式の価額

国外転出時課税が適用される場合の株式の価額は、原則として、
次の価額です（所基通23〜35共－9、59－6、60の2－7、60の
3－5）。

① 金融商品取引所に上場されているもの……金融商品取引所の公
  表する最終価格

② 上記以外のもの

(イ) 売買実例のあるもの……最近において売買の行われたものの
  うち適正と認められる価額

(ロ)　類似会社の株式の価額のあるもの……類似会社の株式の価額
に比準した価額

(ハ)　上記以外のもの……その株式の発行法人の1株当たりの純資
産価額等を参酌して通常取引されると認められる価額

❷　1株当たりの純資産価額等を参酌して通常取引されると認められる価額

　上記❶②(ハ)の「1株当たりの純資産価額等を参酌して通常取引さ
れると認められる価額」とは、原則として、次の①〜④によること
を条件に、財産評価基本通達（取引相場のない株式の評価）により
算定することが認められます（所基通59-6）。

①　財産評価基本通達188(1)に定める「同族株主」に該当するかど
うかは、国外転出をする者^(注1)の転出直前^(注2)の議決権の数によ
り判定する。

②　国外転出をする者が、株式の発行会社の中心的な同族株主に該
当するときは、その発行会社は常に小会社として計算する。

③　1株当たりの純資産価額の計算に当たり、株式の発行会社が土
地等又は上場有価証券を有しているときは、これらの資産につい
ては、国外転出時^(注3)の価額により評価する。

④　1株当たりの純資産価額の計算に当たり、評価差額に対する法
人税額等に相当する金額は控除しない。

（注1）　国外転出（贈与）時課税の場合には「贈与者」、国外転出（相
続）時課税の場合には「被相続人」。

（注2）　国外転出（贈与）時課税の場合には「贈与直前」、国外転出（相
続）時課税の場合には「相続開始直前」。

（注3）　国外転出（贈与）時課税の場合には「贈与時」、国外転出（相
続）時課税の場合には「相続時」。

❸ 国外転出（贈与）時課税及び国外転出（相続）時課税の場合の株価の留意点

上記❶の株式の価額は、所得税法による規定ですので、相続税と贈与税が課税される場合の財産評価基本通達による評価額とは異なります。本章**Ⅱ**の国外転出（贈与）時課税又は本章**Ⅲ**の国外転出（相続）時課税の場合には、所得税（国外転出時課税）と株式等の贈与による贈与税又は株式等の相続による相続税が同時に課税されるので、同時期に同一の株式について、2種類の株価を算定することになります。

Q82 帰国等をした場合の課税の取消し

国外転出時課税が取り消される場合について教えてください。

Point

- 国外転出をした者が5年以内に帰国したときは、国外転出時課税は取り消される。
- 国外転出時課税がされた資産が、贈与や相続により居住者へ移動したときも国外転出時課税は取り消される。
- 国外転出時課税が取り消された場合は、更正の請求をすることで所得税の還付を受けることができる。

Answer &解説

❶ 帰国をした場合

　国外転出時課税の適用を受けた者が、国外転出の日から5年以内に帰国^(注)をした場合には、国外転出時課税の適用を受けた資産（以下「対象資産」という）のうち、その帰国の時まで引き続き所有又は契約をしているものについては、国外転出時課税の適用がなかったものとして、課税の取消しをすることができます（所法60の2⑥一）。ただし、国外転出時課税に係る申告につき、仮装・隠ぺい等があった場合はこの限りではありません。

（注）　帰国とは、国内に住所を有し、又は現在まで引き続いて１年以上居所を有することをいう（所法60の２⑥一）。

❷　居住者への贈与又は相続があった場合

次の場合に該当するときも、国外転出時課税の適用がなかったものとして、課税の取消しをすることができます（所法60の２⑥二・三）。

① 　国外転出時課税の適用を受けた者が、国外転出の日から５年以内に対象資産を居住者に贈与した場合

② 　国外転出時課税の適用を受けた者が死亡し、国外転出の日から５年以内に対象資産を相続又は遺贈により取得した相続人及び受遺者のすべてが居住者となった場合等

❸　更正の請求又は修正申告

課税の取消しをするためには、上記❶の帰国の日や上記❷の贈与、相続又は遺贈の日から４カ月以内に更正の請求又は修正申告をする必要があります（所法151の２①、153の２①）。

❹　納税猶予の期限延長をしている場合

納税猶予の適用を受け、納税猶予の期限延長をしている場合には、上記❶及び❷で「５年」とあるのは「10年」として課税の取消しをすることができます（所法60の２⑦）。

Q83 納税猶予

国外転出時課税の納税猶予制度について教えてください

Point

- 国外転出時課税に係る所得税は、5年間（延長をした場合は10年間）の納税猶予を受けることができる。
- 納税猶予の適用を受けるためには、国外転出の時までに納税管理人の届出書の提出と、所得税の確定申告期限までに担保の提供手続が必要。
- 納税猶予期間中は、毎年、継続適用届出書の提出が必要であり、提出期限までに提出しなかった場合には、納税猶予が打ち切られる。

Answer ＆解説

❶ 概　　要

　国外転出時課税に係る所得税については一定の手続と担保の提供により納税猶予の適用を受けることができます（所法137の2）。

　納税猶予の期間は国外転出の日から5年を経過する日までですが、延長の手続により、5年を10年に延長することができます（所法137の2②）。

　納税猶予の期間が満了した場合は、その翌日以後4カ月を経過す

る日までに納税を猶予されていた所得税とその猶予期間中の利子税を併せて納付します（所法 137 の 2 ⑫）。

❷　納税猶予を受けるための手続

　納税猶予の適用を受けるために必要な手続は、次のとおりです（所法 137 の 2 ①・③）。

①　国外転出の時までに、所轄税務署へ納税管理人の届出をすること

②　所得税の確定申告書に納税猶予の適用を受けようとする旨の記載をし、かつ次の書類を添付して提出すること

　㈑　「国外転出等の時に譲渡又は決済があったものとみなされる対象資産の明細書（兼納税猶予の特例の適用を受ける場合の対象資産の明細書）《確定申告書付表》」

　㈺　「国外転出をする場合の譲渡所得等の特例等に係る納税猶予分の所得税及び復興特別所得税の額の計算書」

③　所得税の確定申告の期限までに所得税額及び猶予期間中の利子税額の合計額に相当する担保の提供をすること（ Q84 参照）。

❸　納税猶予に係る期限の延長

　国外転出の日から 5 年を経過する日までに「国外転出をする場合の譲渡所得等の特例等に係る納税猶予の期限延長届出書」を納税地の所轄税務署長に提出することにより、納税猶予の期間を 5 年から 10 年に延長することができます（所法 137 の 2 ②）。

　その場合は Q82 の「帰国等した場合の課税の取消し」の取扱いにおいて「5 年以内」とあるのは「10 年以内」とされます（所法 60 の 2 ⑦）。

❹ 納税猶予期間中の継続適用届出書の提出

　納税猶予の適用を受ける者は、猶予期間中の各年の12月31日において所有又は契約をしている国外転出時課税の対象となった資産につき、継続して納税猶予の適用を受ける旨を記載した継続適用届出書（「国外転出をする場合の譲渡所得等の特例等に係る納税猶予の継続適用届出書」）を、翌年3月15日までに所轄の税務署に提出しなければなりません（所法137の2⑥）。

　継続適用届出書の提出が期限までにない場合は、提出期限の翌日から4カ月を経過する日をもって納税猶予が終了します。

　その場合は、猶予されている所得税及び猶予期間中の利子税を併せて納付しなければなりません（所法137の2⑧・⑫三）。

Q84 納税猶予の担保の提供

国外転出時課税の納税猶予を受ける場合の担保の提供について教えてください。

Point

- 国外転出時課税の納税猶予の担保には、上場有価証券、非上場株式、法人による保証や個人による保証等がある。

Answer & 解説

❶ 担保の提供

　国外転出時課税の納税猶予の適用を受ける場合に、担保として提供できる資産は次のとおりです（通則法 50、所基通 137 の 2 - 7）。

・国債及び地方債

・不動産

・税務署長が確実と認める有価証券

・税務署長が確実と認める保証人の保証

・金銭　等

　提供する担保の順位については、物納財産の順位のような明確な規定はありませんが、可能な限り処分が容易であって、かつ、価額の変動のおそれが少ないものから、担保の提供を受けるとされています（通基通 50 - 8）。

❷　上場されている有価証券の担保の提供

　上記❶の「税務署長が確実と認める有価証券」は金融商品取引所に上場されている有価証券を含みます（通基通50－1）。

　上場されている有価証券を担保に提供する場合は、「税務署が指定する証券会社等」にある担保提供者の口座に担保提供財産を預け入れることが必要です。その口座がない場合は新たに口座を開設しなければなりません（国税庁「相続税・贈与税の延納の手引（令和6（2024）年1月）」（以下「延納の手引」という））。

　「税務署が指定する証券会社等」は、令和5（2023）年4月1日～令和6（2024）年3月31日の間は、SMBC日興証券株式会社、大和証券株式会社、野村證券株式会社、みずほ証券株式会社、三菱ＵＦＪモルガン・スタンレー証券株式会社の5社であると確認しています。ただし、今後変更される可能性もありますので、その都度所轄税務署に確認してください。

❸　非上場株式の担保の提供

　国外転出時課税の対象となった非上場株式を納税猶予の担保として提供する場合は、次の①又は②のいずれかに該当する必要があります（所基通137の2－8、137の3－2）。

①　国外転出時課税の対象となった財産のほとんどが非上場株式であり、かつ、その非上場株式以外に納税猶予の担保として適当な財産がないと認められること（他に担保として適当な財産があるときは、そちらが優先される）

②　非上場株式以外にも財産があるが、その財産が他の債務の担保となっており、納税猶予の担保として提供することが適当ではな

いと認められること

なお、株券発行会社の場合には担保提供には株券が必要ですので、株券の発行がされていない場合には、株券の発行を会社へ請求しなければなりません。株券不発行会社（会社法 117 ⑦に規定する株券発行会社以外の株式会社）の場合には、その株式に税務署長の質権を設定することで担保提供をすることができます（所法 137 の 2 ⑪二、所規 52 の 2 ⑦・⑧・⑨）。また、譲渡制限が付されている場合には、譲渡について取締役会の承認を受けるなど、譲渡可能としたことを証する議事録の写しが必要です（通則令 16 ①、国外転出時課税制度（FAQ）（令和 5 年 6 月））。

❹　法人による保証の担保の提供

法人による保証を担保として提供する場合は、その法人は、保証義務を果たすための資力が十分であると認められる必要があります（通基通 50 − 6）。税務署へ財務諸表等を提出し、その資力の確認が行われます（延納の手引）。

また、法人による保証は、その法人が個人を保証することが、その法人の定款に定める目的の範囲内に属する場合に限られます。次の①又は②のような法人による保証は、「定款に定める目的の範囲内に属する場合」として取り扱われます（通基通 50 − 7）。

①　保証を行おうとする個人と取引上密接な関係にある営利を目的とする法人

②　保証を行おうとする個人が取締役又は業務を執行する社員となっている営利を目的とする法人で、その保証につき株主総会又は取締役会等の承認を受けた法人

❺ 個人による保証の担保の提供

個人による保証を担保として提供する場合は、その個人は、保証義務を果たすための資力が十分であると認められる必要があります。保証人の源泉徴収票等を提出し、その資力の確認が行われます（通基通50－6、延納の手引）。

Q85 納税猶予期間中に対象資産を譲渡した場合

　納税猶予期間中に国外転出時課税が適用された資産を譲渡した場合の取扱いについて教えてください。

Point

- 納税猶予期間中に国外転出時課税が適用された資産を譲渡した場合は、譲渡した部分に対応する猶予税額及び利子税を納税しなければならない。
- 譲渡価額が国外転出時の価額より下落している場合は更正の請求ができる。
- 納税猶予期間中に国外転出時課税が適用された資産の譲渡をして外国で所得税が課税された場合は、外国税額控除を適用した更正の請求ができる。

Answer &解説

❶ 納税猶予期間中に対象資産を譲渡等した場合

　納税猶予期間中に、国外転出時課税の適用を受けた資産(以下「対象資産」という)の譲渡、決済又は贈与をした場合には、納税を猶予されている所得税のうち、譲渡等をした部分に対応する所得税については納税猶予が終了します。よって、譲渡等があった日か

ら4カ月以内に、譲渡等をした部分に対応する猶予税額及び利子税を納付しなければなりません（所法137の2⑤・⑫二）。

❷　譲渡価額が国外転出時の価額より下落している場合

　納税猶予期間中に対象資産の譲渡又は決済をした場合で、その譲渡等の価額が国外転出の時の価額よりも下落しているときは、その譲渡等の価額により国外転出の時に譲渡等したものとみなして、国外転出時課税に係る所得の申告をした年分の所得税を再計算することができます（所法60の2⑧）。

　その場合には、譲渡等の日から4カ月以内に更正の請求をすることで、所得税を減額することができます（所法153の2①・②）。

❸　外国で課税された場合の外国税額控除

　国外転出時課税の適用を受けた者が、納税猶予期間中に外国で対象資産を譲渡又は決済し、その譲渡等による所得に対して外国で課税された場合において、その外国の税制上、その国の所得税の計算に当たって、日本において国外転出時課税を受けていることを考慮していないときは、日本において国外転出時課税に係る所得税について外国税額控除を適用することができます（所法95の2①）。

　その場合には、外国の所得税を納付することとなる日から4カ月以内に更正の請求をすることで日本の所得税を減額し、国外転出時課税と外国所得税の二重課税を調整することができます（所法153の6）。

　なお、この外国税額控除に係る更正の請求は、上記❷の更正の請求とは別に行うことができます。

Q86 納税猶予期間が満了した場合

納税猶予期間が満了した場合の取扱いを教えてください。

Point

- 納税猶予期間が満了した場合は、猶予税額及び利子税を納税する。
- 対象資産の納税猶予期間の満了日の価額が国外転出時の価額より下落している場合は、更正の請求をすることができる。

Answer & 解説

❶ 納税猶予の期間が満了した場合

納税猶予期間が満了した場合は、満了日（国外転出の日から 5 年又は延長をしたときは 10 年を経過する日）の翌日以後 4 カ月を経過する日までに納税を猶予されている所得税及び利子税を納付しなければなりません（所法 137 の 2 ①・②・⑫一）。

❷ 満了日の価額が国外転出時の価額より下落している場合

納税猶予期間の満了日に、国外転出時課税の適用を受けた資産（以下「対象資産」という）を国外転出の時から引き続き所有又は契約をしている場合に、満了日の価額が国外転出の時の価額よりも

下落しているときは、国外転出の時に満了日の価額により対象資産の譲渡又は決済をしたものとみなして、国外転出時課税に係る申告をした年分の所得税の再計算をすることができます（所法60の2⑩）。

その場合は、納税猶予期間の満了日から4カ月以内に更正の請求をすることで、所得税を減額することができます（所法153の2①・③）。

Q87 上場株式等に係る譲渡損失の損益通算及び繰越控除

　国外転出時課税の適用により、国外転出の時に保有している上場株式について譲渡損失が生じることになりました。この譲渡損失については、申告分離課税を選択した配当所得の金額と損益通算することができますか？

Point

- 国外転出時課税により生じたとみなされる上場株式等の譲渡損失については、上場株式等に係る譲渡損失の損益通算及び繰越控除の特例の適用を受けることができる。

Answer &解説

❶ 上場株式等に係る譲渡損失の損益通算及び繰越控除

　個人が証券会社等の金融商品取引業者等を通じて上場株式等を譲渡したこと等により生じた損失がある場合は、所得税の確定申告により、その年分の上場株式等に係る配当所得の金額で申告分離課税を選択したものと損益通算することができます（措法37の12の2①）。

また、損益通算してもなお控除しきれない損失の金額については、翌年以後3年間にわたり、確定申告により上場株式等に係る譲渡所得の金額及び上場株式等に係る配当所得の金額から繰越控除をすることができます（措法37の12の2⑤）。

❷　国外転出時課税に係る上場株式等のみなし譲渡損失

　国外転出時課税の適用により上場株式等の譲渡があったものとみなされることにより生じた譲渡損失についても、上場株式等に係る譲渡損失の損益通算及び繰越控除の特例の適用を受けることができます。

　この取扱いは、平成28（2016）年分以後の所得税について適用されます（措法37の12の2②十一、平成28年改正法附則57）。

Q88 国内居住期間の判定

国外転出時課税において、国内居住期間はどのように計算しますか？

Point

- 出入国管理及び難民認定法別表第一の在留資格で在留していた期間は、国内居住期間には含まれない。
- 平成27（2015）年6月30日までの間で、同法別表第二の在留資格（永住者、永住者の配偶者等、定住者等）で在留している期間は国内在住期間に含まれない。
- 国外に居住している期間でも、そのうち国外転出時課税の納税猶予の適用を受けていた期間は国内居住期間に含まれる。

Answer & 解説

◆ 国内居住期間の計算

国外転出時課税が適用される者の「国外転出をする日前10年以内において、国内に住所又は居所を有していた期間の合計が5年を超えていること」を判定する際の「国内に住所又は居所を有していた期間」（以下「国内居住期間」という）については、次のように期間の計算を行います。

(1) 国内居住期間に含まれない期間

国内に住所又は居所を有していても、出入国管理及び難民認定法別表第一の在留資格（外交、教授、芸術、経営・管理等、**Q9** の❹参照）で在留していた期間は、国内居住期間には含まれません（所令170③一、170の2①）。

また、平成27（2015）年6月30日までに同法別表第二の在留資格（永住者、永住者の配偶者等、定住者等）で在留している期間がある場合には、その期間は国内在住期間に含まれません（平成27年改正所令附則8②）。

(2) 国内居住期間に含まれる期間

国外に居住している期間でも、国外転出時課税の納税猶予の適用を受けていた場合は、その納税猶予をされていた期間は国内居住期間に含まれます（所令170③二・三）。

Q89 実際に譲渡した場合の取得費の調整

国外転出時課税の適用を受けた資産を、その後に実際に譲渡又は決済した場合には、再び所得税が課税されるのでしょうか？

Point

• 国外転出時課税の適用を受けた資産を実際に譲渡した場合は、国外転出時課税が適用された際の価額を取得費とみなして譲渡所得を計算するため、同じ含み益に対し二重に課税されることはない。

Answer & 解説

国外転出時課税が適用された資産を、その後に譲渡又は決済をした場合には、その所得の金額の計算上、国外転出時課税が適用された際の価額を取得費とみなして、譲渡による所得の金額の計算をします（所法60の2④）。

したがって、実際に譲渡又は決済をした場合は、国外転出時課税の課税日から実際の譲渡日までに発生した含み益（又は含み損失）に対して課税されることになるので、国外転出時課税と実際の譲渡による課税とで同じ含み益（又は損失）に対し二重に課税されることはありません。

Q90 納税猶予期間中に猶予を受けていた者が亡くなった場合

国外転出時課税の納税猶予期間中に納税猶予を受けていた者が亡くなった場合の取扱いについて教えてください。

Point

• 納税猶予税額の納付義務は納税猶予の適用を受けている者の相続人が承継する。

Answer &解説

納税猶予期間中に納税猶予の適用を受けている個人（以下「対象者」という）が死亡したときは、納税猶予をされていた所得税の納付義務は、その対象者の相続人が承継します（所法137の2⑬）。

納税猶予の期間については、対象者の納税猶予の期間を引き継ぎます（所令266の2⑨）。

なお、対象者の相続人のうちに非居住者がいる場合には、その相続人である非居住者は相続開始があったことを知った日の翌日から4カ月以内に納税管理人の届出をする必要があります（すでに納税管理人の届出をしている場合を除く）（所令266の2⑩）。

(注) 国外転出（贈与）時課税、国外転出（相続）時課税の場合も同様（所法137の3⑮、所令266の3⑲・⑳）。なお、国外転出時課税がされた資産が一定の期間内に相続により居住者へ移動したときは、国外転出時課税は取り消される（**Q82**・**Q93**・**Q99**参照）。

Q91 個人住民税における国外転出時課税

個人住民税における国外転出時課税の取扱いについて教えてください。

Point

- 国外転出時課税は、個人住民税には適用されない。
- 国外転出（贈与）時課税と国外転出（相続）時課税についても個人住民税は課税されない。

Answer & 解説

◆ 国外転出時課税における個人住民税の取扱い

個人住民税は、1月1日に日本国内に住所を有する者に対し、前年の所得に基づき課税されます（地法24①、32①、39、294①、313①、318）。そのため、出国した者は、出国の翌年1月1日に日本国内に住所を有しないことから、出国した年中に生じた所得に対して個人住民税は課税されません。また、死亡した者も翌年1月1日に住所を有しませんので、死亡した年中に生じた所得については、個人住民税は課税されません。

この取扱いにより、出国した者又は死亡した者が、仮にその出国又は死亡した年中に実現したキャピタルゲインがあったとしても、それらには個人住民税は課税されませんので、その取扱いとの整合

性から、未実現のキャピタルゲインに課税する国外転出時課税、国外転出（贈与）時課税、国外転出（相続）時課税は、個人住民税の計算から除外されています（地法32②、313②、財務省「平成27年度税制改正の解説」937頁）。

　なお、国外転出（贈与）時課税の場合は、贈与者は贈与の翌年1月1日において日本国内に住所を有していることも想定されますが、その場合であっても贈与者の国外転出（贈与）時課税に係る所得については個人住民税は課税されません。

Ⅱ 国外転出（贈与）時課税

Q92 国外転出（贈与）時課税の概要

国外転出（贈与）時課税とは、どのような制度でしょうか？

Point

• 時価が 1 億円以上の有価証券等を有する一定の居住者が、その有価証券等を一部でも非居住者に贈与した場合には、その贈与した有価証券等については時価による譲渡があったものとみなし、贈与者に対して所得税が課税される。

Answer & 解説

❶ 概　要

　国外転出（贈与）時課税とは、贈与時に 1 億円以上の有価証券や未決済の信用取引等の資産（対象資産。**Q80** 参照）を所有又は契約している居住者が、非居住者へ対象資産の全部又は一部を贈与した場合に、その贈与者が贈与時の価額（次の①又は②の金額）により、贈与した対象資産を譲渡又は決済したものとみなして、贈与者に対し贈与資産の含み益に係る所得税が課税される制度です。

　国外転出（贈与）時課税が適用される贈与者は、贈与した年の所

得税の確定申告において、所得に、国外転出（贈与）時課税による所得（贈与した対象資産の種類に応じ譲渡所得、雑所得又は事業所得）を含めて所得税を計算し、納税をしなければなりません（所法60の3①～③）。

① 対象資産が有価証券等である場合……贈与時の有価証券等の価額に相当する金額

② 対象資産が未決済信用取引等又は未決済デリバティブ取引である場合……贈与時に未決済信用取引等又は未決済デリバティブ取引を決済したものとみなして算出した利益の額又は損失の額に相当する金額

❷ 対象者

次のすべてに該当する贈与者に国外転出（贈与）時課税が適用されます（所法60の3①～③・⑤）。

① 贈与時に国内に住所又は居所のある居住者であること

② 贈与の日前10年以内に、国内に住所又は居所を有していた期間（Q88 参照）の合計が5年超であること

③ 所有又は契約する対象資産の贈与時における上記❶①又は②の金額の合計額が、1億円以上(注)であること

④ 非居住者に対象資産を贈与すること

(注) 対象資産の価額の合計額が1億円以上であるかどうかについては、非居住者に贈与した対象資産の価額で判定するのではなく、贈与時に贈与者が所有又は契約していた対象資産の価額の合計額で判定する。

❸　申告期限までに譲渡等をした場合で、譲渡価額が贈与時より下落しているとき

　国外転出（贈与）時課税の申告期限までに受贈者が贈与した対象資産の譲渡又は決済をした場合に、譲渡価額が贈与時の価額よりも下落しているときは、その譲渡価額により贈与時に譲渡等があったものとみなして贈与者は国外転出（贈与）時課税の申告をすることができます（所法60の3⑩）。

　なお、この場合にはその譲渡等をした対象資産については Q94 の納税猶予の適用を受けることはできません（所法137の3①）。

❹　上場株式等について譲渡損失が生じる場合

　国外転出（贈与）時課税の適用により、上場株式等について譲渡損失が生じることとなる場合の取扱いは、Q87 を参照してください。

❺　国外転出（贈与）時課税に係る個人住民税

　贈与者について国外転出（贈与）時課税により生じた所得に対しては、個人住民税は課税されません（Q91 参照）。

Q93 帰国等をした場合の課税の取消し

　国外転出（贈与）時課税が取り消される場合について教えてください。

> **Point**
>
> ・国外転出（贈与）時課税に係る受贈者が贈与日から5年以内に帰国したときは、国外転出（贈与）時課税は取り消される。
> ・国外転出（贈与）時課税が適用された資産が、贈与や相続により居住者へ再移動した場合も国外転出（贈与）時課税は取り消される。

Answer &解説

❶　帰国をした場合

　国外転出（贈与）時課税が適用された資産（以下「贈与対象資産」という）の贈与を受けた非居住者（以下「受贈者」という）が、贈与の日から5年以内に帰国（ **Q82** の❶（注）参照）をした場合には、その帰国の時までに引き続き所有又は契約している贈与対象資産については、国外転出（贈与）時課税の適用がなかったものとして、贈与者の課税の取消しをすることができます（所法60の3⑥一）。ただし、国外転出（贈与）時課税に係る申告につき、仮装・隠ぺい等があった場合は、この限りではありません。

❷ 居住者への贈与又は相続があった場合

次の場合に該当するときも、国外転出（贈与）時課税の適用がなかったものとして、課税の取消しをすることができます（所法60の3⑥二・三）。

① 贈与の日から5年以内に受贈者が贈与対象資産を居住者に贈与した場合

② 受贈者が死亡し、贈与の日から5年以内に受贈者から相続又は遺贈により贈与対象資産を取得した相続人又は受遺者のすべてが居住者となった場合等

❸ 更正の請求又は修正申告

課税の取消しをするためには、上記❶の帰国の日や上記❷の贈与、相続又は遺贈の日から4カ月以内に更正の請求又は修正申告をする必要があります（所法151の3①、153の3①）。

❹ 納税猶予の期限延長をしている場合

納税猶予の適用を受け、納税猶予の期限延長をしている場合には、上記の❶及び❷で、「5年」とあるのは「10年」として課税の取消しをすることができます（所法60の3⑦）。

Q94 納税猶予

国外転出（贈与）時課税の納税猶予制度について教えてください。

Point

- 国外転出（贈与）時課税に係る所得税は、5年間（延長をした場合は10年間）の納税猶予を受けることができる。
- 納税猶予の適用を受けるためには、贈与者の所得税の確定申告期限までに担保の提供手続が必要。
- 納税猶予期間中は、毎年、継続適用届出書の提出が必要であり、提出期限までに提出しなかった場合には、納税猶予が打ち切られる。

Answer＆解説

❶ 概　　要

国外転出（贈与）時課税に係る所得税については、一定の手続と担保の提供により納税猶予の適用を受けることができます（所法137の3①）。

納税猶予の期間は贈与の日から5年を経過する日までですが、延長の手続により5年を10年に延長することができます（所法137の3③）。

納税猶予の期間が満了した場合は、その翌日以後4カ月を経過する日までに納税が猶予されていた所得税とその猶予期間中の利子税を併せて納付する必要があります（所法137の3⑭）。

❷ 納税猶予を受けるための手続

納税猶予の適用を受けるために必要な手続は次のとおりです（所法137の3①・④）。

① 贈与者の所得税の確定申告書に納税猶予の適用を受けようとする旨の記載をし、かつ次の書類の添付をして提出すること

　(イ) 「国外転出等の時に譲渡又は決済があったものとみなされる対象資産の明細書（兼納税猶予の特例の適用を受ける場合の対象資産の明細書）《確定申告書付表》」

　(ロ) 「国外転出をする場合の譲渡所得等の特例等に係る納税猶予分の所得税及び復興特別所得税の額の計算書」

② 所得税の確定申告の期限までに所得税額及び猶予期間中の利子税額の合計額に相当する担保の提供をすること（担保の提供については、Q84 参照）。

❸ 贈与者から受贈者への通知

納税猶予期間中に受贈者が贈与された対象資産を譲渡等をしたときは納税猶予期間が終了しますので、贈与者は、納税猶予の適用を受ける場合は、受贈者へ納税猶予の適用を受ける旨及び納税猶予の期限を通知します（所法60の3⑨）。

❹ 納税猶予に係る期限の延長

贈与の日から5年を経過する日までに「国外転出をする場合の譲

渡所得等の特例等に係る納税猶予の期限延長届出書」を納税地の所轄税務署に提出することにより、納税猶予の期間を5年から10年に延長することができます（所法137の3③）。

その場合は **Q93** の「帰国等をした場合の課税取消し」の取扱いにおいて「5年以内」とあるのは「10年以内」とされます（所法60の3⑦）。

❺　納税猶予期間中の継続適用届出書の提出

納税猶予の適用を受ける贈与者は、猶予期間中の各年の12月31日において受贈者が所有又は契約している対象資産につき、継続して納税猶予の適用を受ける旨を記載した継続適用届出書（「国外転出をする場合の譲渡所得等の特例等に係る納税猶予の継続適用届出書」）を、翌年3月15日までに贈与者の所轄の税務署に提出しなければなりません（所法137の3⑦）。

継続適用届出書の提出が期限までにない場合は、提出期限の翌日から4カ月を経過する日をもって納税猶予が終了します。

その場合は、猶予されている所得税及び猶予期間中の利子税を併せて納付しなければなりません（所法137の3⑨・⑭三）。

❻　納税猶予の期間中に納税猶予を受けていた者が死亡した場合

納税猶予の期間中に納税猶予を受けていた者が死亡した場合の取扱いは **Q90** の取扱いと同様です（所法137の3⑮、所令266の3⑲・⑳）。

Q95 納税猶予期間中に対象資産を譲渡した場合

納税猶予期間中に国外転出（贈与）時課税が適用された資産を譲渡した場合の取扱いについて教えてください。

Point

- 納税猶予期間中に、受贈者が国外転出（贈与）時課税の納税猶予が適用された資産を譲渡した場合は、譲渡した部分に対応する猶予税額及び利子税を贈与者が納税しなければならない。
- その譲渡価額が贈与時の価額より下落している場合は更正の請求ができる。

Answer & 解説

❶ 納税猶予期間中に対象資産を譲渡等した場合

納税猶予期間中に、国外転出（贈与）時課税の適用を受けた資産（以下「贈与対象資産」という）について、受贈者が譲渡、決済又は贈与をした場合には、贈与者が納税を猶予されている所得税のうち、譲渡等をした部分に対応する所得税については納税猶予が終了します。よって、贈与者は譲渡等があった日から4カ月以内に、譲渡等をした部分に対応する猶予税額及び利子税を納付しなければなりません（所法137の3⑥・⑭二）。

❷ 受贈者から贈与者への通知

　受贈者は、贈与対象資産の譲渡等をした場合には、その譲渡等をした日から2カ月以内に、贈与者に対し一定の通知をしなければなりません（所法60の3⑨）。

　この受贈者から贈与者への通知がなかった場合であっても、受贈者が贈与対象資産を譲渡等するなどの納税猶予の終了事由が生じたときは、贈与者の納税猶予は終了します（所基通60の3-3）。

❸ 譲渡価額が贈与時の価額より下落している場合

　納税猶予期間中に受贈者が贈与対象資産を譲渡又は決済した場合で、その譲渡等の価額が贈与時の価額よりも下落しているときは、その譲渡等の価額により贈与の時に譲渡等をしたものとみなして、贈与者の国外転出（贈与）時課税に係る所得の申告をした年分の所得税を再計算をすることができます（所法60の3⑧）。

　その場合には、譲渡等の日から4カ月以内に更正の請求をすることで、贈与者の所得税を減額することができます（所法153の3①・②）。

Q96 納税猶予期間が満了した場合

納税猶予期間が満了した場合の取扱いを教えてください。

Point

- 納税猶予期間が満了した場合は、贈与者は猶予税額及び利子税を納税する。
- 贈与対象資産の納税猶予期間の満了日の価額が贈与時の価額より下落している場合は、更正の請求をすることができる。

Answer &解説

❶ 納税猶予の期間が満了した場合

　贈与者は、納税猶予期間が満了した場合は、満了日（贈与の日から5年又は10年を経過する日）の翌日以後4カ月を経過する日までに納税を猶予されている所得税及び利子税を納付しなければなりません（所法137の3①・⑭一）。

❷ 満了日の価額が贈与時の時価より下落している場合

　納税猶予期間の満了日において、国外転出（贈与）時課税の適用を受けた資産（以下「贈与対象資産」という）を、受贈者が贈与の時から引き続き所有又は契約をしている場合に、贈与対象資産の満

了日の価額が贈与の時の価額よりも下落しているときは、贈与時に満了日の価額により贈与対象資産を譲渡又は決済をしたものとみなして、贈与者の国外転出（贈与）時課税に係る所得の申告をした年分の所得税の再計算をすることができます（所法60の3⑪）。

その場合は、納税猶予期間の満了日から4カ月以内に更正の請求をすることで、贈与者の所得税を減額することができます（所法153の3①・③）。

Q97 実際に譲渡した場合の取得費の調整

国外転出（贈与）時課税の適用を受けた資産を、その後に受贈者が実際に譲渡又は決済した場合には、再び所得税が課税されるのでしょうか？

Point

- 国外転出（贈与）時課税の適用を受けた資産を実際に譲渡した場合は、国外転出（贈与）時課税が適用された際の価額を取得費とみなして譲渡所得を計算するため同じ含み益に対し二重に課税されることはない。

Answer & 解説

国外転出（贈与）時課税が適用された資産を、受贈者がその後に譲渡又は決済した場合には、その受贈者の所得の金額の計算上、国外転出（贈与）時課税が適用された際の価額を取得費とみなして、譲渡による所得の金額の計算をします（所法60の3④）。

したがって、実際に譲渡又は決済をした場合は、国外転出（贈与）時課税の課税日から実際の譲渡日までに発生した含み益（又は含み損失）に対して課税されることになるので、国外転出（贈与）時課税と実際の譲渡による課税とで同じ含み益（又は損失）に対し二重に課税されることはありません。

Ⅲ 国外転出（相続）時課税

Q98 国外転出（相続）時課税の概要

国外転出（相続）時課税とは、どのような制度でしょうか？

> **Point**
>
> ・ 時価が 1 億円以上の有価証券等を有する一定の居住者である
>   被相続人からの相続又は遺贈により、その有価証券等の全部又
>   は一部を非居住者が取得した場合には、その非居住者が取得し
>   た有価証券等については時価による譲渡があったものとみな
>   し、被相続人に対して所得税が課税される。

Answer & 解説

❶ 概　　要

　国外転出（相続）時課税とは、被相続人が相続時に 1 億円以上の
有価証券や未決済の信用取引等の資産（対象資産。 **Q80** 参照）を
所有又は契約している場合に、相続又は遺贈により非居住者が対象
資産の全部又は一部を取得したときに、被相続人が相続時の価額
（次の①又は②の金額）により、非居住者が取得した資産について
譲渡又は決済をしたものとみなし、被相続人に対しその含み益に係

る所得税が課税される制度です。

　国外転出（相続）時課税が適用される被相続人の相続人[注]は、被相続人の所得税の準確定申告において、所得に、国外転出（相続）時課税による所得（非居住者が相続した対象資産の種類に応じ、譲渡所得、雑所得又は事業所得）を含めて所得税を計算し、納税をしなければなりません（所法60の3①〜③、125①）。

　（注）　準確定申告を行う相続人には、包括受遺者を含む（所法2②）。以下、本節において同様。

①　対象資産が有価証券等である場合……相続時の有価証券等の価額に相当する金額

②　対象資産が未決済信用取引等又は未決済デリバティブ取引である場合……相続時に未決済信用取引等又は未決済デリバティブ取引を決済したものとみなして算出した利益の額又は損失の額に相当する金額

❷　対象者

　次のすべてに該当する被相続人に国外転出（相続）時課税が適用されます（所法60の3①〜③・⑤）。

①　相続時に国内に住所又は居所を有していた居住者であること

②　相続の日前10年以内に、国内に住所又は居所を有していた期間（ Q88 参照）の合計が5年超であること

③　所有又は契約する対象資産の相続時における上記❶①又は②の金額の合計額が、1億円以上[注]であること

④　非居住者が対象資産を相続又は遺贈により取得すること

　（注）　対象資産の価額の合計額が1億円以上であるかどうかについては、非居住者である相続人等が取得した対象資産の価額で判定する

のではなく、相続時に被相続人が所有又は契約していた対象資産の
価額の合計額で判定する。

❸ 申告期限までに譲渡等をした場合で、譲渡価額が相続時より下落しているとき

国外転出（相続）時課税の申告期限までに非居住者が相続した対象資産の譲渡又は決済をした場合に、譲渡価額が相続時の価額よりも下落しているときは、その譲渡価額により相続時に譲渡等があったものとみなして被相続人の国外転出（相続）時課税に係る準確定申告をすることができます（所法60の3⑩）。

なお、この場合にはその譲渡等をした対象資産については Q100 の納税猶予の適用を受けることはできません（所法137の3②）。

❹ 上場株式等について譲渡損失が生じる場合

国外転出（相続）時課税の適用により、上場株式等について譲渡損失が生じることとなる場合の取扱いは、Q87 を参照してください。

❺ 国外転出（相続）時課税に係る個人住民税

被相続人について国外転出（相続）時課税により生じた所得については、個人住民税は課税されません（Q91 参照）。

Q99 帰国等をした場合の課税の取消し

　国外転出（相続）時課税が取り消される場合について教えてください。

Point

- 国外転出（相続）時課税が適用された資産を相続したすべての非居住者が相続の日から５年以内に帰国したときは、国外転出（相続）時課税は取り消される。
- 国外転出（相続）時課税が適用された資産が、贈与や相続により居住者へ再移動した場合も国外転出（相続）時課税は取り消される。

Answer & 解説

❶ 帰国をした場合

　国外転出（相続）時課税が適用された資産（以下「相続対象資産」という）を相続又は遺贈により取得した非居住者が、相続の日から５年以内に帰国（ Q82 の❶（注）を参照）をした場合には、その帰国の時まで引き続き所有又は契約している相続対象資産については、国外転出（相続）時課税の適用がなかったものとして、被相続人の課税の取消しをすることができます（所法60の3⑥一）。ただし、国外転出（相続）時課税に係る申告につき、仮装・隠ぺい

等があった場合等は、この限りではありません。

なお、相続対象資産を取得した非居住者が複数いる場合には、その非居住者の全員が帰国をしたときに、課税の取消しをすることができます。

❷　居住者への贈与又は相続があった場合

次の場合に該当するときも、国外転出（相続）時課税の適用がなかったものとして、被相続人の課税の取消しをすることができます（所法60の3⑥二・三）。

①　相続の日から5年以内に、相続対象資産を取得した非居住者が、相続対象資産を居住者に贈与した場合

②　相続対象資産を取得した非居住者が死亡し、国外転出（相続）時課税が適用された被相続人の相続の日から5年以内に、その死亡した非居住者から相続又は遺贈により相続対象資産を取得した相続人又は受遺者のすべてが居住者となった場合

❸　更正の請求又は修正申告

課税の取消しをするためには、上記❶の帰国の日や上記❷の贈与、相続又は遺贈の日から4カ月以内に更正の請求又は修正申告をする必要があります（所法151の3①、153の3①）。

❹　納税猶予の期限延長をしている場合

納税猶予の適用を受け、納税猶予の期限延長をしている場合には、上記❶及び❷で、「5年」とあるのは「10年」として課税の取消しをすることができます（所法60の3⑦）。

Q100 納税猶予

国外転出（相続）時課税の納税猶予の制度について教えてください。

Point

- 国外転出（相続）時課税に係る所得税は、5年間（延長をした場合は10年間）の納税猶予を受けることができる。
- 納税猶予の適用を受けるためには、被相続人の準確定申告の申告期限までに納税管理人の届出書の提出と担保の提供手続が必要。
- 納税猶予期間中は、毎年、継続適用届出書の提出が必要であり、提出期限までに提出しなかった場合には、納税猶予が打ち切られる。

Answer & 解説

❶ 概　要

国外転出（相続）時課税に係る所得税については、一定の手続と担保の提供により納税猶予の適用を受けることができます（所法137の3②）。納税猶予の期間は相続の日から5年を経過する日までですが、延長の手続により5年を10年に延長することができます（所法137の3③）。

納税猶予の期間が満了した場合は、その翌日以後4カ月を経過する日までに納税が猶予されていた所得税とその猶予期間中の利子税を併せて納付する必要があります（所法137の3⑭）。

❷ 納税猶予を受けるための手続

納税猶予の適用を受けるために必要な手続は、次のとおりです（所法137の3②・④）。

① 被相続人の準確定申告の申告期限までに対象資産を取得した非居住者の全員が納税管理人の届出をすること

② 被相続人の準確定申告書に納税猶予の適用を受けようとする旨の記載をし、かつ次の添付をして提出すること

(イ) 「国外転出等の時に譲渡又は決済があったものとみなされる対象資産の明細書（兼納税猶予の特例の適用を受ける場合の対象資産の明細書）《確定申告書付表》」

(ロ) 「国外転出をする場合の譲渡所得等の特例等に係る納税猶予分の所得税及び復興特別所得税の額の計算書」

③ 被相続人の準確定申告の申告期限までに所得税額及び猶予期間中の利子税額の合計額に相当する担保の提供をすること（担保の提供については、Q84 参照）（所令266の3②）。

❸ 納税猶予に係る期限の延長

相続の日から5年を経過する日までに「国外転出をする場合の譲渡所得等の特例等に係る納税猶予の期限延長届出書」を所轄税務署長に提出することにより、納税猶予の期間を5年から10年に延長することができます（所法137の3③）。

その場合は Q99 の「帰国等をした場合の課税取消し」の取扱い

は、その規定中「5年以内」とあるのは「10年以内」とされます（所法60の3⑦）。

❹　納税猶予期間中の継続適用届出書の提出

⑴　継続適用届出書の提出

　納税猶予の適用を受ける相続人は、猶予期間中の各年の12月31日において所有又は契約する国外転出（相続）時課税の対象となった資産につき、継続して納税猶予の適用を受ける旨を記載した継続適用届出書（「国外転出をする場合の譲渡所得等の特例等に係る納税猶予の継続適用届出書」）を、翌年3月15日までに所轄の税務署に提出しなければなりません（所法137の3⑦）。

　継続適用届出書の提出が期限までにない場合は、提出期限の翌日から4カ月を経過する日をもって納税猶予が終了します。

　その場合は、猶予されている所得税及び猶予期間中の利子税を併せて納付しなければなりません（所法137の3⑨・⑭三）。

⑵　相続人が2人以上いるときの届出

　継続適用届出書は相続人が2人以上いるときは、原則として全員が連署による一の書面で提出しなければなりません。対象資産を取得したかどうか、居住者又は非居住者であるかによりません（所令266の3⑬）。

❺　納税猶予の期間中に納税猶予を受けていた者が死亡した場合

　納税猶予の期間中に納税猶予を受けていた者（被相続人の相続人）が死亡した場合の取扱いは Q90 の取扱いと同様です（所法137の3⑮、所令266の3⑲・⑳）。

Q101 納税猶予期間中に対象資産を譲渡した場合

納税猶予期間中に国外転出（相続）時課税が適用された資産を譲渡した場合の取扱いについて教えてください。

> **Point**
> - 納税猶予期間中に国外転出（相続）時課税が適用された資産を譲渡した場合は、譲渡した部分に対応する猶予税額及び利子税を納税しなければならない。
> - 譲渡価額が相続時の価額より下落している場合は更正の請求ができる。

Answer & 解説

❶ 納税猶予期間中に対象資産を譲渡等した場合

納税猶予期間中に、国外転出（相続）時課税の適用を受けた資産（以下「相続対象資産」という）について、相続人又は受遺者が譲渡、決済又は贈与をした場合には、納税を猶予されている所得税のうち、譲渡等をした部分に対応する所得税については納税猶予が終了します。よって、その相続人等は譲渡等があった日から4カ月以内に、譲渡等をした部分に対応する猶予税額及び利子税を納付しな

ければなりません（所法 137 の 3 ⑥・⑭二）。

❷ 譲渡価額が相続時の価額より下落している場合

　納税猶予期間中に相続人等が相続対象資産を譲渡又は決済をした場合で、その譲渡等の価額が相続時の価額よりも下落しているときは、その譲渡等の価額により相続時に譲渡等をしたものとみなして、被相続人の国外転出（相続）時課税に係る所得税の再計算をすることができます（所法 60 の 3 ⑧）。

　その場合は、譲渡等の日から 4 カ月以内に更正の請求をすることで、被相続人の所得税を減額することができます（所法 153 の 3 ①・②）。

Q102 納税猶予期間が満了した場合

納税猶予期間が満了した場合の取扱いを教えてください。

> **Point**
>
> ・納税猶予期間が満了した場合は、猶予税額及び利子税を納税する。
> ・相続対象資産の納税猶予期間の満了日の価額が相続時の価額より下落している場合は、更正の請求をすることができる。

Answer &解説

❶ 納税猶予の期間が満了した場合の取扱い

　相続人は、納税猶予期間が満了した場合は、満了日（相続開始の日から5年又は10年を経過する日）の翌日以後4カ月を経過する日までに納税を猶予されている所得税及び利子税を納付しなければなりません（所法137の3②・⑭一）。

❷ 満了日の価額が相続時の価額より下落している場合

　納税猶予期間の満了日に、国外転出（相続）時課税の適用を受けた資産（以下「相続対象資産」という）を、相続人又は受遺者が相続の時から引き続き所有又は契約をしている場合に、満了日の価額

が相続の時の価額よりも下落しているときは、相続時に満了日の価額により相続対象資産を譲渡又は決済をしたものとみなして、被相続人の国外転出（相続）時課税に係る所得税の再計算をすることができます（所法60の3⑪）。

　その場合は、納税猶予期間の満了日から4カ月以内に更正の請求をすることで、被相続人の所得税を減額することができます（所法153の3①・③）。

Q103 実際に譲渡した場合の取得費の調整

国外転出（相続）時課税の適用を受けた資産を、その後に実際に譲渡又は決済した場合には、再び所得税が課税されるのでしょうか？

Point

- 国外転出（相続）時課税の適用を受けた資産を実際に譲渡した場合は、国外転出（相続）時課税が適用された際の価額を取得費とみなして譲渡所得を計算するため、同じ含み益に対し二重に課税されることはない。

Answer ＆解説

国外転出（相続）時課税が適用された資産を、相続人又は受遺者がその後に譲渡又は決済した場合には、その相続人等の所得の金額の計算上、国外転出（相続）時課税が適用された際の価額を取得費とみなして、譲渡による所得の金額の計算をします（所法60の3④）。

したがって、実際に譲渡又は決済をした場合は、国外転出（相続）時課税の課税日から実際の譲渡日までに発生した含み益（又は含み損失）に対して課税されることになるので、国外転出（相続）時課税と実際の譲渡による課税とで同じ含み益（又は損失）に対し二重に課税されることはありません。

Q104 国外転出（相続）時課税に係る 債務控除

　国外転出（相続）時課税により被相続人の所得税として納税した金額は、相続税の計算において債務控除することができますか？

Point

- 国外転出（相続）時課税により納税した所得税額は、相続税の債務控除の対象となる。
- 国外転出（相続）時課税につき納税猶予の適用を受けている所得税については債務控除することができないが、将来、納付したときに、相続税の債務控除をする（更正の請求をする）ことができる。

Answer & 解説

　被相続人の債務で相続開始の際に現に存するものは、被相続人の相続税の計算において債務控除をすることができます（ **Q33** 参照）。国外転出（相続）時課税は、被相続人に対し所得税が課税される、という制度であり、これにより相続人が被相続人に代わって納税した所得税額も同様に、債務控除の対象となります（相法14②）。

　ただし、同制度について納税猶予の適用を受けた場合には、その

納税猶予に係る所得税額は、将来的に免除される可能性があるので、債務控除の対象から除外されており、債務控除をすることはできません（相令3②）。

　将来、納税が猶予されていた所得税額を納付したときに、債務控除が可能となり、更正の請求をすることができます（相法32①九ハ、相令3②、8③）。

　(注)　納税猶予の適用を受けていた者が死亡し、その納税猶予を引き継いだ相続人が、その猶予されていた税額を納付した場合も同様に、納税猶予時には債務控除ができずに、納付の時に債務控除をして更正の請求をすることができる（**Q90** 参照、相法14③、32①九イ・ロ）。

Q105 被相続人の準確定申告

被相続人は日本に居住しており、過去に国外に居住したことは
なく、相続人は子のＡ（居住者）と子のＢ（非居住者）です。相
続財産に時価１億5,000万円の有価証券があり、居住者Ａが１
億2,000万円を相続し、非居住者Ｂが3,000万円を相続しま
す。この場合、国外転出（相続）時課税は適用されますか？

Point

- 国外転出（相続）時課税の適用に当たっての「対象資産の価額
  が１億円以上」の判定は、被相続人の保有する対象資産の時
  価総額で行う。
- 被相続人の所得税の納税義務は、相続人が法定相続分に応じて
  負担する。非居住者だけが負担するということではない。

Answer & 解説

❶ 準確定申告

相続人は、相続の開始があったことを知った日の翌日から４カ月
以内に、被相続人の最後の所得税の確定申告書を提出し（準確定申
告）、納税も済ませます（所法125①）。国外転出（相続）時課税の
適用がある場合の準確定申告では、被相続人の所得に、国外転出
（相続）時課税による所得（対象となる資産の種類に応じ、譲渡所

得、雑所得又は事業所得）を含めて所得税を計算します。

被相続人の所得税の納税義務は、実際の遺産分割による取得分にかかわらず、相続人が民法による法定相続分に応じて負担します（通則法5①・②）。

❷ 対象者

次のすべてに該当する被相続人に、国外転出（相続）時課税が適用されます（所法60の3①～③・⑤）。

① 相続時に国内に住所又は居所を有していた居住者であること

② 相続の日前10年以内に、国内に住所又は居所を有していた期間（ Q88 参照）の合計が5年超であること

③ 所有又は契約する対象資産（ Q80 参照）の相続時における金額の合計額が、1億円以上であること

④ 非居住者が対象資産を相続又は遺贈により取得すること

❸ 本問の場合

本問の場合、被相続人は国外に居住したことはありませんので、上記❷①及び②に該当します。

また、被相続人は相続開始時点で、時価1億5,000万円の有価証券を所有していますので、上記❷③に該当します。この③の判定は、被相続人の有していた有価証券の相続時の時価総額で判定され、非居住者Bの相続した3,000万円の有価証券の時価で判定されるものではありません。

そして、非居住者Bは有価証券を相続していますので、上記❷④に該当します。

以上により、本問の被相続人は上記❷①～④のすべてに該当しま

すので、国外転出（相続）時課税が適用されます。

　非居住者Bの相続した3,000万円の有価証券は被相続人により相続時の価額（時価）で譲渡があったものとみなされ、相続人は、その有価証券の含み益について準確定申告を行い、納税をします。

　納税は居住者Aと非居住者Bが法定相続分に応じて、2分の1ずつ負担します。非居住者Bだけが負担するものではありません。

Q106 準確定申告の期限までに未分割のとき

被相続人は日本に居住しており、過去に国外に居住したことはなく、相続人は子のＡ（居住者）と子のＢ（非居住者）です。相続財産に時価が１億5,000万円の有価証券（含み益あり）があります。

遺言書はなく、準確定申告の期限までに遺産分割協議が成立しませんでした。その後、遺産分割協議によりすべての有価証券を子のＡ（居住者）が相続することになりました。

この場合、国外転出（相続）時課税はどのように取り扱われるのでしょうか？

Point

- いったん、法定相続分により相続したものとして、非居住者の法定相続分について国外転出（相続）時課税が適用される。
- その後に遺産分割協議が成立したときに、その分割内容に従って、更正の請求又は修正申告を行う。

Answer ＆解説

❶ 未分割のときの準確定申告

民法では、遺産分割協議が成立していない期間については、被相続人の財産は各相続人の共有に属し、その相続分に応じて権利義務

を承継するとされます（民法898、899）。

　国外転出（相続）時課税も、民法と同様に処理され、相続時から遺産分割協議が成立するまでの期間は、国外転出（相続）時課税の対象資産（**Q80** 参照）については、各相続人が法定相続分に応じて取得したものとされます。そのことから非居住者の法定相続分に対応する対象資産については、国外転出（相続）時課税が適用されます。

❷　準確定申告の期限後に遺産分割協議が成立したとき

　民法では遺産の分割は、相続開始の時に遡ってその効力を生ずるとされています（民法909）。国外転出（相続）時課税も、民法と同様に処理され、非居住者が遺産分割協議により取得することとなった（又は、しないこととなった）対象資産については、相続開始時から取得していた（又は、していなかった）ものとして、改めて国外転出（相続）時課税による計算をし直します。

　遺産分割協議の結果に従い計算し直した国外転出（相続）時課税に基づき、当初に申告した準確定申告について更正の請求又は修正申告を行います。更正の請求も修正申告も、いずれも遺産分割協議の成立した日から4カ月以内に行います（所法151の6①一、153の5）。

❸　本問の場合

⑴　準確定申告

　本問の場合は、準確定申告の期限までに遺産分割協議が成立していないので、1億5,000万円の有価証券は法定相続分で取得したも

のとされます。B（非居住者）の法定相続分7,500万円分（＝1億5,000万円×1／2）については、国外転出（相続）時課税が適用され、この有価証券の含み益に係る所得税を含めて準確定申告を行います。

(2) 更正の請求

　その後、遺産分割協議により非居住者Bは有価証券を相続しないことになったので、相続時に遡り国外転出（相続）時課税はなくなり7,500万円分の有価証券の含み益に係る所得税について、更正の請求により還付を受けることができます。

第7章

国税当局による
税務調査と
国外税務情報の
収集体制

Q107 国際相続と税務調査

　海外資産が関連する相続税の調査について、最近の状況を教えてください。

Point

- 国税庁が毎年公表している「相続税の調査の状況」によると、調査1件当たりの申告漏れ課税価格は、海外資産に係るものが、全体の平均より多いことが分かる。
- 国税庁が公表している「国際戦略トータルプラン」によると、「情報リソースの充実」「調査マンパワーの充実」「グローバルネットワーク」という3つの取組みにより、富裕層による海外の資産隠し等に対して、積極的に調査が実施されている。

Answer & 解説

❶ 海外資産関連事案の相続税についての調査事績

⑴　海外資産関連事案とは

　国税庁が毎年公表している「相続税の調査の状況」では、次のいずれかに該当する事案を「海外資産関連事案」と定義しています。

①　相続又は遺贈により取得した財産のうちに海外資産が存するもの

②　相続人、受遺者又は被相続人が日本国外の居住者であるもの

③　海外資産等に関する資料情報があるもの

④　外資系金融機関との取引があるもの

(2)　**海外資産関連事案の調査の状況**

　国税庁が毎年公表している「相続税の調査等の状況」によると、「1件当たりの申告漏れ課税価格」は、海外資産に係る調査によるものが、全体の相続税の調査によるものより多くなっています。海外関連の事案は、1件ごとの申告漏れの価格が多額であることがわかります。

■図表7-1　相続税の調査の状況

	平成29事務年度	平成30事務年度	令和元事務年度	令和2事務年度	令和3事務年度	令和4事務年度
相続税の実地調査件数	12,576件	12,463件	10,635件	5,106件	6,317件	8,196件
相続税の実地調査1件当たり申告漏れ課税価格	2,801万円	2,838万円	2,866万円	3,496万円	3,530万円	3,209万円
海外資産関連案件の実地調査件数	1,129件	1,202件	1,008件	551件	660件	845件
非違1件当たりの海外資産に係る申告漏れ課税価格	5,188万円	4,064万円	5,193万円	3,579万円	4,869万円	4,028万円

❷　海外資産関連事案に対する税務当局の取組み

(1)　**税務当局の取組方針**

　国税庁は、国際戦略トータルプラン（下記(2)参照）の各取組みを

推進することにより、富裕層等の海外への資産隠しや国際的租税回避等に対処していく方針を公表しています（出典：国税庁「平成28年10月公表「国際戦略トータルプラン」に基づく取組方針（平成29年12月版)」）。

(2) **国際戦略トータルプラン**

　国際戦略トータルプランは、「情報リソースの充実」、「調査マンパワーの充実」、「グローバルネットワークの強化」の3本柱からなります。各取組みの具体例は、次のとおりです（出典：国税庁「平成28年10月公表「国際戦略トータルプラン」に基づく取組方針（平成29年12月版)」）。

① 　情報リソースの充実

　(イ) 　国外送金等調書の活用 （ **Q108** 参照）

　(ロ) 　国外財産調書の活用 （ **Q110** 参照）

　(ハ) 　財産債務調書の活用 （ **Q111** 参照）

　(ニ) 　租税条約等に基づく情報交換 （ **Q112** 参照）

　(ホ) 　CRS による金融口座情報の自動的交換 （ **Q113** 参照）

② 　調査マンパワーの充実

　次のような国際課税関係の体制整備が実施されています。

　(イ) 　国税庁国際課税企画官の設置

　(ロ) 　重点管理富裕層 PT の設置

　(ハ) 　国税局統括国税実査官（国際担当)・国際調査課の設置

　(ニ) 　国税局・税務署国際税務専門官の配置

③ 　グローバルネットワークの強化

　次のような外国当局との連携強化が行われています。

　(イ) 　徴収共助制度の活用

(ロ) 租税条約等に基づく情報交換（Q112参照）

(ハ) CRSによる金融口座情報の自動的交換（Q113参照）

(ニ) 相互協議の促進

(ホ) 国際的な枠組みへの参画

Q108 国外送金等調書

国外送金等調書制度の概要について教えてください。

Point

- 金融機関は、100万円を超える国外への送金及び国外からの送金の受領について、国外送金等調書を税務署へ提出しなければならない。
- 個人及び法人は、国外への送金を行う場合又は国外から送金を受領する場合には、金融機関へ告知書を提出しなければならない。

Answer & 解説

❶ 金融機関の国外送金等調書の提出

国外送金等調書制度により、銀行等の金融機関はその顧客が、国外への送金及び国外からの送金の受領（以下「国外送金等」という）に係る為替取引を行った場合には、その金額が100万円を超える取引について、送金をした者及び送金を受領した者の氏名又は名称、住所、個人番号又は法人番号、取引金額等を記載した国外送金等調書（図表7－2参照）を、その取引を行った日の翌月末までに税務署に提出することが義務付けられています（送法4①、送令8①）。

■図表７－２　国外送金等調書

令和　　年分　国 外 送 金 等 調 書

国内の送金者又は受領者	住所(居所)又は所在地				個人番号又は法人番号	
	氏名又は名称					
国 外 送 金 等 区 分	1. 国外送金・2. 国外からの送金等の受領		国外送金等年月日	年　　月　　日		
国外の送金者又は受領者の氏名又は名称						
国外の銀行等の営業所等 の 名 称						
取次ぎ等に係る金融機関の営業所等の名称						
国外送金等に係る相手国名						
本人口座の種類	普通預金・当座預金・その他(　　　　　)		本人の口座番号			
国外送金等の金額	外 貨 額		外貨名	送金原因		
	円 換 算 額		(円)			
(備考)						
提出者	住所(居所)又は所在地				個人番号又は法人番号	
	氏名又は名称	(電話)				
整 理 欄	①		②			

○「個人番号又は法人番号」欄に個人番号(12桁)を記載する場合には、右詰で記載します。

350

❷　国外送金等を行う者の告知書の提出

　個人や法人は、国外送金等を行う際に、金融機関に対し、氏名又は名称、住所及び個人番号又は法人番号、送金原因等を記載した告知書を提出しなければなりません（送法3）。ただし、本人口座からの振替による国外送金等である場合には、この告知書の提出が免除されています（送法3①・②）。

❸　罰　　則

　次のような場合には、その違反行為をした者は、1年以下の懲役又は50万円以下の罰金に処せられます（送法9）。

① 　国外送金等を行う者が金融機関へ告知書を提出しなかった場合又は偽りの記載をして金融機関へ提出した場合

② 　金融機関が国外送金等調書を提出期限までに税務署へ提出しなかった場合又は偽りの記載をして税務署へ提出した場合

③ 　国外送金等調書の提出に関する税務当局の調査に関して、税務当局の職員の質問に対して答弁せず、もしくは偽りの答弁をし、又は検査を拒み、妨げ、もしくは忌避したとき

④ 　国外送金等調書の提出に関する税務当局の調査に関して、物件の提示又は提出の要求に対し、正当な理由がなくこれに応じず、又は偽りの記載もしくは記録をした帳簿書類その他の物件（その写しを含む）を提示し、もしくは提出したとき

Q109 国外証券移管等調書

国外証券移管等調書制度の概要について教えてください。

> **Point**
>
> - 証券会社等の金融商品取引業者等は、国内証券口座と国外証券口座との間の有価証券の移管や受入れについて、国外証券移管等調書を税務署へ提出しなければならない。
> - 国外証券移管等調書は、移管や受入れのあった有価証券の価額にかかわらず、すべての国外証券移管等が提出対象となる。
> - 国外証券移管等をする者は、証券会社等へ告知書を提出しなければならない。

Answer & 解説

❶ 証券会社等の調書の提出

　国外証券移管等調書制度は、平成26年度税制改正において創設され、平成27（2015）年1月1日以後の取引から適用されています。

　本制度により、証券会社等の金融商品取引業者等は、顧客からの依頼により、国内証券口座から国外証券口座への有価証券の移管、又は国外証券口座から国内証券口座への有価証券の受入れ（以下「国外証券移管等」という）をしたときは、その顧客の氏名又は名

称、住所及び個人番号又は法人番号等を記載した国外証券移管等調書（図表7－3参照）を、国外証券移管等を行った日の翌月末日までに税務署に提出することが義務付けられています（送法4の3）。

■図表7－3　国外証券移管等調書

令和　　年分　国外証券移管等調書

国外証券移管者又は受入者	住所（居所）又は所在地							
	氏名又は名称					個人番号又は法人番号		
国外証券移管等区分		1．国外証券移管・2．国外証券受入れ		国外証券移管等年月日		年　　　月　　　日		
国外証券移管の相手方の氏名又は名称								
国外の金融商品取引業者等の営業所等の名称								
国外証券移管等に係る相手国名								

国　外　移　管　等　を　し　た　有　価　証　券

種類	銘柄	株数又は口数	額　面　金　額		
			外貨額	外貨名	円換算額
		株（口）			千　　　　円
移管等の原因となる取引又は行為の内容					
（備考）					

金融商品取引業者等	所　在　地					
	名　　称			法　人　番　号		
		（電話）				
整　理　欄	①		②			

○個人番号又は法人番号欄に個人番号（12桁）を記載する場合には、右詰で記載します。

373

❷　国外証券移管等調書の提出範囲

国外証券移管等調書の提出の対象となる国外証券移管等は、その移管する証券の価額にかかわらず、すべての国外証券移管等が対象となります（**Q108**の国外送金等調書の提出の対象となる金額が100万円超とされている点とは異なる）。

❸ 国外証券移管等をする者の告知書の提出

国外証券移管等の依頼をする者は、その依頼の際に、その者の氏名又は名称、住所及び個人番号又は法人番号等を記載した告知書を、金融商品取引業者等に提出しなければなりません。ただし、本人口座から有価証券を移管し、又は本人の口座で受入れをする場合は、告知書の提出が免除されています（送法4の2）。

❹ 罰　　則

次のような場合には、その違反行為をした者は、1年以下の懲役又は50万円以下の罰金に処せられます（送法9）。

① 国外証券移管等を行う者が金融商品取引業者等へ告知書を提出しなかった場合又は偽りの記載をして金融商品取引業者等へ提出した場合

② 金融商品取引業者等が国外証券移管等調書を提出期限までに税務署へ提出しなかった場合又は偽りの記載をして税務署へ提出した場合

③ 国外証券移管等調書の提出に関する税務当局の調査に関して、税務当局の職員の質問に対して答弁せず、もしくは偽りの答弁をし、又は検査を拒み、妨げ、もしくは忌避したとき

④ 国外証券等移管調書の提出に関する税務当局の調査に関して、物件の提示又は提出の要求に対し、正当な理由がなくこれに応じず、又は偽りの記載もしくは記録をした帳簿書類その他の物件（その写しを含む）を提示し、もしくは提出したとき

Q110 国外財産調書

国外財産調書制度の概要について教えてください。

> **Point**
> ・ 12月31日時点において5,000万円を超える国外財産を有する個人は国外財産調書を提出しなければならない。
> ・ 国外財産調書に偽りの記載をして提出した場合や提出期限までに提出しなかった場合には罰則がある。

Answer &解説

❶ 制度の概要

平成26（2014）年から国外財産調書制度が施行されました。12月31日において5,000万円を超える国外財産を有する居住者(注)（非永住者(注)を除く）は、その国外財産の種類、数量及び価額等を記載した国外財産調書を、翌年の6月15日までに税務署へ提出しなければなりません。

国外財産調書の提出は、所得税の確定申告書の提出をする必要のない人であっても、所得（収入）がない人であっても、同様の取扱いになります（送法5①）。

（注） 居住者及び非永住者の定義は**Q66**参照。

❷ 財産の所在地

「国外財産」とは、「国外にある財産」をいいます（送法2十四）。「国外にある」ことの判定については、基本的には相続税法10条（ **Q15** 参照）の所在地によります（送法5③、送令10①）。

ただし、有価証券等の所在地については、その有価証券等を管理する口座が開設された金融商品取引業者等の営業所等の所在地によります（送令10②）。

❸ 相続により国外財産を取得した場合

(1) 相続開始の属する年

相続開始の日の属する年（相続開始年）の年分の国外財産調書については、その相続又は遺贈により取得した国外財産（以下「相続国外財産」という）を記載しないで提出することができます。この場合において、相続開始年の年分の国外財産調書の提出義務は、相続国外財産の価額の合計額を含めないで判定します（送法5②）。

(2) 相続開始年の翌年以降

相続があった年の翌年以降については、各年の12月31日までに遺産分割が行われた場合には、それぞれが分割により取得した財産の価額を、遺産分割が行われていない場合には、法定相続分で按分した価額を、相続人が相続前から所有している国外財産の価額に加算して国外財産調書の提出義務の判定をします。

なお、国外財産調書の提出後に遺産分割が行われ、相続人が実際に取得した国外財産が、先に提出した国外財産調書の記載内容と異なることとなった場合でも、国外財産調書を再提出する必要はありません（送法5②、送令10⑥、「国外財産調書制度（ＦＡＱ）」Q 16、Q 17）。

❹ 過少申告加算税等の減額措置と加算措置

　国外財産調書に関して、過少申告加算税及び無申告加算税（以下「過少申告加算税等」という）について、図表7－4の措置が設けられています。

■図表7－4　過少申告加算税の減額・加算措置

	原則		特例	
	事由	措置	事由	措置
減額	国外財産調書を提出期限内に提出した場合で、その国外財産調書に記載がある財産に係る所得税又は相続税の申告漏れが生じたとき	申告漏れに係る部分の所得税又は相続税の追徴税額の5％に相当する金額が、本来の過少申告加算税等から減額される（送法6①）	税務署等の職員から求められた書類の提示又は提出が、指定された日までにならなかったとき	左記の5％の軽減措置の適用はなくなる（送法6⑦）
加算	国外財産調書の提出が提出期限内にない場合又は国外財産調書に財産の記載がない場合に、その財産に関する所得税又は相続税の申告漏れが生じたとき	申告漏れに係る部分の所得税又は相続税の追徴税額の5％に相当する金額が、本来の過少申告加算税等に加算される（送法6③）(注)		加重措置は、左記の5％から10％に変更される（送法6⑦）

　（注）　相続国外財産について、相続国外財産を有する者の責めに帰すべき事由がなく提出期限内に提出がない、又は提出期限内に提出された国外財産調書に記載すべき相続国外財産の記載がない場合には、加重措置の対象とならない。

なお、提出期限後に国外財産調書を提出した場合であっても、その国外財産に関する所得税又は相続税について、調査があったことにより更正又は決定があるべきことを予知してされたものでないときは（その提出が調査通知がある前にされたものである場合に限る）、その国外財産調書は提出期限内に提出されたものとみなして、過少申告加算税等の特例が適用されます（送法6⑥）。

❺　罰　　則

　国外財産調書に偽りの記載をして提出した場合又は正当な理由なく提出期限までに提出しなかった場合には、1年以下の懲役又は50万円以下の罰金に処せられます（送法10①・②）。

　また、税務当局の調査に関して次の行為が認められた場合にも、同様の罰則が課されることとされています（送法9三・四）。

・国外財産調書の提出に関する調査について行われる税務当局の職員の質問に対して答弁せず、もしくは偽りの答弁をし、又は検査を拒み、妨げ、もしくは忌避したとき。

・国外財産調書の提出に関する調査について行う物件の提示又は提出の要求に対し、正当な理由がなくこれに応じず、又は偽りの記載もしくは記録をした帳簿書類その他の物件（その写しを含む）を提示し、もしくは提出したとき。

■図表７－５　国外財産調書合計表

<table>
<tr><td colspan="2"></td><td>ＦＡ５００３</td></tr>
</table>

_____税務署長
_____年_____月_____日

令和□年１２月３１日分　　国外財産調書合計表

<table>
<tr>
<td rowspan="6">住　所
又　は
事業所
事務所
居所など</td>
<td>〒</td>
<td>個人番号</td>
<td></td>
</tr>
<tr><td rowspan="2"></td><td>フリガナ</td><td></td></tr>
<tr><td>氏　名</td><td></td></tr>
<tr><td></td><td>性別　職業
男　女</td><td>電話
番号　（自宅・勤務先・携帯）
　　　　　－　　　－</td></tr>
<tr><td></td><td>生年
月日</td><td>財産債務調書
の　提　出　有</td></tr>
<tr><td></td><td></td><td>整理
番号</td></tr>
</table>

提出用

平成二十八年十二月三十一日分以降用

※特定有価証券に該当する有価証券は⑨欄に記載し、⑥欄から⑧欄への記載は要しません。

財産の区分		価 額 又 は 取 得 価 額	財産の区分		価 額 又 は 取 得 価 額
土　　　地	①		未決済デリバティブ 取引に係る権利	⑫	
建　　　物	②		取得価額	㋕	
山　　　林	③		貸　付　金	⑬	
現　　　金	④		未 収 入 金	⑭	
預　貯　金	⑤		書画骨とう 美術工芸品	⑮	
有価証券 上場株式	⑥		貴 金 属 類	⑯	
取得価額	㋐		動　　産 （④、⑮、⑯以外）	⑰	
特定有価証券を除く 非上場株式	⑦		その他の財産 保険の契約に 関する権利	⑱	
取得価額	㋑		株式に関する 権　　利	⑲	
株式以外の 有価証券	⑧		預 託 金 等	⑳	
取得価額	㋒		組合等に 対する出資	㉑	
特定有価証券※	⑨		信託に関する 権　　利	㉒	
匿名組合契約の 出資の持分	⑩		無体財産権	㉓	
取得価額	㋓		その他の財産 （上記以外）	㉔	
未決済信用取引等 に係る権利	⑪		合　計　額	㉕	
取得価額	㋔				

備　考（訂正等で再提出する場合はその旨ご記載ください。）

税 理 士
署 　 名

電話番号　　　　　－　　　－

整理欄	通信日付印	確　認	異　動　　年　月　日	身元確認
	枚　数		区　　　分	

(R5.9)

■図表7－6

						F A 5 1 0 2

整理番号 [| | | | | |]

令和 □ 年12月31日分　国外財産調書

国外財産を有する者	住　所（又は事業所、事務所、居所など）					
	氏　　名					
	個人番号	[										]	電話番号（自宅・勤務先・携帯）　－　－	

提出用　平成二十八年十二月三十一日分以降用

国外財産の区分	種　類	用途	所　在（国　名）	数量	価　額（上段は有価証券等の取得価額）	備考
					円	
					円	
	合　　　計　　　額				合計表⑤へ	

（摘要）

（　）枚のうち（　）枚目　　　　通信日付印（年月日）（　・　・　）

(R5.9)

Q111 財産債務調書

財産債務調書制度の概要について教えてください。

Point

- 財産債務調書は、その年分の所得金額が 2,000 万円を超え、かつ、その年の 12 月 31 日時点において 3 億円以上の財産又は 1 億円以上の有価証券等を保有している場合には提出する必要がある。
- その年の 12 月 31 日において 10 億円以上の財産を有する居住者は、所得がなくても財産債務調書を提出する必要がある。

Answer & 解説

❶ 制度の概要

　財産債務調書制度は、次の①又は②に該当する場合に、保有する財産の種類、数量及び価額並びに債務の金額その他必要な事項を記載した「財産債務調書」を、その年の翌年の 6 月 30 日までに、所得税の納税地等の所轄税務署長に提出しなければならない制度です（送法 6 の 2 ①・③）。

① 　次の(イ)又は(ロ)に該当する個人で、その年分の退職所得を除く各種所得金額の合計額が 2,000 万円を超え、かつ、その年の 12 月 31 日においてその価額の合計額が 3 億円以上の財産又はその価

額の合計額が1億円以上の国外転出時課税の対象となる財産（**Q80**参照）を有する場合

(イ) 所得税の確定申告書を提出すべき者

(ロ) 一定の所得税の還付申告書を提出することができる者

② 居住者（非永住者を含む）で、その年の12月31日においてその価額の合計額が10億円以上の財産を有する場合

❷ 国外財産調書との関係

国外財産調書（**Q110**参照）と財産債務調書の両方を提出する場合には、財産債務調書には、国外財産に関する事項の記載は要しないこととされており、国外財産の価額の合計額のみを記載します。なお、国外に存する債務については財産債務調書に記載する必要があります（送法6の2⑤）。

❸ 相続により財産を取得した場合

相続により財産を取得した場合の財産債務調書の提出については、国外財産調書と同様の取扱いになります（**Q110**の❸参照）（送法6の2④、送令10⑥、12の2④、「財産債務調書制度（ＦＡＱ）」Q17）。

❹ 過少申告加算税等の減額と加算

財産債務調書に関して、過少申告加算税及び無申告加算税（以下「過少申告加算税等」という）について、図表7－7の措置が設けられています（送法6①・②）。

■図表７－７　過少申告加算税等の減額・加算

	原則		特例	
	事由	措置	事由	措置
減額	財産債務調書を提出期限内に提出した場合で、そこに記載がある財産に係る所得税又は相続税の申告漏れが生じたとき	申告漏れに係る部分の所得税又は相続税の追徴税額の5％に相当する金額が、本来の過少申告加算税等から減額される	書類の提示等がない場合の加算措置はない	
加算	調書の提出が提出期限内にない場合又は財産債務調書に財産の記載がない場合に、その財産に関する所得税の申告漏れが生じたとき	申告漏れに係る部分の所得税の追徴税額の5％に相当する金額が、本来の過少申告加算税等に加算される(送法6の3②)(注)		

（注）　相続財産債務について、相続財産債務を有する者の責めに帰すべき事由がなく提出期限内に提出がない、又は提出期限内に提出された財産債務調書に記載すべき相続財産債務の記載がない場合には、加重措置の対象とならない。

　なお、提出期限後に財産債務調書を提出した場合であっても、その財産債務に関する所得税又は相続税について、調査があったことにより更正又は決定があるべきことを予知してされたものでないときは（その提出が調査通知がある前にされたものである場合に限る）、その財産債務調書は提出期限内に提出されたものとみなして、過少申告加算税等の特例が適用されます（送法6⑥、6の3③）。

❺ 罰　　則

　財産債務調書の提出に関して、 Q110 の❺の前段のような罰則は
ありませんが、「また」書き以下の税務当局の調査に関する罰則は
あります（送法9三・四）。

Q112 租税条約等に基づく情報交換

租税条約等に基づく情報交換について教えてください。

Point

- 租税条約には締結国の税務当局間での情報交換規定が置かれている。
- 租税条約等に基づく情報交換には3類型がある。

Answer & 解説

❶ 租税条約等のネットワークの拡大

　国外には、税務を含む日本の執行権が及ばないことから、各租税条約には締結国の税務当局間での情報交換規定が置かれています。オフショア金融センター^(注)を有する軽課税国・地域（いわゆるタックスヘイブン）等、租税条約を締結していない国との間でも、情報交換に限っては、二国間の情報交換協定や多数国間の税務行政執行共助条約があり、それらにより課税に必要な情報を入手することが可能となっています。日本は、2024年4月1日時点で、情報交換協定等を含め86の租税条約等（対象国では155カ国・地域）を締結しています。

　（注）　オフショア金融センターとは、一般に、その地域の経済規模に不釣合いな規模で外国法人や非居住者に対する金融サービスを提供す

る国・地域のことをいう。通常は税率も低く、いわゆるタックスヘイブンとも重なっており、金融取引に係る規制（本人確認等）が緩く、さまざまな投資スキームが組成しやすいともいわれている。

❷ ３類型による情報交換

租税条約等に基づく情報交換には、次の３つの類型があります。

(1) 要請に基づく情報交換

税務調査において、国内で入手できる情報だけでは事実関係を解明できない場合に、外国の税務当局に、情報の提供を要請する制度です。この制度により、外国法人の決算書や申告書、銀行預金口座等の情報が提供されています。

(2) 自発的情報交換

自国の納税者に対する調査等の際に入手した情報で外国税務当局にとって有益と認められる情報を各国の税務当局が（相手の要請に基づかず）自発的に提供する制度です。

(3) 自動的情報交換

利子や配当、不動産や無形資産の使用料、給与等を支払う際に、支払者が報告を義務付けられている書類（日本では法定調書）から把握される非居住者等への支払いに関する情報を、締結国の税務当局間で一括して送付する制度です。

❸ 情報交換の状況

令和４事務年度（令和４（2022）年７月から令和５（2023）年６月）の情報交換件数は、図表７−８のとおりです。

■図表 7 - 8　情報交換件数

	令和 3 事務年度		令和 4 事務年度	
	国税庁が受領	国税庁が提供	国税庁が受領	国税庁が提供
要請に基づく情報交換	639 件	128 件	641 件	252 件
自発的情報交換	448 件	73 件	812 件	131 件
自動的情報交換	99 千件	767 千件	77 千件	750 千件

（注）　国税庁「令和 4 事務年度　租税条約等に基づく情報交換事績の概要」

Q113 CRS（共通報告基準）による自動的情報交換

CRS（共通報告基準）による非居住者の金融口座情報の自動的交換について教えてください。

Point

- CRS は、OECD が公表した、非居住者に係る金融口座情報を税務当局間で自動的に交換するための国際基準である。
- CRS に従い、各国の金融機関が非居住者に係る金融口座情報を、その国の税務当局に報告し、これを各国の税務当局間で互いに提供することとなる。

Answer & 解説

❶ CRS による非居住者の金融口座情報の交換

国税庁は、租税条約等の情報交換規定に基づき、CRS（Common Reporting Standard：「共通報告基準」）に基づく非居住者金融口座情報（CRS 情報）の自動的情報交換を開始しました。CRS は、非居住者に係る金融口座情報を各国の税務当局間で自動的に交換するために、2014 年に OECD において策定された国際基準です。

令和 5（2023）年 1 月 1 日における情報交換の実施状況は、図 7－9 のとおりです。

❷ CRS の概要

　各国の税務当局は、それぞれ自国に所在する金融機関から非居住者（個人・法人等）に係る金融口座情報の報告を受け、それをその非居住者の居住地国の税務当局に対して、年1回まとめて互いに提供します。

　非居住者の金融口座情報を報告する義務を負う金融機関（以下「報告金融機関等」という）は、銀行等の預金機関（Depository Institution）、生命保険会社等の特定保険会社（Specified Insurance Company）、証券会社等の保管機関（Custodial Institution）及び信託等の投資事業体（Investment Entity）です。報告の対象となる口座情報は、口座保有者の氏名・住所、納税者番号、口座残高、利子・配当等の年間受取総額等です（図表7 − 10参照）。

❸ CRS の情報交換の状況

　平成30事務年度から令和4事務年度におけるCRSによる情報交換の状況は図表7 − 11のとおりです。外国税務当局から受領したCRS情報の件数も、日本の国税庁から提供したCRS情報の件数も年々増加しています（図表7 − 11参照）。

■図表 7 − 9　CRS に基づく自動的情報交換の実施時期に関するコミット状況（令和 5（2023）年 1 月 1 日現在）

① 2017 年に初回交換（49 か国・地域）

アイスランド、アイルランド、アルゼンチン、イタリア、インド、英国、（英）アンギラ＊、（英）英領バージン諸島＊、（英）ガーンジー、（英）ケイマン諸島＊、（英）ジブラルタル、（英）ジャージー、（英）ターコス・カイコス諸島＊、（英）バミューダ＊、（英）マン島、（英）モンセラット＊、エストニア、オランダ、キプロス、ギリシャ、クロアチア、コロンビア、サンマリノ、スウェーデン、スペイン、スロバキア、スロベニア、セーシェル、大韓民国、チェコ、デンマーク、（丁）フェロー諸島、ドイツ、ノルウェー、ハンガリー、フィンランド、フランス、ブルガリア、ベルギー、ポーランド、ポルトガル、マルタ、南アフリカ共和国、メキシコ、ラトビア、リトアニア、リヒテンシュタイン、ルーマニア＊、ルクセンブルク

② 2018 年に初回交換（51 か国・地域）

アゼルバイジャン、アラブ首長国連邦＊、アンティグア・バーブーダ＊、アンドラ、イスラエル、インドネシア、ウルグアイ、オーストラリア、オーストリア、（蘭）アルバ、（蘭）キュラソー、（蘭）セントマーティン＊、カタール＊、カナダ、クック諸島、グレナダ、コスタリカ、サウジアラビア、サモア＊、シンガポール、スイス、セントクリストファー・ネービス、セントビンセント及びグレナディーン諸島＊、セントルシア、中華人民共和国、（中）香港、（中）マカオ＊、チリ、（丁）グリーンランド、ドミニカ国＊、トリニダード・トバゴ、トルコ、ナウル＊、ニウエ、日本、ニュージーランド、バーレーン＊、パキスタン、パナマ、バヌアツ＊、バハマ＊、バルバドス、ブラジル、ブルネイ・ダルサラーム＊、ベリーズ＊、マーシャル諸島＊、マレーシア、モーリシャス、モナコ、レバノン＊、ロシア

③ 2019 年に初回交換（2 か国・地域）

ガーナ、クウェート＊

④ 2020 年に初回交換（4 か国・地域）

オマーン＊、ナイジェリア、（仏）ニューカレドニア＊、ペルー

⑤ 2021 年に初回交換（3 か国・地域）

アルバニア、エクアドル、カザフスタン

⑥ 2022 年に初回交換（2 か国・地域）

ジャマイカ、モルディブ

⑦ 2023 年に初回交換（3 か国・地域）

タイ、モンテネグロ、ヨルダン

⑧　2024 年以降に初回交換（11 か国・地域）

ウクライナ（2024）、ケニア（2024）、ジョージア（2024）、チュニジア（2024）、モルドバ（2024）、アルメニア（2025）、ウガンダ（2025）、セネガル（2025）、モロッコ（2025）、ルワンダ（2025）、モンゴル（2026）

⑨　初回交換時期未定（45 か国・地域）

アルジェリア、アンゴラ、ウズベキスタン、エジプト、エスワティニ、エルサルバドル、カーボベルデ、ガイアナ、ガボン、カメルーン、カンボジア、北マケドニア、ギニア、グアテマラ、コートジボワール、コンゴ共和国、コンゴ民主共和国、シエラレオネ、ジブチ、ジンバブエ、セルビア、タンザニア、チャド、トーゴ、ドミニカ共和国、ナミビア、ニジェール、ハイチ、パプアニューギニア、パラオ、パラグアイ、フィジー、フィリピン、ブルキナファソ、ベトナム、ベナン、ベラルーシ、ボスニア・ヘルツェゴビナ、ボツワナ、ホンジュラス、マダガスカル、マリ、モーリタニア、リベリア、レソト

（注）1　下線は日本との間における CRS に基づく自動的情報交換の実施対地域（110 か国・地域）。
　　　2　＊は日本から CRS 情報の提供を行わない国・地域（26 か国・地域）である。

■図表 7 − 10　交換される金融口座の情報（イメージ）

送信国 Transmitting Country	AU（豪州）
報告金融機関 Reporting FI	
金融機関名称 Name	XX. Bank
住所 Address	XXX, Sydney Australia XXX-XXXX
口座情報 Account Report	
ファーストネーム First Name	Taro
ラストネーム Last Name	Kokuzei
納税者番号 TIN	999999999

居住地国 Residence Country	JP
住所 Address	3-1-1 Kasumigaseki Chiyoda-Ku Tokyo Japan 100-8978
口座残高 Account Balance	200,000,000
通貨種別 Currency Code	JPY
支払情報 Payment	
支払種別 Payment Type	CRS502（利子）
支払金額 Payment Amount	1,000,000
通貨種別 Currency Code	JPY

（出典）　国税庁「CRS情報の自動的情報交換の開始について」

■図表７－11　CRS情報の交換状況　　　　　　　　（千件）

	H30 事務年度	R元 事務年度	R2 事務年度	R3 事務年度	R4 事務年度
外国税務当局から受領したCRS情報	744	2,058	1,906	2,500	2,526
国税庁から提供したCRS情報	90	473	650	651	532

（出典）　国税庁「令和４事務年度　租税条約等に基づく情報交換事績の概要」

❹ 受領した情報の活用

　受領した金融口座情報は、国外送金等調書（Q108 参照）、国外財産調書（Q110 参照）、財産債務調書（Q111 参照）、その他すでに保有している情報と併せて分析されます。国税庁は、これらの分析を通じて、国外への資産隠しや国際的な租税回避行為等の課税上の問題に対応していく旨を表明しています。

　また、徴収の分野においても、受領した金融口座情報を活用し、外国税務当局への徴収共助の要請等を行っていく旨も合わせて表明しています。

第 **8** 章

国内の
不動産登記手続
と各国の相続法

Ⅰ 外国人当事者の相続登記手続

Q114 国際相続における準拠法

日本に存在する不動産について、相続を原因とする登記の手続を行うに当たり、被相続人又は相続人に外国人が含まれる場合や、国外に居住する日本人がいる場合には、適用される法律はどの国の法律なのでしょうか？

Point

- どの国の法律が適用されるのか、適用される法律（準拠法）を決定する。

Answer & 解説

❶ どの国の法律を適用するのか

ある人が不動産を所有して死亡したとき、まずは誰が相続人になるのか、相続の順位はどうなるのか、相続の持分はどうなるのかといった「相続」についての法律関係を検討します。日本人の相続であれば、日本の民法に従って判断します。

被相続人が外国人の場合には、まずどの国の法律が適用されるのかが問題となります。この適用される法律を準拠法といいます。

❷ 準 拠 法

　日本の国際私法「法の適用に関する通則法」（以下「適用通則法」
という）は、相続に関して次のように定めています。

■適用通則法

> （相　　続）
> 第36条　相続は、被相続人の本国法による。

　被相続人が外国人の場合には、被相続人の本国法が適用されま
す。逆に被相続人が日本人の場合には、相続人が外国人であっても
日本の民法が適用されます。

　したがって、誰が相続人になるのか、相続の順位から相続分、相
続人の欠格事由、相続の承認や放棄、遺産分割はできるのか、と
いった相続に関する事項は、「被相続人」の「本国の法律」によっ
て判断するということになります。

　なお、「本国」とはどの時点での本国を指すのでしょうか。

　例えば、亡くなる直前に日本に帰化していたような場合にはどう
なるのかというと、死亡時点での被相続人の本国法と考えるのが定
説であり、死亡時には日本に帰化していた場合は日本の法律による
こととなります。

❸ 反　　致

　ところで、適用通則法36条によって被相続人の本国法を確認し
たところ、被相続人の本国の国際私法において、相続に関しては日

本の法律によって判断すべきと規定されている場合には、どちらの国の法律を適用することになるのでしょうか。

　そのような場合には、適用通則法 41 条が適用され、結果として日本の法律が適用されることになります。これを反致といいます。

■適用通則法

> （反　　致）
> 第 41 条　当事者の本国法によるべき場合において、その国の法に従えば日本法によるべきときは、日本法による。（以下略）

❹　未承認国・分裂国の準拠法

　未承認国や分裂国の準拠法は、どのように考えるべきでしょうか。例えば、革命により新国家が成立した際、国際法上はその国家を承認しない場合もあります。また、1 つの国の中に承認された国と承認されていない国が対立しているような場合もあります。

　現在、中国には中華人民共和国と中華民国とが存在し、朝鮮半島には大韓民国と朝鮮民主主義人民共和国が存在します。このような場合にはどちらの法律を本国法として考えるべきかという問題です。

　この場合、その者の属する地の法律がどちらであるかによって、本国法を決定するという考え方をとるのが通説です。

　その当事者がより密接な法律関係を持つと判断される地の法律を適用するのが相当ですから、日本が承認していない国家の法律であっても準拠法として適用することができます。

❺ 準拠法決定の考え方〜相続分割主義と相続統一主義

国際的に見ると、相続準拠法の決定については2つの考え方があります。

1つは被相続人の本国法等をもって準拠法とする相続統一主義という考え方です。日本はこの考え方を採用しています。

もう1つは、相続財産の所在地法をもって準拠法とする相続分割主義という考え方です。この考え方は、不動産と動産を区別して、不動産についてはその不動産の所在地法により、動産については被相続人の住所地法や本国法によるとするものです。

つまり、後者の考え方を採用する国では、不動産については不動産の所在地の法律によるので、日本に不動産を所有する外国人の相続に関しては日本の民法が適用されるということになります。

❻ 相続財産移転の考え方〜包括承継主義と管理清算主義

諸外国の相続法では財産の移転についても、2つの考え方があります。

1つは包括承継主義という考え方で、相続が発生すると相続財産は積極財産も消極財産も問わず相続人に承継されるというものです。日本はこの考え方を採用しています。

もう1つは、管理清算主義を採用する法制で、これは、被相続人の遺産は直接相続人に帰属せず、裁判所等で選任された遺産執行人又は遺産管理人にいったん帰属し、遺産執行者等が負債を整理し、それでも積極財産が残った場合にのみそれを相続人や受遺者に承継

させるというものです。

❼　前提問題

　相続に関する法律の適用については適用通則法36条の問題ですが、相続の前提となる被相続人との婚姻関係、親子関係、親族関係の問題については、それぞれ別の問題としてどの国の法律によるのか検討する必要があります。これを「前提問題」といいます。

　例えば、日本在住の外国人に相続が生じた場合に、相続の問題の前提として、相続人になる配偶者である日本人との婚姻の成立について問題があった場合、婚姻の成立の問題が前提問題、相続の問題を本問題といいます。

　前提問題はどの準拠法によって解決すべきかという点について、判例は「その前提問題が国際私法上、本問題とは別個の法律関係を構成している場合には、その前提問題は法廷地である日本の国際私法により定まる準拠法によって解決すべきである」としています（最高裁平成12（2000）年1月27日判決・民集54巻1号1頁）。

　日本の国際私法である適用通則法は、単位法律関係ごとに準拠法を定めており、自然人の行為能力（4条）、成年後見（5条）、失踪宣告（6条）、婚姻の成立及び方式（24条）、婚姻の身分的効力（25条）、夫婦財産制（26条）、離婚（27条）、嫡出親子関係の成立（28条）、非嫡出親子関係の成立（29条）、婚姻準正（30条）、養子縁組の成立等（31条）、成立した親子間の法律関係（32条）、その他の親族関係（33条）、後見等（35条）、遺言の形式的成立及び効力（37条）の規定があります。

　なお、遺言の「方式」については「遺言の方式の準拠法に関する法律」という特別法を設けており、遺言の成立当時の遺言者の本国

法（適用通則法 37）の方式だけでなく、遺言者の行為地法、住所地法、不動産の所在地法等のいずれかの方式に適合していれば、その有効性を認めています。

　遺言の「内容」については、通則法に定められた準拠法によって適法とされるものである必要があり、「方式」と「内容」を区別しています。

Q115 必要書類

　日本に存在する不動産について、相続を原因とする登記の手続を行うに当たり、被相続人又は相続人に外国人が含まれる場合や、国外に居住する日本人がいる場合には、どのような書類を準備すればよいのでしょうか？

Point

- ①相続を証明する書類、②住所を証する書面、③印鑑証明書（署名証明書）をそろえる。

Answer &解説

　相続に関して適用される法律は、**Q114** のように準拠法決定の問題として検討されますが、日本に存在する不動産についての登記手続には、当然ながら日本の不動産登記法が適用されます。

　相続を原因とする登記の手続において要求される書類は、主に①相続を証明する書類（**Q116** 参照）、②住所を証明する書類（**Q117** 参照）、③印鑑証明書（署名証明書）（**Q119** 参照）です。

　なお、登記を申請する際、外国語で作成された添付書類については翻訳文を添付します。

Q116 相続を証明する書類

相続を証明する書類は、どのような書類でしょうか？

Point

・いつ相続が発生したのか、だれに相続権があるのか、相続人は他には存在しないという事実を証明する書類をそろえる。

Answer & 解説

❶ 相続を証明する書類とは

「相続を証明する書類」とは、いつだれについて相続が発生したのか、だれに相続権があるのか、そして相続人はその他には存在しないという事実を証明する書類をいいます。

日本には戸籍制度があるので、戸籍謄本の記載から、親子や兄弟姉妹、夫婦等の関係や変動の経過を確認することができます。

しかし、世界全体でみると、日本の戸籍制度のように身分関係の変動を連続的に記録・管理する制度を採用する国は少数です。わずかに台湾、韓国（ただし、2008年に廃止）と日本に存在するくらいなのです。

多くの国々では、系統的・連続的な証明という制度はなく、出生証明書、婚姻証明書、死亡証明書といった事実ごとの断片的な証明制度を設けています。

これらの証明書では被相続人の死亡の事実や、ある相続人に相続権があることを証明できたとしても、「他に相続人がいない」という事実は証明ができません。例えば、被相続人のある１人の子供の出生証明書があったとしても、被相続人には何人の子供がいたのかということはわかりません。その子供１人だけかもしれないし、他にも兄弟がいるかもしれません。

　これらの国の国民が相続人として相続登記を申請する場合には、「申請人が相続人であること」及び「申請人以外に相続人がいないこと」を証明したその外国の官公署の証明書によって相続を証する書面とするほかないという場合もあります。

　具体的には、本国政府や大使館等の政府機関（本国所属の公証人も含む）の作成した宣誓供述書を作成することになります（図表8－1参照）。

❷　遺産分割や相続放棄等の内容を証明する書類

　日本人の相続の場合には、戸籍謄本等のほか、遺産分割があった場合には遺産分割協議書、相続放棄があった場合には相続放棄申述受理証明書といった書類を提出することになりますが、外国人の相続において反致せず準拠法が被相続人の本国の法律となる場合には、遺産分割ができるか、相続放棄ができるかという点も本国の法律によるので、本国法においてそのような制度が認められている場合には遺産分割や相続放棄等の内容を証明する書類が相続を証する書類の一部となります。

❸　日本に居住する外国人の「本国への届出」

　日本に居住する外国人については、日本の戸籍法が適用され、日

■図表8-1 「申請人が相続人であること」及び「申請人以外に相続人がいないこと」の証明書（例）

Ａｆｆｉｄａｖｉｔ
宣誓供述書

I , ○○○○○, domiciling at △△△△△△△△△△△ USA, do solemnly and sincerely declare that;

アメリカ合衆国△△△△△△△△△△△に住む私○○○○○は以下のとおり宣誓して供述する。

1　My name ,address and date of birth are as follows;
　　　Name：○○○○○
　　　Address: △△△△△△△△△△△ USA
　　　Date of birth: ××××，××××
2　I am a citizen of the United States of America.
3　My mother,□□□□□, died on December 11, 2023
4　I confirm and swear that there are no heirs to deceased
　　□□□□□, (Last address: ■■■■■■■■■■■) who is my mother other than her husband's ●●●●●, her daughter's ○○○○○.

1　私の氏名、住所、生年月日は下記のとおりである。
　　　氏名：　○○○○○
　　　住所：アメリカ合衆国△△△△△△△△△△△
　　　生年月日：××××年××月××日
2　私の国籍はアメリカ合衆国です。
3　私の母□□□□□は2023年12月11日に死亡した。
4　私は私の母□□□□□（最後の住所：■■■■■■■■■■■）の相続人は、母の夫●●●●●と娘の○○○○○のみであり、他には相続人がいないことを確認して宣誓する。

And I make this solemn declaration conscientiously believing the same to be true.
　上記は真実に間違いないことを宣誓する。

Signature of　○○○○○
（以下略）

本人と同様に出生や死亡等の報告的届出が必要とされます。また、婚姻や養子縁組のような創設的な届出をすることもできます。

　しかし、日本の戸籍法に基づく届出と本国の法律に基づく届出は関連付けられていないため、別個に手続を行う必要があります。

　長年日本に在留し続けてきた外国人の場合には、日本における出生届や婚姻届の手続は行っていても、本国への届出は行っていないケースが多く見られます。

　家族何世代にもわたって日本で生活をしてきたために、そもそも本国へも届出の必要があることを知らず、知っていても差し迫って実益がないために怠ってしまうことが多いようです。

　また、日本に不動産という資産を形成するまでに至る外国人は、長期にわたって日本で生活し、中には日本で生まれ育って本国には訪れたこともないというような者も多く見られます。自分のルーツが外国にあることを知らず、日本人として生まれ育ち、親の相続に際して戸籍を調査して初めて自分の親が帰化した外国人であったことを知るというようなケースもあります。

　すると、本国の証明を取得しても実際の身分関係が反映されていない上に、本国での証明を取得するための情報もないようなこともあり得ます。そのような場合には外国人登録原票（**Q118** 参照）の記載や、日本における出生届や婚姻届等の書類を集めて補完する必要があります。

Q117 住所を証明する書類

相続人の住所を証明する書類は、どのような書類でしょうか？

Point

- 相続人の住所を証明する書類が必要だが、住民登録制度がある
  国は少ない。

Answer &解説

❶ 相続人の住所を証明する書類とは

　相続の登記の申請においては、相続人の住所を証明する書類の添付が必要となります。日本人であれば住民基本台帳法に基づく住民登録制度があるため、その住所の証明書の取得は比較的容易です。しかし、日本の住民登録のような制度がある国のほうが少なく、住民票のような証明書も取得できないことが多くあります。

❷ 外国に居住する外国人（自然人）

　外国に住所を有する外国人が所有権の登記名義を取得する場合の住所を証明する書類は、次の2通りと定められています。なお、この取扱いは令和6（2024）年4月1日以後にされる登記の申請について実施されます。

(1) 登記名義人となる者の本国又は居住国の政府の作成に係る住所を証明する書面（これと同視できるものを含む）

　登記名義人となる方の「本国」又は「居住国」の政府（領事を含む）が、日本の住民票に相当する証明書を発行している場合は、その証明書をもって住所を証明する書面とします。

　韓国には住民登録法があり、台湾では戸籍制度（住民登録の意味を持つ）があるので、それらの証明書を、住所を証明する書類として使用することができます。

　「これと同視できるもの」について、本国又は居住国の政府が作成した住所を証明する電子データの内容を出力した書面についても、その内容を確認することのできるものについては、これに該当します。

　例えば、政府のウェブサイトにおいてその書面に記載された番号を入力するなどの方法により、そのデータが当該政府の作成したものであることを確認することのできるものについては、その確認結果画面の内容を書面に出力したものと併せて添付したものが想定されています。

(2) ①登記名義人となる者の本国又は居住国の公証人の作成に係る住所を証明する書面及び②旅券の写し

　①については、登記名義人となる方が、氏名及び住所が真実であることを宣誓した上署名した文書であって、その者の本国又は居住国の公証人が認証したもの、いわゆる「宣誓供述書」が該当します。

　なお、本国及び居住国のいずれも公証制度がない、登記名義人となる者が疾病、障害等により本国及び居住国のいずれにも帰国できないといったやむを得ない事情によって、本国又は居住国の公証人

の認証したものを取得することができないときは、日本の公証人の認証したものによることも認められる場合もあります。

②の旅券の写しについては、以下の要件を満たすものである必要があります。

・①の書面が作成された日又は登記申請の受付の日において有効な旅券の写しであること。

・登記名義人となる方の氏名及び有効期間の記載及び写真の表示のあるページの写しが含まれていること。

・①の書面と綴り合せるなどの方法で一体の書類となっていない旅券の写しについては、原本と相違がない旨の記載及び登記名義人となる者の署名又は記名押印がされていること。

なお、登記名義人となる方が旅券を所持していないときは、その旨の上申書及びその他の本人確認書面の写し等を添付する方法もあります。

❸　日本に居住する外国人

中長期在留者又は特別永住者等については住民基本台帳法に基づいて住民票が作成されるため、市区町村発行の住民票を添付します（ **Q118** 参照）。

中長期在留者や特別永住者等の一定の資格を有しない外国人については、外国人の本国の在外公館が発行した在留証明書等を、住所を証する書面として添付します。

❹　外国に居住する日本人

日本の住民票には国外に出国した旨のみ記載され、外国での住所は記録されず、外国の住所を証明する書類としては使用すること

ができません。

　そのため、外国に在住する日本人の住所を証明する書類として
は、在外の日本大使館や領事館で発行された在留証明書を提供しま
す。また、在住国の公証人の発行した住所証明書でも差し支えない
とされています。

■図表8−2　住所を証明する書類（現在の住所のみの証明）の記入例

形式 1

在　留　証　明　願

令和 ○○ 年 ○ 月 ○ 日

在アメリカ合衆国日本国大使　殿

申請者氏名 証明書を 使う人	証明 太郎	生年 月日	明・大 昭・平・令 39 年 3 月 22日
代理人氏名 （※1）		申請者との関係 （※1）	
申請者の 本籍地 （※2）	東京　都・道 　　　府・県	提出先が必要とする場合は戸籍のとおり番地 まで記載してください。	
提出理由	遺産分割協議書	提出先	○○司法書士

私（申請者）が現在、下記の住所に在住していることを証明してください。

・メリーランド州ベゼスダ市　・バージニア州アーリントン郡

現 住 所	日 本 語	アメリカ合衆国コロンビア特別区ワシントン市北西 マサチューセッツ通り2520番地
	外 国 語	2520 Massachusetts Ave., N.W., Washington, DC 20008 U.S.A
上記の場所に住所（又は居所）を 定めた年月日（※2）		提出先と確認し必要であればご記入下さい。空欄にもできます。 20 ○○ 年 XX 月

（※1）本人申請の場合は記入不要です。　　　　住所を立証する疎明資料をもとに年月をご記入ください
（※2）申請理由が恩給、年金受給手続きのとき、及び提出先が同欄の記載を必要としないときは記入を省略することが
　　　できます。

在　留　証　明

証第BH　　−　　　　　号

上記申請者の在留の事実を証明します。

　　令和　　　年　　　月　　　日

　　　　　　　在アメリカ合衆国日本国特命全権大使

　　　　　　　　　　　外 務 省 一 郎

（手数料：米貨　　　ドル　）

（出典）在米国日本国大使館提供資料

■図表8−3 住所を証明する書類（過去から現在の住所証明）の記入例

形式 2

在 留 証 明 願

令和 ○ 年 ○ 月 ○ 日

在アメリカ合衆国日本国大使 殿

申請者氏名 証明書を 使う人	証明 太郎		生 年 月 日	明・大 ㊆・平・令	39年 12 月 12 日
代 理 人 氏 名 （※1）			申請者との関係 （※1）		
申請者の 本籍地 （※2）	東京	都・道 府・県	提出先が必要とする場合は戸籍のとおり番地 まで記載してください。		
提 出 理 由	不動産登記手続き		提 出 先		東京法務局

私（申請者）が現在、下記の住所に在住していること、及び別紙の事実を証明してください。

> メリーランド州ベゼスダ市
> バージニア州マクレーン市

現 住 所	日 本 語	アメリカ合衆国コロンビア特別区ワシントン市北西 マサチューセッツ通り2520番地	
	外 国 語	2520 Massachusetts Ave., N.W., Washington, DC 20008 U.S.A	
	上記の場所に住所（又は居所）を 定めた年月日（※2）	2005 **年** 4 **月**	

（※1） 本人申請の場合は記入不要です。　　　　住所を立証する疎明資料をもとに年月日をご記入ください
（※2） 申請理由が恩給、年金受給手続きのとき、及び提出先が同欄の記載を必要としないときは記入を省略することが
　　　　できます。

在 留 証 明

証 第 BH　　　−　　　　　号
上記申請者の在留の事実及び別紙の事実を証明します。

　　令和　　　年　　　月　　　日
　　　　　在アメリカ合衆国日本国特命全権大使

　　　　　　　　　　外 務 省 一 郎

（ 手 数 料 ： 米 貨　　ドル ）

（1／2）

過去の住所

1	1991 年 8 月から 1999 年 8 月まで	アメリカ合衆国バージニア州 アーリントン郡モンロー通り 3055番地
2	1999 年 8 月から 2005 年 4 月まで	アメリカ合衆国メリーランド州 ベゼスダ市テキサス通り 1010番地 302号
3	年 月から 年 月まで	
4	年 月から 年 月まで	
5	年 月から 年 月まで	

同居家族

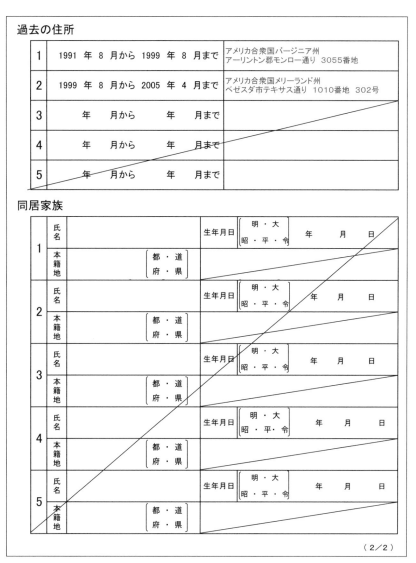

（出典）在米国日本国大使館提供資料

Q118 外国人住民票と外国人登録原票

外国人住民票と外国人登録原票の制度について教えてください。

Point

- 平成 24（2012）年 7 月 9 日から日本に在住する外国人についても、住民基本台帳法が適用されることとなった。
- 外国人登録原票の制度は廃止されたが、生活歴を知る重大な手がかりとなるので、相続を証明する書類の補完となる。

Answer & 解説

❶ 外国人住民票の制度

平成 24（2012）年 7 月 9 日、住民基本台帳法の一部改正により、日本に在住する外国人についても住民基本台帳法が適用され、日本人と同様の世帯ごとの住民票が編製されることとなりました。

ただし、その対象は「中長期在留者」、「特別永住者」、「一時庇護許可者」、「仮滞在許可者」、「出生又は国籍喪失による経過滞在者」に限られるため、一時的に日本に居住する外国人は外国人住民票の対象外となります。中長期在留者や特別永住者である外国人については、外国人住民票が住所を証する書面となります。

❷ 外国人住民票の制度の創設以前の在留外国人の管理制度

　外国人住民票の制度が創設される以前も、外国人登録法による外国人登録制度は存在しました。日本に在留する外国人は、「氏名」「国籍等」「国籍国の住所又は居所」「出生地」等の登録事項を登録し、外国人登録原票記載事項の証明書の交付を受けることができました。

　外国人登録原票には、氏名や出生の年月日、居住地、男女の別のほか、国籍や国籍の属する国における住所又は居所、上陸許可の年月日、申請に係る外国人が世帯主である場合は、世帯を構成する者の氏名、出生の年月日、国籍、世帯主との続柄、日本にある父母及び配偶者の氏名、出生の年月日及び国籍といった事項が記載され、被相続人の生活歴を知る重大な手がかりとなります。

　外国人住民票制度の創設に伴い、外国人登録制度が廃止され、それまで各市区町村で管理されていた外国人登録原票は法務省に送付され、現在は出入国在留管理庁において保管されることとなりました。

　外国人登録原票の記載事項証明を請求したい場合には、出入国在留管理庁に対して開示の手続を行います。その場合は、開示請求者が限られており、かつ開示までにおよそ1カ月程度の期間を要します。

Q119 印鑑証明書に代わる署名証明書

印鑑登録制度のない国では、印鑑証明書に代えて、どのような
書類を用意したらよいでしょうか？

Point

・印鑑証明書に代わる書類として署名証明書がある。

Answer & 解説

❶ 印鑑証明書に代わる書類

　相続の登記の申請において、遺産分割協議書等に相続人が実印を
押印し、その印鑑に係る印鑑証明書を添付すべき場合があります。
しかし印鑑を使用するという文化はあまりなく、印鑑登録という制
度も稀であるので、これに代わる書類を準備する必要があります。

❷ 外国に居住する外国人

　署名が本人のものであることについての、本国所属の官公署、在
日公館又は本国の公証人による署名証明書を取得します。
　なお、台湾には印鑑登録の制度が存在するので印鑑証明書の発行
を受けることができますが、この場合であっても台湾政府の官公署
又は公証人の署名証明書を添付しても差し支えありません。

❸　日本に居住する外国人

　中長期在留者等で住民登録を受けている場合には、在住する市区町村において印鑑証明書の発行を受けることができます。

❹　外国に居住する日本人

　在住国の日本大使館又は日本領事館で署名証明書を受けることが通例です。領事館で印鑑登録及び印鑑証明書の発行事務が行われている場合は、印鑑証明書の交付を受けることも可能です。

　また、居住地が日本の在外公館と離れているなど、領事が作成した署名証明を取得することが困難なときは、外国の公証人が作成した署名証明を添付することも認められています。

■図表8－4　署名証明書の例（大使館公印割印タイプ）

署名証明　形式1 記入見本

日本から送られてきた書類例

証　明　書

以下身分事項等記載欄の者は、本職の面前で添付書類に署名
（及び捺印を押捺）したことを証明します。

身分事項等記載欄

氏　名	：	外務　太郎
生年月日	：	（昭・大・平） 40 年 12 月 1 日
日本旅券番号	：	TZ1234567
備　考	：	

※氏名の漢字等綴りは申請人の申告に基づく場合があります。

公印

証第　　　一　　　号
平成　　　年　　　月　　　日
在シンガポール日本国特命全権大使

公印

（手数料 SS　）

署名した書類に証明
書を貼り付けし、大
使館の公印を割印し
ます。

委任状

私、外務太郎は全ての手続きを外務花子に委任します。

住所： シンガポール共和国 ナッシムロード16

ナッシムコンド#03－03

署名：　外務　太郎

（捺印）

注意！
大使館にご来館頂き、職員の面前
でご署名頂きます。署名した書類
に証明書をのり付けし、大使館の
公印を割印します。

捺印が必要とされている場合、
右手親指捺印を押捺してください。

（出典）在シンガポール日本国大使館提供資料

■図表8-5 署名証明書の例(所定紙タイプ)

証　明　書

　以下身分事項等記載欄の者は、本職の面前で以下の署名欄に
署名(及び拇印を押捺)したことを証明します。

身 分 事 項 等 記 載 欄	
氏 名　　:	外 務 太 郎
生 年 月 日　:(明・大 ㊐・平)　40 年　12 月　1 日	
日本旅券番号　:	TZ1234567
備　考　:	

※氏名の漢字等綴りは申請人の申告に基づく場合があります。

必要な場合は、
右手親指にて押
捺して下さい。

署名:　外務　　太郎　(拇印)

証第　一　　　号

平成　　年　　月　　日

在シンガポール日本国特命全権大使

公印

(手数料: S$　　　)

(出典) 在シンガポール日本国大使館提供資料

Ⅱ 各国の相続法

Q120 韓　　国

韓国における相続の準拠法に関する規定や、相続法、戸籍制度について教えてください。

Point

- 韓国国籍の被相続人の相続は、韓国の法律による。
- 2008 年に従来の家族単位の戸籍制度は廃止され、個人別の家族関係の情報の登録制度に変更された。

Answer & 解説

❶　準　拠　法

大韓民国国際私法 49 条 1 項により、「相続は死亡当時の被相続人の本国法による」ことから、被相続人が韓国国籍の場合の相続に関する準拠法は大韓民国民法となります。

❷　韓国相続法の特色

⑴　相続開始原因と相続人

相続は、死亡によって開始します（韓国民法 997）。

相続人は、法律の規定によって定まり、遺言による相続人の指定は認められません（韓民民法1000）。

(2) 相続の順位

> 第1順位　直系卑属
> 第2順位　直系尊属
> 第3順位　兄弟姉妹
> 第4順位　四親等以内の傍系血族（韓国民法1000）

　配偶者は常に相続人となります。配偶者が第1順位の直系卑属又は第2順位の直系尊属と共同相続人となる場合は、その相続人と同順位で相続し、これらの相続人がいない場合には、単独で相続します（韓国民法1003①）。つまり、兄弟姉妹と配偶者は共同相続人とはならず、配偶者のみが相続人となります。日本では配偶者と兄弟姉妹が共同相続人となる場合がある点で異なります。

　同順位の相続人が複数あるときは、最も親等が近い相続人が先順位となり、同親等の相続人が複数あるときは共同相続人となります（韓国民法1000②）。

(3) 法定相続分

　法定相続分は、同順位の相続人が数人ある場合には、その相続分は均分とし、被相続人の配偶者の相続分は、直系卑属・直系尊属と共同で相続するときは、その相続分の5割を加算します（韓国民法1009）。

　例えば、配偶者と直系卑属2名が相続人となる場合、

　配偶者の相続分　＝X、直系卑属の相続分＝1：1

　X＝直系卑属の5割増＝1.5

　➡配偶者と直系卑属の相続分の比率は3：2：2となります。

⑷　代襲相続

　代襲相続の制度があり、代襲相続人となるのは、被相続人の直系
卑属、兄弟姉妹の直系卑属（韓国民法 1001）、被相続人の直系卑属
の配偶者、被相続人の兄弟姉妹の配偶者（韓国民法 1003 ②）です。

　被代襲相続人の配偶者が代襲相続人となる点、日本と大きく異な
りますが、配偶者が代襲相続人となる前に、その夫婦の一方が亡く
なり、生存配偶者が再婚した時には、婚姻関係が消滅してその生存
配偶者は代襲相続人となりません。

❸　戸籍制度

　韓国戸籍法（1960 年施行、2008 年廃止）があり、戸籍は「戸主」
を基準として「家」単位で編製されていました。戸主と家族との身
分関係が記録され、身分関係者間の関係を系統的に把握することが
できるものでした。

　2008 年に「家族関係の登録等に関する法律」が施行され、従来
の戸籍のような家族単位の編製ではなく、個人別のデータとして編
製されることとなりました。

　家族関係登録簿は 5 種類あり、登録事項別証明書（「基本証明
書」、「家族関係証明書」、「婚姻関係証明書」、「養子縁組関係証明
書」、「親養子縁組関係証明書」）の発行を受けることができます。

　なお、家族関係登録簿や除籍謄本はコンピュータ化されており、
日本国内においても、韓国大使館領事部や総領事館に出頭すれば、
オンラインの情報処理システムを使って証明書等を入手することが
できます。

　請求権者は本人又は配偶者、直系血族、兄弟姉妹であり、代理人
が請求することもできます。

なお、外国人は登録事項証明書を請求することができないとされていますが、帰化して外国人となった場合（かつて韓国人であった）や、韓国人と婚姻をした外国人であること等が除籍謄本や登録事項別証明書から確認できる場合には、登録事項証明書の交付を請求することができます。

Q121 台　湾

　台湾（中華民国）における相続の準拠法に関する規定や、相続法、戸籍制度について教えてください。

Point

- 台湾国籍の被相続人の相続は、台湾の法律による。
- 相続財産を限度として相続債務の責任を負う有限責任の制度である。
- 戸籍制度があり、住民登録を兼ねている。台湾の戸籍は住所を証明する書類としても使用できる。

Answer＆解説

❶　準 拠 法

　台湾国籍の被相続人の相続の準拠法は、台湾の法律が適用されます。

❷　台湾民法の特徴

(1)　限定相続の有限責任

　相続人は原則として被相続人の一切の権利義務を承継しますが、相続人は被相続人の債務については、相続によって取得した遺産を限度として弁済の責めを負います（台湾民法1148）。

(2) 贈与財産の遺産取得みなし規定

相続人が相続開始前2年以内に被相続人から財産の贈与を受けていたときは、当該財産はその者が取得した遺産とみなされます。贈与された財産が移転又は滅失したときは、贈与時の価額によって計算されます（台湾民法1148の1）。

(3) 相 続 人

配偶者は常に相続人となり、そのほか次の順序によります（台湾民法1138）。

第1順位　直系血族卑属 第2順位　父母 第3順位　兄弟姉妹 第4順位　祖父母

第1順位の相続人は、親等の近い者を先とします（台湾民法1139）。なお、胎児は産まれたものとみなします。

(4) 代襲相続制度

第1順位の相続人が、相続開始前に死亡、又は相続権を喪失したときは、その直系卑属がその相続分を代襲相続します（台湾民法1140）。第3順位の兄弟姉妹について、代襲相続はありません。

日本の民法では兄弟姉妹の子まで代襲相続を認めている点で異なるので、注意を要します。

(5) 相 続 分

配偶者と直系卑属が共同相続するときは、均等となります。したがって、子供が多いほど配偶者の相続分が少なくなります。

父母、兄弟姉妹と配偶者が共同相続するときは、遺産の2分の1が配偶者の相続分となり、祖父母と共同相続するときは、遺産の3

分の2が配偶者の相続分となります。他に相続人がいない時は、配偶者は遺産の全部を相続します（台湾民法 1144）。

(6)　遺産分割

　相続人は、いつでも遺産分割を請求することができます。ただし、法律に別段の定め又は契約に別段の定めがあるときはこの限りではありません（台湾民法 1164）。

　胎児が相続人となるときは、他の相続人はその胎児の相続分を保留することなく遺産分割をしてはなりません。胎児は、遺産の分割に関してその母が代理人となります（台湾民法 1166）。

❸　台湾の戸籍制度

(1)　戸籍の編製方法

　台湾の戸籍の記録は、戸を単位として編製されます。

　台湾の戸籍に記載されている戸籍所在地（「行政区画及び住址」）は、実際に居住する場所でもあり、住民登録の役割も果たしています。そのため、台湾の戸籍は住所を証明する書類としても使用することができます。しかし住所の記録であるため、一度も台湾に居住したことがない場合には台湾の戸籍がないということでもあります。

(2)　戸籍の請求方法

　台湾の戸籍を請求する場合、台湾の戸政事務所に対して交付請求をします。請求できるのは本人又は利害関係人のみです。

　相続人が日本国内にいる場合、台湾に在住している代理人に対して戸籍の請求を委任することは可能ですが、下記のような手順を踏む必要があるので注意を要します。

①　委任をする申請者本人が台北駐日経済文化代表処に出向き、

「授権書」に署名と実印を押印します。この際、印鑑証明書、パスポート等の身分証明書が必要となります。

② 署名押印した授権書の原本を、台湾に在住する受任者に送付します。

③ 受任者が授権書を持って戸政事務所に赴き、戸籍を請求、取得します。取得した戸籍について、台湾国内の公証人の認証を受け、さらに台湾外交部（外務省に相当する役所）で認証を受けます。

④ 戸籍謄本を日本に送付してもらい、申請者本人が台北駐日経済文化代表処へ赴き、戸籍謄本について認証を受けます。

Q122 中　　国

中国（中華人民共和国）における相続の準拠法に関する規定や、相続法、戸籍制度について教えてください。

Point

- 準拠法については相続分割主義（Q114 ❺参照）をとっている。
- 相続財産を限度として相続債務の責任を負う有限責任の制度である。
- 婚姻継続中に取得した夫婦の共同財産については、半分は配偶者の所有として、残りの半分が被相続人の遺産となる。
- 戸口簿という戸籍制度がある。

Answer & 解説

❶　準 拠 法

　中華人民共和国の国際私法である「渉外民事関係法律適用法」第4章相続、第31条で「法定相続については、被相続人の死亡時の常居所地の法律を適用する。ただし、不動産の法定相続については、不動産所在地の法律を適用する」と定めています。

　したがって、中国国籍の被相続人が日本に不動産を残して死亡した場合、その不動産に関する相続の準拠法は、反致（Q114 ❸参照）により日本の法律を適用することになります。

❷ 中国の相続法（中国継承法）

(1) 相続の順位（中国継承法10）

> 第1順位　配偶者、子女、父母
> 第2順位　兄弟姉妹、祖父母、外祖父母

　ただし、婚姻継続中に取得した夫婦の共同財産については、半分は配偶者の所有として、残りの半分が被相続人の遺産となります。つまり、配偶者はその半分の財産について第1順位の相続人の資格で相続します（中国継承法26）。

　子女には、嫡出子、非嫡出子、養子、扶養関係にある継子も含み、全員平等の相続分を受けます（中国継承法10）。

(2) 有限責任制度

　被相続人の遺産の実際価格を超える債務や税金については、相続人は責任を負いません（中国継承法33）。

❸ 戸籍制度

　「戸口登記管理条例」（1958年制定）により、戸籍管理が実施されています。人民委員会又は公安派出所において「戸口登記簿」が管理され、それとともに「居民戸口簿」という冊子が各世帯に配布されています。

　中国の当事者が、居民戸口簿と自らの居民身分証を持参して、戸口の登録機関である公安局に出頭して証明書を取得し、その証明書の記載に基づいて公証員（日本でいう公証人）に出生証明書、住所証明書、親族関係証明書等の証明書を作成してもらうという手続を

取ります。

　ただし、日本のような系統的な戸籍制度ではなく、戸籍謄本のような証明書は発行されません。相続を証する証明書としては前掲図表8－1のような証明書を公証員に認証してもらいます。

第 **9** 章

各国の
相続税制

Q123 米国の連邦遺産税①〜概要

米国の連邦遺産税の概要について教えてください。

> **Point**
>
> - 納税義務者は被相続人であり、被相続人の国籍・居住形態、相続財産の種類等により課税財産の範囲が決まる。
> - 連邦遺産税における米国居住者の定義が、連邦所得税等とは異なり、「ドミサイル」により決定される。
> - 連邦税のみならず、場合によっては州税も課税されることがある。

Answer &解説

❶ 納税義務者

連邦遺産税の納税義務者は被相続人です。日本の場合は相続人が納税義務者になりますので、異なる点の１つです。米国の場合、実務上は亡くなった被相続人に代わって、遺言がある場合はExecutor（遺言執行者）、遺言がない場合は Administrator（遺産管理人）と呼ばれる Personal Representative（人格代表者）が遺産税申告の主体になります[注]。

  （注）　Executor, Administrator, Personal Representative
  　　　　IRS（米国内国歳入庁）の税務申告書用 Instruction によれば、

"The term executor includes *the executor*, *personal representative*, or *administrator* of the decedent's estate. If none of these is appointed, qualified, and acting in the United States, every person in actual or constructive possession of any property of the decedent is considered an executor and must file a return." とあり、法律用語の "Personal Representative" 的な意味合いで "Executor" という用語を用いている。実務上は、指定された弁護士あるいは故人の配偶者・子供等の相続人等がなることが多い。

❷ 課税財産の範囲

被相続人が相続発生時に米国市民又は米国居住者（詳細は下記❸参照）である場合には、財産の所在地にかかわらず、すべての相続財産が課税対象となります（無制限納税義務者となる）。

無制限納税義務者以外の者は、米国国内に所在する財産だけが課税対象となります（制限納税義務者となる）。

被相続人の国籍や居住形態により、納税義務と課税財産の範囲が決定します。日本の相続税と違い、相続人の国籍や居住地は納税義務と課税財産の範囲に影響しません。

相続財産の種類も課税財産の範囲に影響します（詳細は Q124 参照）。

❸ 米国居住者

被相続人が米国市民（米国籍を有する者）ではない場合、米国の居住者であるかどうかで課税対象が異なります。米国居住者の定義が連邦所得税等の場合とは異なり、ドミサイル（定住地）^(注)が米国かどうかで判定します。

（注） Domicile（ドミサイル）

IRS（米国内国歳入庁）の税務申告書用 Instruction によれば、"For estate tax purposes, a resident is someone who had a ***domicile*** in the United States at the time of death. A person acquires a ***domicile*** by living in a place for even a brief period of time, as long as the person had no intention of moving from that place." とあるので、ドミサイルとは、生前に故人が定住する意思があったと想定されるような場所であると考えられる。本質的には、どこにどのくらいの期間住んでいたかの問題ではない。そのため、連邦所得税制上の概念と異なり、連邦遺産税制上では、ビザで米国に滞在する日本人のほか、米国のグリーンカード（永住権）を保持する日本人であっても連邦遺産税制上の非居住者となることがある。

❹　配偶者控除

米国市民の配偶者が相続を受けた場合、免税の対象となります。ただし、米国市民以外（日本国籍を持つ者等）である配偶者が相続を受けた場合、このルールは適用されませんので、控除額を超える部分には連邦遺産税が課されます。

さらに、生前信託の一種である QDOT（Qualified Domestic Trust、米国内国歳入法第 2056A 条）を設定していた場合等には、米国市民以外の配偶者に対する連邦遺産税がいったん繰り延べられます。

❺　州の遺産税又は相続税

州によっては、その州としての遺産税（Estate Tax）又は相続税（Inheritance Tax）のどちらか又はその両方（メリーランド州等）がある場合があります。州の控除額が連邦の控除額より少額な場合も多く、連邦遺産税はゼロでも州税としての遺産税や相続税がかかる場合もあり、注意が必要です。

❻ プロベート（Probate）

　米国の相続法については、日本のような包括承継主義（被相続人の財産及び債務のすべてが相続人に包括的に承継される）という考え方ではなく、管理清算主義（相続開始によって相続財産が一旦清算され、その後残余財産が相続人に分配される）という考え方です。したがって、その Estate（遺産財団）に対して裁判所が関与して相続手続を進めていくことが必要になることがよくあります。その一連の流れ・制度を「プロベート」といいます。

　プロベートになってしまうと、遺言書の有効性確認、相続人や公告を含む債権・債務関係の確定、相続に関する税金や費用の支払、財産の分配など、すべての相続手続を裁判所の管理下で進めます。そのため、大変な手間・時間・費用等が必要になります。長い場合3年程度かかることもあります。また、プロベートになる要件や相続財産の金額のバー（閾値）等は州によって異なります。

　例えば、プロベートを回避するために、相続発生前に下記のような方法が講じられることがよくあります。

① 　財産の共有
- 例：不動産であればジョイントテナンシー＜Joint Tenancy with the Right of Survivorship＞、預金であればジョイントアカウント＜Joint Account＞などの手続・制度があります。

② 　受取人指定
- 例：銀行口座の場合、POD ＜Payable-on-death＞ Account、証券口座は TOD ＜Transfer-on-death＞ Registration、不動産の場合は TOD ＜Transfer-on-death＞ deed などの手続・制度があります。

③ 　生前信託＜Living Trust＞

④　米国にある相続財産の少額化

⑤　相続財産の保有を個人ではなく法人名義にする、など

　ただし、例えばですが、州によってはTOD＜Transfer-on-death＞deed（不動産の場合）等は有効なプロベート回避対策になり得ない場合がある、などのようにケースバイケースですので、詳しくは事前に専門家へご相談ください。

　また、プロベートの手続をスムーズにする（手続を簡素化する又は負担を軽減する）方法として、相続財産に関連する州法に則った遺言書の作成、なども対策としてはあり得ます。

❼　相続放棄

　日本の税法では、単純承認（遺産についてすべての資産と負債を引き継ぐ）・相続放棄（遺産についてすべての資産と負債を引き継がない）・限定承認（遺産について資産の範囲でのみ負債も引き継ぐ）のいずれか3つの方法・手続の形式しかありません。つまり、日本の相続税法上はAll or Nothingの世界で選択肢も限られますが、米国連邦税制上（米国州法上の規定も個別に存在）については、要件を満たせば、遺産の中にある相続財産を特定してその財産だけを放棄するという方法もあります（例：相続財産に預金と不動産があった場合に預金だけを相続するなど）。

　（注）　相続放棄に関する米国連邦税法上の規定・手続等については内国歳入法2518条（b）項（別添の翻訳＜著者による日本語訳あり＞）を参照のこと。

Inlernal Revenue Code
§ 2518 (b), Qualified Disclaimer Defined

For purposes of subsection (a), the term "qualified disclaimer" means an irrevocable and unqualified refusal by a person to accept an interest in property but only if—

2518 (b) (1) Such refusal is in writing,

2518 (b) (2) Such writing is received by the transferor of the interest, his legal representative, or the holder of the legal title to the property to which the interest relates not later than the date which is 9 months after the later of —

    2518 (b) (2) (A) The date on which the transfer creating the interest in such person is made, or

    2518 (b) (2) (B) The day on which such person attains age 21,

2518 (b) (3) Such person has not accepted the interest or any of its benefits, and

2518 (b) (4) As a result of such refusal, the interest passes without any direction on the part of the person making the disclaimer and passes either—

    2518 (b) (4) (A) To the spouse of the decedent, or

    2518 (b) (4) (B) To a person other than the person making the disclaimer.

【補　足】
『§25. 2518-2 Requirements for a qualified disclaimer』より一部抜粋

(b) *Writing*

(1) *Requirements* A disclaimer is a qualified disclaimer only if it is in writing. The writing must identify the interest in property disclaimed and be signed either by the disclaimant or by the disclaimant's legal representative.

(2) *Delivery* The writing described in paragraph (b) (l) of this section must be delivered to the transferor of the interest, the transferor's legal representative, the holder of the legal title to the property to which the interest relates, or the person in possession of such property.

■翻　訳

内国歳入法
2518条 (b) 項　適格放棄 (定義)

本条の細則条項 (a) において、「適格放棄」という用語は、以下の場合に限り、当該財産持分についての遺贈を受けようとする人による取消不能かつ無条件の拒否 (放棄) を意味する。ただし、以下の場合に限られる。

　2518条 (b) 項 (1) 号：そのような相続放棄が書面でなされること。

　2518条 (b) 項 (2) 号：かかる書面が、下記 (2518条 (b) 項 (2) 号 (A) 及び2518条 (b) 項 (2) 号 (B)) のいずれか遅い方から9カ月を経過する日までに書面の受領者に受領されること。そして、その書面の受領者は以下のいずれかの者であること。持分を譲渡する (できる) ようになる者もしくはその法定代理人 (例：遺産財団<Estate>の人格代表者<Personal Representative {Executor, Administrator}、信託財団<Trust>の信託受託者<Trustee>など) 又は、その持分が関係する財産に対する法的権限を持つ者

　　2518条 (b) 項 (2) 号 (A)；放棄者の持分を生じさせる譲渡 (遺贈) が行われた日、又は

　　2518条 (b) 項 (2) 号 (B)；放棄者が満21歳に達した日。

2518条（b）項（3）号：放棄者がその持分を持つことをせず又はその財産上の便益を一切受けていない場合、及び

2518条（b）項（4）号：その拒否（放棄）の結果、その持分は、放棄者側からの何ら指定がなされることなく、以下のいずれかの者に移される（譲渡される、承継される）こと。

2518条（b）項（4）号（A）：被相続人の配偶者、又は

2518条（b）項（4）号（B）：相続放棄をした者以外の者（他の誰か）。

【補　足】
『25.2518条–2項 適格放棄を行うための要件』より一部抜粋

（b）書面
（1）要件：放棄が適格になるのは、それが書面で行われた場合に限られる。その書面は、放棄した資産を特定し、放棄者もしくは放棄者の法定代理人によって署名されたものでなくてはならない。
（2）交付先：このセクション（項）に既述した上記（b）（1）の書面については、持分を譲渡する者もしくはその法定代理人又は、その持分が関係する財産に対する法的権限を持つ者、に対して交付されなくてはならない。

Q124 米国の連邦遺産税②〜米国の非居住者の場合の計算

被相続人が日本人かつ日本に居住している者（連邦遺産税上の非居住者）の場合の連邦遺産税の計算方法を教えてください。なお、税務上の居住者か非居住者かは連邦遺産税上の概念であって、連邦所得税上の概念ではありません。

Point

- 米国の非居住者の課税対象財産は、米国国内に所在する有形資産、米国法人株式等である。
- 財産評価は時価で行われる。
- 被相続人が米国市民や米国居住者でない場合は、納税がなくても一定の手続が必要となる場合がよくある。

Answer &解説

❶ 課税対象となる財産

米国の非居住者に対し連邦遺産税の課税対象となるものは、米国に存在する不動産・現金・貴金属等の有形資産です。米国法人が発行する株式・債券等は課税対象ですが、日本法人が発行する有価証券は、たとえ米国にあったとしても課税財産ではありません。反対に、例えば米国法人が発行する株式であれば、日本の証券会社等を

通して日本で保管していても課税対象です。日本人等米国の非居住者名義の銀行預金は、米国での事業と直接関連がない（not effectively connected with conducting a trade or business within the United States）限り課税対象ではありません。

❷　基礎控除額

被相続人が米国市民や米国居住者でない場合、課税対象とならない財産は合計で6万米ドルまでです。

被相続人が米国市民でない日本の居住者である場合は、日米相続税条約（4条）により、次の算式による控除額が認められます。

統一財産移転税額控除[(注)]

$$\times \frac{\text{米国に所在する財産の価額の合計}}{\text{遺産総額}}$$

（注）　統一財産移転税額控除（unified transfer tax credits）とは、米国市民及び米国居住者に認められている控除額で基礎控除額（Basic Exclusion Amount ＜BSA＞）に税率等を反映させたもの。Gift Tax（贈与税）も含めて被相続人の全生涯を通じた控除枠のこと。基礎控除額については、2024年の場合で1,361万米ドルで、2026年からはこの基礎控除額が大幅に減額される。つまり、2026年以降は2017年以前のように500万米ドル＋インフレ指数加算の金額になる。

　　ちなみに、2026年の基礎控除額は600万米ドル以上700万米ドル以下の金額になる見込み。ただし、例えば2人目の親が亡くなった場合のように両親からの相続に対しては、その2倍分の基礎控除額がある。

　　また、米国贈与税（Gift Tax）の年間基礎控除額（Annual Exclusion）は2024年の場合で1万8,000米ドル（夫婦合算で3万6,000米ドル）で、相続税（遺産税）・贈与税ともに、米国の場合は日本と異なり、この基礎控除額は受贈者（相続人）1人当たりでは

なく贈与者（被相続人）1人当たりとなる。納税義務者が受贈者（相続人）でなく贈与者（被相続人）であるためである（図表9－1の(A)部分）。

　したがって、米国にある遺産総額が6万米ドルを超えても連邦遺産税はゼロになることが多いのですが、自動的にゼロになるわけではありません。この控除額の適用を受けるためには、IRS（米国内国歳入庁）に対し全世界に存在する相続財産の内容を開示する必要があります。

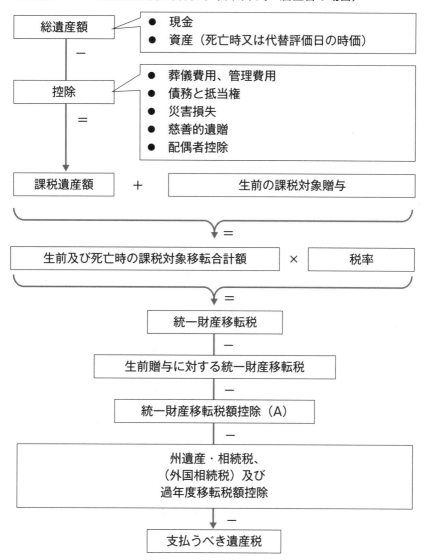

■図表9-1　連邦遺産税の計算式（米国市民・居住者の場合）

総遺産額
- 現金
- 資産（死亡時又は代替評価日の時価）

－

控除
- 葬儀費用、管理費用
- 債務と抵当権
- 災害損失
- 慈善的遺贈
- 配偶者控除

＝

課税遺産額　＋　生前の課税対象贈与

＝

生前及び死亡時の課税対象移転合計額　×　税率

＝

統一財産移転税

－

生前贈与に対する統一財産移転税

－

統一財産移転税額控除（A）

－

州遺産・相続税、
（外国相続税）及び
過年度移転税額控除

－

支払うべき遺産税

❸ 財産の評価方法

⑴ 評価基準日

　相続した財産の評価方法（金額の算定）ですが、まず、相続日における時価（FMV：Fair Market Value）を用いることになります。課税対象財産全体としての財産評価額を引き下げる効果がある場合にのみ、相続発生日の時価に代わって、相続発生から6カ月後の代替評価日（Alternative Valuation Date）における時価（相続発生後6カ月以内にその財産を処分した場合は処分価格）を用います。代替評価日の選択は、個別資産ごとではなく、すべての資産に対して行います。

⑵ 時　　価

　時価とは、関連者以外の独立した第三者へ売却した場合のその時の市場価格になります。

　例えば、現在保有中の不動産の時価については、適格な専門家による鑑定が必要です。鑑定者についての明確な定義はないものの、①鑑定者として公開され、②鑑定業務を定期的に業として行っていて、③過大評価・過小評価を行った場合には罰金の対象になるような業者で、④被相続人や相続人等と利害関係がない独立した第三者であることが必要とIRC（米国内国歳入法）で定められています。

　さらに、2006年のIRSの通達番号96のガイドラインで、①周知の不動産鑑定関係組織からその鑑定技能についての認可を受けており、②不動産鑑定業務に必要不可欠な訓練と経験が検証可能なかたちで施され、③その訓練と経験については最低限の要件を満たしていることが求められています。

　もちろん、こうした要件は、米国以外に存在する不動産の価値を

算定する際や、米国以外の不動産鑑定に関する専門家にまでそのまま当てはめて考えるのは非現実的な場合もありますが、少なくとも米国内の不動産価値の評価については、こうした観点からチェックが行われます。日本国内の不動産で日本の国税庁が使用している路線価や、各国の不動産でその国が使用する固定資産税評価等は、時価として認めてもらえないケースが多くあります。

❹ 税 率

連邦遺産税の税率は、図表9−2のとおりです。最高税率が40％、最低税率が18％になります。

■図表9−2　2024年米国贈与税・遺産税の税率

課税贈与額・課税遺産額		税率
	10,000 米ドル以下	18%
10,000 米ドル超	20,000 米ドル以下	20%
20,000 米ドル超	40,000 米ドル以下	22%
40,000 米ドル超	60,000 米ドル以下	24%
60,000 米ドル超	80,000 米ドル以下	26%
80,000 米ドル超	100,000 米ドル以下	28%
100,000 米ドル超	150,000 米ドル以下	30%
150,000 米ドル超	250,000 米ドル以下	32%
250,000 米ドル超	500,000 米ドル以下	34%
500,000 米ドル超	750,000 米ドル以下	37%
750,000 米ドル超	1,000,000 米ドル以下	39%
1,000,000 米ドル超		40%

❺ 情報開示と名義書換え

連邦遺産税の税務申告を通じて全世界財産についての情報開示を行い、Transfer Certificate（Form 5173 という形式の移転証明書）や Closing Letter（請求して発行してもらう終了通知書）等を取得しないと、米国にある遺産総額が 6 万米ドルを超える場合など、相続による名義書換えができないケースが多いです[注]。

ただし、これは被相続人が米国連邦遺産税上の非居住者である場合に限った問題ではありません。

（注） 以前はリクエストすれば、IRS が無料で発行してくれたが、2021年 10 月 28 日以降は、実費（2024 年 3 月現在 67 米ドル）が発生。ネット（オンライン）や郵送で IRS にリクエストすれば、無料で取得できる Account Transcript（税務口座情報開示状）を入手することで代用可能な名義書換え手続となる場合もある。金融機関などによっても手続が異なることがあります。

Q125 米国の連邦遺産税③〜米国の報告制度

　相続人が米国の居住者（連邦所得税上の居住者）である場合、どのような報告義務がありますか？　また、報告漏れがあった場合はどうなりますか？

Point

- 被相続人が日本人（連邦所得税上の非居住者）の場合に、相続人（連邦所得税上の居住者）が10万米ドル以上の相続を受けたときは、報告義務がある。
- 日本を含む米国外に金融財産が1万米ドル以上ある場合は、報告義務がある。
- 米国外にある財産の報告を怠ると、刑事上はともかく民事上の罰金だけでも最大でその財産の50%までを没収される可能性がある。

Answer ＆解説

　相続人が米国の居住者の場合、次の報告義務があります。

　なお、「米国の居住者」とは連邦所得税上の概念であり、連邦遺産税上の概念とは異なります。

❶ IRS へ相続財産の報告（Form 3520）

⑴ 米国税務規定による報告義務

　年間 10 万米ドルを超える非居住外国人（日本人等）からの贈与や相続による財産移転を受けた米国の居住者は、IRS（米国内国歳入庁）への報告義務が生じます。

⑵ 必要とされる手続

　連邦所得税申告時に他の連邦所得税申告書類（Form1040 関連書類等）とともに、IRS へ Form 3520 を提出します。

⑶ ペナルティ

　合理的な事由（Reasonable Cause）がないのに申告不履行や遅延があった場合には、1 万米ドル以下の罰金が科されることがあります。ただし、米国租税裁判所での判決（2023 年 4 月 3 日、Farhy 氏対 IRS）によって、IRS（米国内国歳入庁）には、内国歳入法 6038 条（b）^(注)に基づくペナルティ（罰金）を自動的に（訴訟などの法的手続を経ずに行政上だけで）課す権限の根拠を欠いているとの判決が出されました。IRS は控訴する意向です。この判決は Form5471 という国際税務用の報告様式に関するものでしたが、この判決の論旨は Form5471 のみならず、Form5472・（Foreign Trust 米国外信託財団の関与しない）Form3520（本書にても記述）・Form8938、等に対しても当てはまる公算が高いので、米国税務専門家の間でとても関心が高まっているトピックとなっています。

　　（注）　Form5471 を提出する必要がある立場であったにもかかわらず、期日内に IRS に対して未提出（未報告）である場合は 1 万米ドルの罰金あり。さらに、IRS からの通知を受け取ってから 90 日以内に提

出しなければ1万米ドルの罰金増、未提出が続くとそれ以降1か月
ごとにさらに1万米ドル増で最大合計5万米ドルの追加罰金。

(4) 提出期限

　申告期限延長の申請がない場合、報告義務が発生した翌年の4月
15日です（米国外に在住し、事業場所も米国外などの場合は6月
15日。いずれも休日の場合は翌営業日）。

❷ 米国財務省へ米国外の金融資産の報告（FinCEN Form 114）

　米国外の金融機関にある口座情報を米国財務省へ報告する
「FBAR」（Report of Foreign Bank and Financial Accounts）とい
う制度があります。

(1) 米国財務省規定による報告義務

　国外（日本等の）金融資産の年度内最高残高が1万米ドルを超え
る場合に、相続人（連邦所得税上の居住者）に報告義務が生じます。

(2) 必要とされる手続

　米国財務省へFinCEN Form 114を提出します[注]。

　(注)　補足情報：同じく米国財務省の金融犯罪取締ネットワーク局（U.S.
Treasury, Financial Crimes Enforcement Network ＜FinCEN＞）
宛ての報告義務として、2024年1月1日よりBOI（Beneficial
Ownership Information）Reportingという新たな報告制度がスター
トした。
　米国市民、米国永住権保持者、就労ビザで米国滞在中の者など、
米国連邦所得税上居住者で、米国法人や外国（米国外）法人に対す
る支配関係がある者（例：直接・間接で25%以上の出資、重役、重
役の任免権のある者、重要な意思決定者など）は、原則として23
ほどの免責（Exemption）事項に該当しない限り、Beneficial
Ownership Information Reportを提出しなくてはならないことと
なった。ちなみに、初年度の提出期限は、2024年に設立された法人

は設立後 90 日以内（2025 年以降は 30 日以内）、2024 年以前に設立された法人は 2025 年 1 月 1 日まで。

(3)　ペナルティ

　報告漏れがあった場合で、その報告漏れが意図的でないと認められれば、1 万米ドル＋インフレ指数加算（2024 年 1 月 25 日以降は 1 万 6,117 米ドル）以下の罰金が科されることがあります。意図的に隠蔽したなどと判断されると、10 万米ドル＋インフレ指数加算（2024 年 1 月 25 日以降は 16 万 1,166 米ドル）又は総資産残高の 50％の大きいほうの金額以下の罰金が科されることがあります（さらに刑事罰が適用されるケースもある）。

(4)　提出期限

　実質は毎年 10 月 15 日（休日の場合は翌営業日。6 カ月間の延長申請が可能）です。2023 年 2 月 23 日に米国最高裁判所で、この 1 万米ドルの罰金は報告漏れ 1 口座当たりではなく、1 回の報告当たり（1 年度分の報告は 1 回の報告で済ませることが可能）と認められるとの判決（Bittner 氏対米国財務省）が出されました。

(5)　注意事項

　金融資産の報告が漏れたことが意図的ではないことが明らかな場合等に、ペナルティが軽減される Streamlined Filing Compliance Procedure 等の手続が用意されています。

　この手続については米国税理士か、あるいは米国の弁護士が主体となって進めていくことが多いようです。一般的に、米国の弁護士費用は、依頼する弁護士によって異なりますが、日本の弁護士より高額であることが少なくありません。

❸ IRS へ国外金融資産の報告（Form 8938）

⑴ 米国税務規定による報告義務

　独身（Single）もしくは夫婦個別申告（Married Filing Separately）であれば、国外金融資産の合計残高が年度内に7万5,000米ドル超又は年末に5万米ドル超、夫婦合算申告Joint Return であれば、それぞれその倍額を超える場合に報告義務が生じます。ただし、米国外に居住している場合は、申告資格（Filing Status）が独身申告（Single）もしくは夫婦個別申告（Married Filing Separately）であれば、国外金融資産の合計残高が年度内に30万米ドル超又は年末に20万米ドル超、夫婦合算申告（Married Filing Jointly）であれば、それぞれの倍額を超える場合に報告義務が発生します。

⑵ 必要とされる手続

　連邦所得税申告時に他の連邦所得税申告書類（Form1040 関連書類等）と一緒に IRS へ Form 8938 を提出します。

⑶ ペナルティ

　合理的な事由（Reasonable Cause）なくして報告漏れがあった場合等には6万米ドル以下の罰金が科されることがあります（内国歳入法6677条⒜項、6679条⒜項を参照）。さらに、刑事罰が適用されるケースもあります。ただし、前述の Form3520 の場合と同様、Farhy 氏対 IRS の判決の今後の動向に留意が必要です（ただし、Foreirn Trust ＜米国外信託財団＞関連の Form3520 を除く）。

⑷ 提出期限

　所得税申告書と同じ提出期日で申告期限延長の申請がない場合、通常は毎年4月15日です（休日の場合は翌営業日）。

<参 考>

　報告義務と連邦遺産税の課税対象については、図表9－3、9－4を参照してください。

■図表9－3　被相続人が日本に住み、日本の財産を、米国に住む家族が相続する場合の報告義務

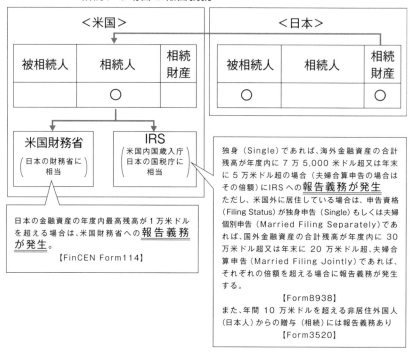

独身（Single）であれば、海外金融資産の合計残高が年度内に7万5,000米ドル超又は年末に5万米ドル超の場合（夫婦合算申告の場合はその倍額）にIRSへの**報告義務が発生**
ただし、米国外に居住している場合は、申告資格（Filing Status）が独身申告（Single）もしくは夫婦個別申告（Married Filing Separately）であれば、国外金融資産の合計残高が年度内に30万米ドル超又は年末に20万米ドル超、夫婦合算申告（Married Filing Jointly）であれば、それぞれの倍額を超える場合に報告義務が発生する。
【Form8938】
また、年間10万米ドルを超える非居住外国人（日本人）からの贈与（相続）には報告義務あり
【Form3520】

日本の金融資産の年度内最高残高が1万米ドルを超える場合は、米国財務省への**報告義務が発生**。
【FinCEN Form114】

■図表９－４　被相続人が日本に住み、米国と日本の財産を、日本に住む
　　　　　　家族が相続する場合の課税対象

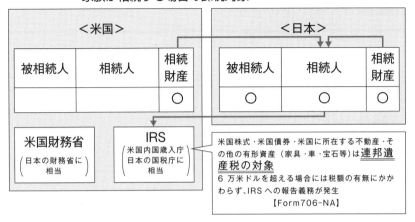

Q126 英国の相続税

英国の相続税の概要について教えてください。

Point

- 英国の相続税は遺産課税方式による。
- 被相続人の居住地により課税財産の範囲が異なる。
- 裁判所に検認（Probate）を申し立て許可を得る。
- 相続税率は一律で40%。
- 死亡前7年以内に行われた贈与を一定の率で再計算し、相続財産に加算する。

Answer & 解説

❶ 相続税制の概要

(1) 遺産課税方式

　英国の相続税制は、遺産課税方式です。日本の相続税の遺産取得方式と異なります。遺産課税方式は、被相続人の遺産そのものに対して課税される方式であり、遺産取得課税方式は、財産取得者ごとに取得する相続財産に対して課税される方式です。したがって、課税対象者は被相続人になります。

　また、英国の相続税制は、被相続人の居住ステータス（英国にドミサイルを有しているか、有していないか）により、課税財産の範

囲が異なります。この考え方は、米国の遺産税に継受されています。

(2) ドミサイルとは

英国相続税制を考えるに当たり、英米法独自の「ドミサイル」（Domicile）という概念が重要です。ドミサイルとは「本居」と訳され、人の固定的な生活の本拠をいい、離れても帰来する意思のあるところをいいます。「レジデンス」（Residence）より厳格な概念であり、対人管轄権の根拠となります。ドミサイルを選択（Domicile of choice：選択ドミサイル）することはできますが、人は1つしかドミサイルを持てません。

被相続人が死亡直前3年間のいずれかの時点で英国にドミサイルを有していた場合、又は死亡直前20年間のうち15年以上英国に居住していた場合は、英国にドミサイルがあったとされます。個人で年間183日以上英国に滞在した者もドミサイルを有したとされます。

(3) 課税財産の範囲

英国にドミサイルを有している被相続人が死亡すると、無制限納税義務者として、英国にある遺産及び英国外にある遺産すべてが相続税の課税対象となります。この場合に日本においても相続人等が納税義務者となるときは、二重課税の問題が発生する可能性があります。

被相続人が英国にドミサイルを有していない場合は、英国にある財産のみが課税対象となります。

(4) 納税義務者

納税義務者は被相続人ですが、実務上は遺言（Will）又は相続執行者（Executor）が申告の主体になります。

(5) 申告期限

原則として納税義務者は、相続日が属する月の末日から6カ月以

内に被相続人の管轄税務署に申告書を提出します。

⑹　検認（Probate）

　裁判所は遺言がある場合は、遺言執行人（Executor）に、遺言がない場合は遺産管理人（Administrator）に権限を付与し、相続を執行します。検認（Probate）制度は、中世の検認状に源を発し、今日の米国の検認（Probate）制度にも継受されています。

❷　相続税の計算方法

⑴　相続税額の計算

　相続税は、次のように計算します。

①　課税標準額

> 被相続人の財産＋加算贈与財産（相続開始前 7 年以内）（下記⑵）
> －債務－基礎控除（下記⑶）＝相続税課税標準額

②　相続税額

> 相続税課税標準額×税率 40％（一律）＝相続税額

　ただし、遺産の 10％以上を慈善団体に寄付した場合は、税率は36％に減少します。

⑵　加算贈与財産

　個人間の贈与については贈与時には課税されず、贈与後 7 年以内に贈与者が死亡した場合に、経過年数に応じて図表 9 － 5 の税率を乗じ、相続財産に加算します。

■図表９－５　贈与日から死亡日までの年数と税率

贈与日から死亡日までの年数	課税割合	税　　率
３年未満	100%	40%
３年以上４年未満	80%	32%
４年以上５年未満	60%	24%
５年以上６年未満	40%	16%
６年以上７年未満	20%	8%
７年以上	0%	0%

(3)　基礎控除

　基礎控除は2024年1月現在、32万5,000ポンドです。居住している住宅やその持分を直系卑属が相続する場合は、基礎控除額が17万5,000ポンド増額されます。合計基礎控除は、50万ポンドになります。

　英国にドミサイルを有する配偶者が相続する場合は、相続税が非課税となります。未使用の基礎控除金額を、生存する配偶者に引き継ぐことができます。

Q127 タイの相続税

タイでは 2016 年 2 月 1 日に相続税が導入されたと聞きました。その概要について教えてください。

Point

- 一部の例外（免税対象者）を除き、1 億バーツ以上の財産の相続を受けた者に対し 5% 又は 10% の税率で相続税が課される。

Answer &解説

タイの相続税（Inheritance Tax）の概要は、次のとおりです。

❶ 納税義務者と課税財産の範囲

(1) **納税義務者**

納税義務者は、次のいずれかの者です（タイ相続税法（以下「タイ相法」という）11）。

① タイ国籍を持つ者

② タイ国内に移民法に基づく住居を持つ外国人

③ ②以外でタイ国内の財産を相続する外国人

(2) **課税財産の範囲**

課税財産の範囲は、次のとおりです（タイ相法 14）。

① 上記(1)①又は②に定める者……タイ国内及び国外に所在する財産が課税対象となります。

② 上記(1)③に定める者……タイ国内に所在する財産のみ課税対象となります。

❷ 免税対象者

次の者は、相続税が免除されます（タイ相法 3、13）。

① タイ相続税法の施行前に亡くなった被相続人から財産を相続した者
② 被相続人の配偶者
③ 被相続人の意思により、宗教、教育、公共の用に供する事業への使用を目的として財産を相続した者
④ 政府機関及び宗教、教育、公共の用に供する事業を事業目的とする法人
⑤ タイが国連に対して持つ拘束義務や国際法、国際条約等に基づき定められた一定の個人又は国際機関

上記②の被相続人の配偶者についてですが、夫婦の間では、単独財産（Private Property）と共有財産（Joint Property）の2種類があります。原則として、結婚後に稼得して築いた資産については、特に単独財産としての指定・宣言等がなく、単独財産であることの証明ができない限り、共有財産になります。夫婦のどちらか一方が結婚後に収入がなかったとしても、夫婦である限り他の一方の財産構築への寄与が一般的には認められるので、この原則は不変です。夫婦のどちらか一方が、結婚前からすでに単独で所有していた財産や、（たとえ結婚後であっても）相続・贈与によって単独で譲り受けた財産は、単独財産に分類されます。

なお、共有財産に関しては、夫婦間での相続・贈与については免税となります。

❸ 課税対象財産

相続税の対象となる財産は、次のとおりです（タイ相法 14）。

① 不動産

② タイの有価証券取引法で定義された有価証券

③ 被相続人が引き出す権利を有していた預金等

④ 登録自動車

⑤ その他の法令で規定する資産

❹ 財産の評価方法

財産の評価額は、相続日における次の金額となります（タイ相法 15）。

① 不動産……土地法に定める登記手数料徴収用の不動産評価額

② タイ証券取引所に登録された証券……相続開始日における証券取引所の終値

③ その他の財産……省令に定める規則に基づき評価された金額

❺ 基礎控除

相続税の課税対象額から控除される金額は、1 億バーツです（タイ相法 12）。

❻ 税　　率

相続税の税率は、課税対象資産のうち 1 億バーツを超える部分の価額の 10％相当額です（タイ相法 16）。ただし、相続人が直系尊属又は直系卑属の場合は 5％相当額となります。

❼　納 期 限

相続税の納期限は、相続日から 150 日以内です（タイ相法 17）。

❽　日本人が被相続人である場合の手続

日本人が被相続人である場合、被相続人の戸籍謄本、婚姻証明書、死亡診断書、遺産分割協議書等についてタイ語訳を行い、タイの日本国大使館でタイ語訳書類の認証を行います。

その後、タイの裁判所にて判決証明を受け、確定証明書を取得します。

（注） 相続税についての規定は導入以降変更はないが、所得税に関する外国人に対する課税強化の昨今情勢に留意する必要がある（例：2024 年 1 月導入のタイ国外源泉所得に対する新しい課税ルール。暦年で 180 日以上タイに居住する外国人は、タイに国外から持ち込んだ金融資産（課税所得）はいつ稼得されたものであってもタイで課税対象になった）。

Q128 韓国の相続税

韓国の相続税の概要について教えてください。

Point

・韓国の相続税は、遺産課税方式である。

・被相続人の居住地により課税財産の範囲が異なる。

・賦課課税方式を採用しており、納税義務者からの申告に基づき相続税額が決定され、通知される（自己申告制度併用）。

Answer &解説

❶ 相続税制の概要

(1) 遺産課税方式

　韓国相続税制の最も大きな特徴は、「遺産課税方式」である点にあります。日本の相続税の「遺産取得課税方式」とは異なり、遺産課税方式は、被相続人の遺産そのものに対して課税される方式で、財産取得者ごとに取得する相続財産に対して課税されます。

　したがって、韓国の相続税は、遺産課税方式によることから、相続人の数による相続税額の変動はありません。また課税対象者は被相続人になります。

(2) 課税財産の範囲

　韓国の相続税は、被相続人の死亡時の住所又は居所により課税財

産の範囲が決定されます。

　被相続人である韓国の居住者（韓国に住所又は1年以上居所を有した者、あるいは韓国に住所又は居所を有する期間が183日以上ある者）が死亡すると、韓国にある遺産及び韓国外にある遺産すべてが相続税の課税対象となります。この場合に、日本でも相続人等が納税義務者となるときは同一財産に対し、二重課税の問題が発生する可能性があります。

　被相続人が韓国の非居住者（居住者でない者）である場合は、韓国にある財産のみが課税対象となります（韓国相続税及び贈与税法（以下「韓国相法」という）3）。

(3)　**納税義務者**

　韓国の相続税の納税義務者は、韓国の民法に基づく相続人又は受遺者です。遺産課税方式で、課税財産の範囲も被相続人の住所又は居所により決まりますが、相続人が納税義務者になります（韓国相法3の2）。

(4)　**賦課課税方式**

　日本の申告納税方式とは違い、韓国は賦課課税方式（申告納税制度併用）をとっています。

　納税義務者は相続開始日が属する月の末日から6カ月以内（被相続人又は相続人が非居住者である場合は9カ月以内）に、相続税の課税価格及び課税標準を管轄税務署長に申告します。税務署長は、申告に基づき課税標準と税額を決定します。このことは、相続が発生すると全件調査対象となることを意味します（韓国相法67、76）。

❷ 相続税の計算方法

相続税は、次のように計算します。

(1) 課税価格

相続財産

＋みなし相続財産（保険金、退職金等）（韓国相法8～10）

＋相続時前2年間の使途不明金（韓国相法15）

＋加算贈与財産（相続開始前10年以内に相続人に対し、相続開始前5年以内に相続人でない者に対し贈与したもの）（韓国相法13）

－債務等（韓国相法14）

＝相続税課税価格

(2) 課税標準額

課税標準額＝相続税課税価格－各種控除（次の①～⑥）
① 基礎控除　2億ウォン[注1]
② 配偶者相続控除[注2]
③ その他人的控除[注3]
④ 一括控除[注4]
⑤ 金融財産相続控除[注5]
⑥ 災害損失控除・同居住宅相続控除[注6]

（注1） 被相続人が非居住者である場合は、基礎控除のみが認められる（韓国相法18）。

（注2） 配偶者相続控除……配偶者が実際に相続した金額のうち法定相続分までは控除されるが、30億ウォンが限度とされる（韓国相法19）。

(注3) その他人的控除……子供控除（5,000万ウォン）や老年者控除（5,000万ウォン）等（韓国相法20）。

(注4) 一括控除……基礎控除と人的控除の合計額が5億ウォンに満たない場合は、5億ウォンを控除できる。ただし、配偶者が単独で相続する場合は一括控除の適用はない（韓国相法21）。

(注5) 金融財産相続控除……金融財産の価額に応じて一定額（2億ウォンが限度）が控除される（韓国相法22）。

(注6) 災害損失控除・同居住宅相続控除……大統領令に定める災害の損失額及び一定の要件を満たした同居住宅は5億ウォンを限度に相続した家屋の価額の80%が控除される（韓国相法23、23の2）。

(3) 税　　率

相続税額＝相続税課税標準額×税率

韓国の相続税の税率は、次のとおりです（韓国相法26）。

■図表9－6　2024年1月現在の税率表

課税標準	税率	控除額
1億ウォン以下	10%	
1億ウォン超　5億ウォン以下	20%	1,000万ウォン
5億ウォン超　10億ウォン以下	30%	6,000万ウォン
10億ウォン超　30億ウォン以下	40%	1億6,000万ウォン
30億ウォン超	50%	4億6,000万ウォン

　課税標準額が50万ウォン未満である場合、相続税はかかりません（韓国相法25）。

(4) 税額控除

相続税額から控除される税額控除には、次のものがあります。

① 贈与税額控除（韓国相法 28）

② 外国税額控除（韓国相法 29）

③ 短期再相続に係る税額控除（二次相続が 10 年以内に発生した場合の税額控除）（韓国相法 30）

④ 自主申告税額控除……申告期限までに申告した場合は、納税額3％を控除する（韓国相法 69、70）。

Q129 台湾の相続税

台湾における相続税の概要について教えてください。

Point

- 2017年5月12日に、遺産総額の多寡にかかわらず一律10%という税率から「三等級の累進課税」へと改正され、遺産総額によっては最大20%の税率を課される可能性がある。

Answer &解説

❶ 概　　要

　台湾において、相続税又は遺贈によって取得した財産に課せられる国税は「遺産及贈與税法」（以下「台湾遺産税・贈与税法」という）で定められています。この法律は2017年5月12日に、遺産総額の多寡にかかわらず一律10%という税率から「三等級の累進課税」へと改正されました。この新たな制度では、遺産総額によっては最大20%の税率を課される可能性があります。

❷ 遺産税申告手続と納税義務者

(1) 税務署への申告

　被相続人が相続財産（動産、不動産及び財産価値として認められる権利を含む）を遺して死亡した場合、納税義務者は被相続人の死

亡日から6カ月以内に、被相続人が死亡した際の戸籍所在地を管轄する国税局もしくは支局又は税務署（稽徴所）へ申告する必要があります。その後、税務当局から賦課通知が送られてきますので、納税を行うことになります。

なお、この賦課通知に記載された税額が正確でない場合、納税者は訂正の申請をする必要があります。

(2) 国外居住者等の申告

被相続人が、恒常的に台湾国外で居住している台湾国民、又は台湾国内に財産を有する台湾国民ではない場合、台北国税局へ申告する必要があります。

(3) 相続税の納税義務者

① 遺言執行者がいる場合……遺言執行者

② 遺言執行者がいない場合……相続人

③ 遺言執行者も相続人もいない場合……法律により選任される遺産管理人

(4) 遺言執行者、相続人の順位及び遺産管理人の意義

① 遺言執行者

遺言執行者とは、相続発生後、遺言内容を執行する権限を持っている人のことであり、遺言者は遺言書内で遺言執行者を指定することができます^(注1)。

② 相続人の順位

配偶者は常に相続人となります。相続人は配偶者を除くと、直系卑属、父母、兄弟姉妹、祖父母の順にその権利が与えられます^(注2)。

③ 遺産管理人

遺産管理人とは、被相続人の死亡により相続が発生した際に、相続人の有無が明らかでない場合、親族会議によって選任及び裁判所

へ申し出た者、又は親族会議にて選任せず、裁判所が選任することで遺産を管理することができる者のことです^(注3)。

（注1） 台湾民法1209条：遺言者は遺言書で遺言執行者を指定するか、又は、第三者に遺言執行者の指定を委託することができる。委託者は被相続人の死亡後直ちに遺言執行者を指定し、かつ相続者に知らせる必要がある。

（注2） 台湾民法1138条：遺産の相続人は、配偶者を除き、①直系卑属、②父母、③兄弟姉妹、④祖父母の順序と定める。

（注3） 台湾民法1177条：相続開始後、相続人の有無が明らかでない場合、親族会議にて1カ月内に遺産管理人を選定し、かつ裁判所に相続の開始及び遺産管理人の選定事由を申し出ること。

❸ 相続税の計算基準とその方法

(1) 課税財産の範囲

中華民国国籍を持ち、国内に常住している者は、国内外のすべての財産に対し、相続税が課税されます。

中華民国国籍を持ち国外に常住している者、又は中華民国国籍を持たない者は、国内の遺産について、相続税が課されます（台湾遺産税・贈与税法1②）。

(2) 遺産総額

相続税が課せられる場合、まずは被相続人の遺産総額を確認します。遺産総額とは被相続人死亡時の課税対象となる遺産に、死亡前2年以内に配偶者、台湾民法1138条（上記（注2））及び1140条^(注)が規定する各遺産相続人及びその各遺産相続人の配偶者への贈与財産を加えた金額を指します。

（注） 台湾民法1140条：1138条に規定する第一順位の相続人が、相続開始前に死亡又は相続権を喪失した場合、その直系卑属が代襲しその相続分を相続する。

⑶　非課税財産

次の財産は非課税です。

①　遺贈者、受遺贈者、又は相続人が、政府及び公立の教育、文化、公益、慈善機関に寄付する財産

②　遺贈者、受遺贈者、又は相続人が、公有企業機関又はすべて公共株式の公営事業に寄付する財産

③　遺贈者、受遺贈者、又は相続人が、被相続人の死亡時に、法により登記設立された財団法人組織であり、行政院の定める基準に適合する教育、文化、公益、慈善、宗教団体及び祭祀公業に寄付する財産

④　遺産に含まれる文化、歴史、美術に関する書籍や物品で、相続人が税務当局に声明登記したもの。ただし、これらの書籍や物品を転売する際は、補税を申告する必要があります。

⑤　被相続人が自ら創作した著作権、発明特許権、及び芸術品

⑥　被相続人の日常生活に必要な器具や用品で、その総価値が72万元以下の部分

⑦　被相続人の職業上の道具で、その総価値が40万元以下の部分

⑧　法律で禁止又は制限されている伐採の森林。ただし、禁止解除後は補税を申告する必要があります。

⑨　被相続人の死亡時に、指定された受益者に支払うことが約定された生命保険金、軍人、公務員、労働者、農民の保険金額、及び互助金

⑩　被相続人の死亡前5年以内に、すでに相続された財産に対して支払済みの相続税

⑪　被相続人の配偶者及び子供の元々の財産又は特有財産で、登記されているか確かな証明があるもの

⑫　政府により公共の通行道路として開発された、又は他の無償で
　　公共通行のための道路用地で、主管機関により証明されたもの。
　　ただし、建物の建設に必要な法定空地部分は遺産総額に算入され
　　ます。
⑬　被相続人の債権やその他の請求権が回収又は行使できないと明
　　確に証明されたもの

(4)　**純課税遺産額**

> 課税遺産総額－免税額（下記(6)）－控除額（下記(7)）

(5)　**納めるべき相続税額**

> 純課税遺産額×税率－累進差額－税額控除（下記(8)）及び利息

■図表９－７　相続税率

純課税遺産額（台湾ドル）	税率（％）	累進差額（台湾ドル）
50,000,000 以下	10	0
50,000,001〜100,000,000	15	2,500,000
100,000,001 以上	20	7,500,000

(6)　**免　税　額**

　免税額は次のとおりです（台湾遺産税・贈与税法 18）。
①　被相続人が恒常的に台湾国内に居住していた台湾国民の場合、
　　遺産総額から 1,200 万台湾ドルを免税額として差し引くこと。そ
　　の被相続人が軍人、警察官又は公務員で殉職した場合、免税額は

この倍の金額となる。

②　被相続人が恒常的に台湾国外に居住していた台湾国民、あるいは台湾国民ではない場合、免税額は①の規定を適用する。

(7)　控 除 額

下記項目を控除額とし、相続税が免除されます（台湾遺産税・贈与税法17①、17－1①）。

①　被相続人に配偶者がいる場合、遺産総額から400万台湾ドルが控除されます。

②　相続人が直系卑属の場合、1人当たり遺産総額から40万台湾ドルが控除されます。また20歳未満の場合、控除額はその未成年者が満20歳に達するまでの年数に40万台湾ドルを乗じた金額が加算されます。ただし、先順位相続人の相続放棄によって未成年者が相続人となる場合、控除額はその放棄がなかったものとして計算されます。

③　被相続人に父母がいる場合、1人当たり遺産総額から100万台湾ドルが控除されます。

④　①から③に定められる者が、障害者保護法（身心障礙者保護法）3条で規定される重度障害者に当たる場合、又は精神衛生法5条2項に定められる精神障害者に当たる場合、1人当たり遺産総額からさらに500万台湾ドルが控除されます。

⑤　被相続人の扶養親族となる兄弟姉妹、祖父母がいる場合、1人当たり遺産総額から40万台湾ドルが控除されます。20歳未満の兄弟姉妹がいる場合、その未成年者が満20歳に達するまでの年数に40万台湾ドルを乗じた金額が加算されます。

⑥　農業を営む農業用地又はその土地の農作物を相続又は贈与された場合、土地及び農作物の価値全額を控除されます。受け継いだ

者が 5 年、その土地で継続して農業を営まず、かつ関連機関が命ずる期間内に農業を開始しない、又はその期間内に開始したものの、再度農地として利用していない状況である場合は、控除された相続税を支払わなければなりません。ただし、受け継いだ者の死亡により、その土地が収用される、又は法律によって非農業用地となる場合は、この限りではありません。

⑦　被相続人が死亡前 6 年から 9 年以内に相続税の納税を行った場合、年ごとに逓減した金額を控除します。その逓減率は、死亡前の 9 年に支払った場合は 20％、死亡前の 8 年は 40％、死亡前の 7 年は 60％、死亡前の 6 年は 80％と定められています。

⑧　被相続人死亡前に納めるべき税金又は罰金

⑨　被相続人死亡前に完済していない債務、その証明を持つ者

⑩　被相続人の葬儀費用は 100 万台湾ドルとして計算します。

⑪　遺言書の実行又は管理に必要な費用

⑫　配偶者の財産分与請求権（剰餘財産差額分配請求権）

　（注）　台湾遺産税・贈与税法 17 条 2 項：被相続人が恒常的に台湾国外に居住する台湾国民、あるいは台湾国民ではない場合、上記①から⑦の規定を適用せず、上記⑧から⑪の控除額は、台湾国内で発生したものに限り適用する。相続放棄をした相続人は、上記①から⑤の規定の控除を適用しない。

(8)　税額控除

　台湾国外にある財産の相続税を、その財産の所在国で支払った場合、税額控除の適用を受けるためには納税義務者はその税務局が発行する納税証明書を提出し、かつその国のビザを取得しなければなりません（台湾遺産税・贈与税法 11）。

(9)　納税方法

　相続税の納付は原則として相続人が有する現金で行うべきです

が、相続人自身の現金が不足している場合、被相続人の銀行預金より相続税を納税することができます。ただし、遺産はすべての相続人が共有するため、故人の預金を使って相続税を支払う場合、以下のいずれかの条件を満たす必要があります。

・相続人の過半数及び当該法定相続分の合計が過半数の同意を得る。
・法定相続分の合計が 3 分の 2 以上の相続人の同意を得る。

⑽　名義変更手続

　台湾では、相続税の納税後でなければ、相続人への銀行預金の払出しはできません。また、不動産の名義変更も相続税の納税後でないと行うことができません。

❹　贈 与 税

　台湾の贈与税の納税義務者は贈与者で、課税範囲は相続税と同様です。また、申告期限は贈与後 30 日以内となっています。

　2022 年 1 月 1 日より、個人の年間贈与税の非課税限度額は 244 万台湾ドルに引き上げられました。すなわち、同一年度内において、贈与する相手の数や回数にかかわらず、その年度内に贈与した金額の合計が 244 万台湾ドルを超えなければ贈与税はかかりません。贈与の非課税額を超える部分については、贈与額に応じて 10% から 20% の贈与税が課せられます。

　「同一年」とは暦年（1 月 1 日から 12 月 1 日まで）を意味し、納税義務者は、年間 244 万台湾ドルの非課税枠を有効に活用することができます。例えば、父親と母親が 12 月 1 日までに子に各々合計 244 万台湾ドルを贈与し、翌年 1 月に再び子に各々合計 244 万台湾ドルを贈与した場合、短期間で子供に合計 976 万元の贈与を行うことができ、贈与税はかかりません。このような節税計画を通じて、

子供たちは創業や投資理財のための基金として贈与された資金を有効に利用することができます。

❺ 国際租税条約

　日本と台湾は2015年11月26日に日台租税協定（所得に対する租税に関する二重課税の回避及び脱税の防止のための公益財団法人交流協会と亜東関係協会との間の取決め）を締結しましたが、相続税はこの条約の適用範囲に含まれていません^(注)。そのため現在、台湾と日本は各々の国内法に沿って相続税の徴収を行っています。

> **(注)**　所得に対する租税に関する二重課税の回避及び脱税の防止のための公益財団法人交流協会と亜東関係協会との間の取決め2条（対象となる租税）……当該取決めが適用される現行の租税は、次のとおりである。
> （a）　日本
> 　（ⅰ）　所得税
> 　（ⅱ）　法人税
> 　（ⅲ）　復興特別所得税
> 　（ⅳ）　地方法人税
> 　（ⅴ）　住民税
> （b）　台湾
> 　（ⅰ）　営利事業所得税
> 　（ⅱ）　個人総合所得税
> 　（ⅲ）　所得基本税
> これらに対して課される付加税を含む。

❻ 今後の法改正の動向

　学会等ではさまざまな意見もありますが、2021年1月20日に相続税の改正がなされたばかりですので、今後数年以内に、大幅な相続税及び贈与税の改正が行われる可能性は低いと思われます。

Q130 中国における相続税の法制化をめぐる課題と展望

中国における相続税の法制化に関する動向を教えてください。

Point

・現在、中国には遺産相続に対する課税制度はないが、多くの有識者は、中国政府に相続税の法整備を強く勧めている。

Answer & 解説

中国における相続制度の理解を深めるための紹介ですので、相続についての問題は、専門家や税務局に必ず確認してください。

❶ 中国における相続税の現状

現在、中国には遺産相続に対する課税制度がありません。しかし、多くの有識者は、相続税又は贈与税の課税は脱税及び租税回避行為への効果的な対策(注)となるとし、中国政府に相続税の法整備を強く勧めています。

　(注)　劉荷娟、張永忠「贈与税の改革―相続税における補助税から脱税の防止条款まで―」(論贈與税的改格－従遺産税的輔助税到反避税條款) 財税金融、2015.2 (04)

❷ 中国における相続税の法制化に関する意見

　中国は社会主義国でありながら、市場経済を導入した独特な中国式社会主義のため、西欧諸国と比べると生産性が低く、財産又は相続制度に対する法整備等の課題を抱えています。そのため、世界各国の相続税の長短を熟慮し、総相続税制^(注1)という課税制度を導入するべきだと献策しているところです。

(1) 納税主体

　納税義務者とは遺言執行者、相続人又は受贈者のことです。仮に相続人又は受贈者が意思無能力者あるいは制限行為能力者である場合、親権者や後見人といった法定代理人が本人に代わって納税義務を負います^(注2)。

(2) 納税範囲

　相続税の課税対象となる財産は、被相続人が死亡した時点で遺したすべての合法的な財産です。中国の相続法によると、財産の範囲は①人民の収入、②人民の有する宅地ならびに貯金及び生活用品、③人民の有する森及び家畜・家禽、④人民の有する文物及び図書資料、⑤法律で認められた人民の有する事業技術情報、⑥人民の有する著作権及び特許権における財産的権利、⑦人民の有する他合法財産となっています。

(3) 管轄原則

　中国籍の者が死亡前に相続税の脱税目的で、中国国内にある財産を国外に移す行為を防ぐためには、属地主義と属人主義を組み合わせた管轄原則を適用するべきだという意見が多数あります^(注3)。そのため、被相続人が死亡した際に中国国籍を有する場合、居住国にかかわらず、国内外にある財産はすべて相続税の課税対象となりま

す。なお、外国人又は中国国籍を持たない者が、中国国内に財産を有する場合でも相続税の課税対象となるという意見もあります。

(4) 相続税の課税最低限

相続税の「課税最低限」というのは、「相続税が課される最低限度の額」のことです。相続した財産がこの課税最低限より低い場合は非課税となり、反対にこの課税最低限を超えた場合、相続税が課せられるというものです。

現在、課税最低限の金額についてはさまざまな意見がありますが、経済の発展と富の再分配を重要視するという点は共通の意見となっているようです。

つまり、この課税最低限は、富裕層の被相続人の遺産を徴収することを目的としているといっても過言ではないでしょう。

(5) 相続税の税率

多くの学者が、相続税の税率を定める際には効率面だけでなく、社会的富の公平分配を配慮する必要があると説いています。また、課税額が一定額以上になった場合、その全体に対してさらに高い税率を適用する「超過累進税率方式」[注4]というものを採用し、税率を規定するべきであるという意見もあります。

(6) 相続税の免税又は控除

西欧諸国の相続税制度、国の政策又は課税の公平性原則等に基づいて、相続税の免除又は控除制度が適用されるべきであるといわれています。

免税又は控除の範囲については一般的に、基礎控除、特別控除、控除額又は免税額と考えられています。具体的項目は葬儀費用、公益増進法人等に対する寄附、配偶者への贈与、法定免税額又は特定の商業用財産等が含まれます。また、中国は農村の発展及び無産階

級の保護を重要視しているため、相続人が農業事業を引き継いだ場合、その土地又は森等の経営権は非課税対象とするという意見もあります^(注5)。

(7) 効率的な支援システム

的確に遺産総額が確認できるよう、財産の申告制度及び登記制度を作る上で、銀行、保険会社、法務局等の機関と連携することによって、国民の財産に関する情報を国税機関、あるいは関連機関に申告する制度を導入するべきであるという意見があります。また、相続税を課すという目的に達するには、政府が遺産範囲の特定、又は価値の測定に応じて効率的な評価制度と評価機関を協力して作るべきです。

(8) 贈与税制度

学会では、贈与税の徴収問題に対する意見がまだ一致していません。現在の有力な学説は、贈与税を相続税に含め、相続税法の一つの条款として立法化することです。贈与税という税目を設定しないため、贈与税の税率は相続税と同じとなります^(注6)。

(注1) 楊鑫「我が国における相続税を徴収する立法化の研究」(我國開徴遺産税的立法研究) 湖南師範大學碩士論文、2014.5

(注2) 陳格「我が国における相続税立法化の諸問題に関する研究」(我國遺産税立法問題研究) 法治博覽、2018.01

(注3) 上記(注2)参照。

(注4) 楊紫烜「経済法」(經濟法) 高等教育出版社、2012.3

(注5) 上記(注2)参照。

(注6) 劉荷娟、張永忠「贈与税の改革─相続税における補助税から脱税の防止条款まで─」(論贈與税的改格－從遺産税的輔助税到反避税條款) 財税金融、2015.2 (04)

参考文献

・中田朋子ほか『世界の相続専門弁護士・税理士による国際相続とエステートプランニング』（税務経理協会）
・PwC 税理士法人編『国際資産税ガイド―国外財産・海外移住・国際相続をめぐる税務（四訂版)』（大蔵財務協会）
・税理士法人山田＆パートナーズ編『国際相続の税務・手続 Q&A（第 4 版)』（中央経済社）
・武田昌輔監修『DHC コンメンタール相続税法』（第一法規）

【編者】

税理士法人ゆいアドバイザーズ

併設する株式会社ＹＵＩアドバイザーズと連携し、相続・事業承継対策、組織再編成、資本政策、Ｍ＆Ａ・ＭＢＯ、国際資産税、民事信託、不動産コンサルティング、経営コンサルティング等に関する提案・実行及びこれらに係る税務相談・税務申告を行うプロフェッショナルな専門家集団。その特性を活かして全国の会計事務所等の士業専門家と提携し、その顧問先に対してサービスを提供している。

幅広いネットワークを持ち、税理士、公認会計士、弁護士、司法書士、不動産鑑定士等の士業専門家、さらに銀行・保険・証券等の金融機関、不動産会社など目的に応じてさまざまなメンバーが集結し問題解決に当たっている。

URL：https://www.yui-advisors.com

【執筆者】

中山　史子〔なかやま・ふみこ〕

税理士

（執筆担当：第2章～第7章（ **Q8** 、 **Q63** を除く））

＜経　歴＞

平成10年　明治大学商学部卒業

平成12年　税理士試験合格、会計事務所勤務を経て

平成14年　税理士法人タクトコンサルティング　入社、令和3年　退職

令和4年　税理士法人ゆいアドバイザーズ社員就任

＜主な著作等＞

・『Q&A　海外に住む相続人がいる場合の相続税のポイント』（共著）（日本法令、2018年）

・『事業承継実務全書』（共著）（日本法令、2020年）

・『はじめての国際相続　その着手と実務』（清文社、2022年）

宮田　房枝〔みやた・ふさえ〕

税理士

（執筆担当：第1章、第2章 **Q8** 、第5章 **Q63** ）

＜経　歴＞

平成13年　税理士試験合格

平成14年　上智大学経済学部卒業、大原簿記学校税理士講座講師、新日本アーンスト　アンド　ヤング税理士法人（現 EY 税理士法人）、税理士法人タクトコンサルティング他会計事務所勤務を経て

令和4年　宮田房枝税理士事務所　開業

＜主な著作等＞

・『ここからはじめる！　相談者といっしょにページをめくる　民事信託

の実務ガイド』（日本加除出版、2023 年）

・『相続税ハンドブック（令和 5 年度版）』（中央経済社、2023 年）

・『図解　相続対策で信託を使いこなす』（中央経済社、2019 年）

・『そこが知りたかった！　民事信託 Q&A 100』（中央経済社、2016 年）

熊谷　絵里〔くまがい・えり〕

司法書士

（執筆担当：第 8 章）

＜経　歴＞

平成 17 年　早稲田大学法学部卒業

平成 18 年　司法書士試験合格、司法書士事務所勤務を経て

平成 21 年　司法書士登録

平成 25 年　くまがい司法書士事務所　開業

柴田　篤〔しばた・あつし〕

税理士、通関士有資格、AIBA 認定貿易アドバイザー、輸入食品衛生管理者

（執筆担当：第 9 章 Q126 、 Q128 ）

＜経　歴＞

昭和 50 年　早稲田大学卒業、日本水産株式会社入社、オランダ国際租税
　　　　　　研究所 IBFD 研究員、アーサーアンダーセン税務事務所（現
　　　　　　KPMG 税理士法人）等を経て

平成 16 年　TradeTax 国際税務会計事務所開設　同所長

平成 20 年　早稲田大学大学院修了

令和 2 年　ばんせいホールディングス㈱（ばんせい証券グループ）代表取
　　　　　　締役社長　兼務

＜主な著作等＞

・『国際税務の疑問点』（共著）（ぎょうせい、2010 年）

・『ものづくり日本の海外戦略』（共著）（千倉書房、2010 年）

- 経理情報「欧州 VAT 法における連鎖取引の税務ポイント㊤㊦」（中央経済社、2014 年）
- 『Global Trade and Customs』（共著）（オランダ IBFD、2020 年）
- オランダ国際租税研究所 IBFD『Tax News Service』日本通信員

千田　昌明〔ちだ・まさあき〕

米国公認会計士（USCPA）、米国税理士（EA）、通関士有資格者、輸入食品衛生管理者、JUSCPA（Japan Society of US CPAs）西日本部会長、（一社）日本エチオピア貿易投資センター（JETIC）理事

（執筆担当：第 9 章 **Q123** ～ **Q125**、**Q127**）

＜経　歴＞

平成 2 年　慶應義塾大学経済学部卒業

　　　　　　三菱銀行（現三菱 UFJ 銀行）入行、平成 9 年退行

その後、上場企業取締役、米国現地法人 CFO（最高財務責任者）などを経て

平成 18 年　米国税理士ライセンス登録（IRS ＜米国内国歳入庁＞）

平成 20 年　米国公認会計士ライセンス登録（米国ワシントン州会計委員会）

平成 22 年　千田国際会計事務所（現㈱トレードタックスウエストジャパン）創業

＜主な執筆等＞

- タイの日本語新聞での連載『タイ税関 ABC』（バンコク週報、2012 年～2013 年）
- 経理情報『東南アジア子会社管理で見落としがちな基礎知識～タイの事例を参考に』（中央経済社、2015 年）
- JCA ジャーナル『税関のグローバルコンプライアンス～米・タイ・日を事例に』（日本商事仲裁協会、2015 年）
- 「富裕層のためのウェブマガジン」（記事名：「年収 3,000 万円の方の税

金対策なら不動産投資！」、「年収 2,000 万円の方の税金対策は不動産投資が良い？」、「サラリーマンの不動産投資と税金の注意点」）（株式会社オープンハウス、2024 年）

大蔵　龍聖〔おおくら・りゅうせい〕

弁護士

（執筆担当：第 9 章 **Q129** 、 **Q130** ）

＜経　歴＞

平成 18 年　国立台湾大学卒業

平成 21 年　南カリフォルニア大学ロースクール修士課程修了

平成 23 年　米国ニューヨーク州司法試験合格、法律事務所勤務を経て

平成 24 年　ミネソタ大学ロースクール博士課程修了

平成 27 年　外国法事務弁護士登録

平成 30 年　東京渋谷国際法律事務所開設

平成 31 年　慶應義塾大学法科大学院修士課程修了

索　引

改訂版 Q&A 国際相続の実務と
国外転出時課税　　　　　　　　令和6年6月1日　改訂初版

検印省略

 日本法令®

編　者　税　理　士　法　人
　　　　ゆいアドバイザーズ
発行者　青　木　鉱　太
編集者　岩　倉　春　光
印刷所　日本ハイコム
製本所　国　　宝　　社

〒101‑0032
東京都千代田区岩本町1丁目2番19号
https://www.horei.co.jp/

（営　業）　TEL　03‑6858‑6967　　Eメール　syuppan@horei.co.jp
（通　販）　TEL　03‑6858‑6966　　Eメール　book.order@horei.co.jp
（編　集）　FAX　03‑6858‑6957　　Eメール　tankoubon@horei.co.jp

（オンラインショップ）　https://www.horei.co.jp/iec/
（お 詫 び と 訂 正）　https://www.horei.co.jp/book/owabi.shtml
（書 籍 の 追 加 情 報）　https://www.horei.co.jp/book/osirasebook.shtml

※万一、本書の内容に誤記等が判明した場合には、上記「お詫びと訂正」に最新情報を掲載
　しております。ホームページに掲載されていない内容につきましては、FAXまたはEメー
　ルで編集までお問合せください。